인공지능의 현재와 미래

인공지능의
현재와 미래

인공지능의 미래를 이끄는
21가지 혁신 기술

: 遇见未来 :

〈나는 미래다〉 방송제작팀 지음 | 권용중 옮김 | 양훈모(연세대 공학박사) 감수

보아스 BOAZ

눈앞에 펼쳐진 미래 세계

뤼환빈(呂煥斌) : 후난 위성TV(湖南廣播電視臺) 당위원회 서기 겸 사장, 후난 위성TV 영상그룹 주식회사 당위원회 서기 겸 이사장

2017년 여름, 후난 위성TV는 예년과 사뭇 다른 색다른 과학기술 프로인 〈나는 미래다(我是未來)〉를 방영했다. 그것은 여름 시즌 최고 히트작이 되었다.

시청자들에게 후난 위성TV는 종합예능 방송사라는 이미지가 강하기 때문에 과학기술 프로를 만들어 새로운 브랜드로 키우겠다는 기획을 했을 당시에는 사실 걱정이 앞섰다. 하지만 그것은 기우에 불과했다. 7월 30일 첫 방송을 시작해 10월 15일까지 총 12회가 방영되었는데 입소문이나 영향력 면에서 지금까지의 다른 예능프로그램에 비해서 조금도 뒤지지 않았다.

2017년 10월까지 누적 시청은 3억 5,000만 건, 짧은 동영상 시청은 1억 3,000만 건으로 동종 프로그램 가운데 클릭수 최고 기록을 세

웠다. 기타 매체의 시청 건수까지 계산하면 누적 이용 건수는 12억 건을 넘는다.

〈나는 미래다〉는 과학 지식을 쉽게 전달하고 중국의 현 과학기술 수준을 보여주는 프로그램이다. 이 프로에서는 다양한 분야의 혁신적인 과학기술을 선보였다. 이를 통해 시청자들은 미래세계의 모습을 볼 수 있었고, 우리는 과학기술을 통해 인간을 이롭게 한다는 정신을 드높일 수 있었다. 또 과학자들이 프로그램의 주인공으로 등장해 크나큰 인기를 얻으면서 미래 시대의 우상의 기준을 새롭게 정립하는 계기도 되었다.

〈나는 미래다〉의 성공 요인은 다음 두 가지다.

첫 번째는 정교한 포지셔닝으로, 우리는 처음부터 과학기술 중에서도 첨단 분야를 겨냥했다. 〈나는 미래다〉는 바이오공학, 양자 컴퓨터, 인공지능(AI) 등 과학계의 핫이슈에 초점을 맞췄고, 어렵고 난해한 과학의 원리를 쉽고 생동감 있게 전달했다. 의료, 유전자공학, 취업, 교통, 컴퓨터와 같이 일반인들이 가장 관심을 갖는 일상생활 관련 분야를 조망해 과학기술 강국으로 부상한 중국의 첨단 과학기술을 선보였다. 〈나는 미래다〉는 방송 이후 동종 프로그램 가운데 시청률이 가장 높은 프로그램 중의 하나가 되었다.

두 번째는 산업계와 학계를 포함해 사회 전반에 커다란 영향을 미치는 과학기술계의 대표 인물들을 섭외했다는 점이다. 〈나는 미래다〉는 중국 국내외 산, 학, 연 대표 29명을 초빙했다. 양전닝, 장서우청, 인치 등 원로, 중견, 신진의 정상급 과학자들이 총출동했다. 인공지능 챗봇인 샤오빙이 MC를 맡은 것도 중국 종합예능 프로에서는 최초의 시도로, 첨단 과학기술을 예능에 접목한 시도였다. 특히 이 프로는 젊은층과 지식인층에게 가장 큰 호응을 얻었다. 시청자 층을 분석한 결과, 남성이 40퍼센트 이상, 33세 이하 젊은층이 45퍼센트를 차지한 것으로 나타났다.

지금은 과학이 미래를 만드는 시대다. 18세기 증기기관의 시대는 대영제국의 패권을 낳았고, 19세기 전기의 시대는 강성한 독일을 출현시켰으며, 20세기 정보의 시대는 미국의 부상을 가속화했다. 이를 통해 역사는 우리에게 열심히 배우고, 혁신에 앞서고, 과학기술의 최전선에 서서 인류의 과학기술 발전을 주도하는 민족은 필연적으로 강대국이 된다는 사실을 알려준다.

중국 또한 시진핑 국가주석이 '신시대, 특색 있는 중국 사회주의 사상'을 주도하는 가운데 혁신이야말로 사회경제 발전을 이끄는 가장 큰 원동력임을 깨닫게 되었다.

2017년 8월 '일대일로(一帶一路)' 국제협력 정상포럼에서 20개 국가에서 온 젊은이들이 그들이 생각하는 중국의 '신(新) 4대 발명품'을 선정했다. 고속 철도, 인터넷 쇼핑, 알리페이(전자결제), 공유자전거가 그것이다. 하지만 세상을 놀라게 한 신제품은 이것뿐만이 아니다. 우주정거장 '텐궁(天宫)', 전파망원경 '텐옌(天眼)', 우주잠수정 '자오룽(蛟龍)', 인력비행기 '모쯔호(墨子號)', 인공위성 '우쿵(悟空)', 초대형 비행기 등 새로운 과학기술들이 끊임없이 출현하고 있다. 이에 대해 〈월스트리트저널〉은 이렇게 평했다.

"중국은 과거 값싼 노동력으로 유명했지만, 이제는 다른 제품으로 세상에 기여하고 있다. 그것은 바로 혁신이다. 중국이 추진 중인 혁신은 모든 국민의 삶을 더 풍요롭게 만들고 있으며, 과학기술을 더 따뜻하게 만들고 있다."

과학이 우리의 삶을 바꿔놓고 있는 이 시대에 나는 한 가지 강렬한 충동을 느꼈다. 그것은 우리의 삶을 더욱 풍요롭게 만들어 줄 미래 과학기술을 TV 프로그램 및 예술적, 인문학적 표현을 통해 더 많은 사람에게 보여줌으로써 사람들에게 과학기술의 따뜻함을 느끼게 하고 더 큰 혁신을 추구할 수 있는 힘을 전달하고 싶다는 충동이었다.

양후이(楊暉)는 재능이 뛰어난 우리의 오랜 동료인데, 그가 만든 비저너리 미디어(Visionary Media, 喻衆傳媒)는 지식, 문화 관련 프로그램을 주로 제작한다. 특히 〈보스 타운(Boss Town, 波士堂)〉, 〈보이스(Voice, 開講啦)〉는 선풍적인 인기를 끌었다. 우리는 함께 과학기술 프로를 만들자며 의기투합했다. 이어서 우리는 중국과학원 과학전파국(科學傳播局)의 특별 지원을 받았고, 1년 이상 철저한 사전 작업을 거쳐 2017년 여름에 〈나는 미래다〉를 내놓았다.

나는 이 책《인공지능의 현재와 미래 : 인공지능의 미래를 이끄는 21가지 혁신기술》을 펼칠 때마다 TV 속 화려한 과학기술 쇼가 하나하나 눈앞에 재현되는 것을 느낀다. TV 프로에서는 다 보여주지 못한 혁신적 아이디어를 이 책에 더욱 심도 있고 체계적으로 담았다.

〈나는 미래다〉가 선보인 신기한 과학기술, 혁신적 성과가 조만간 우리 삶의 일부가 될 것임을 믿어 의심치 않는다.

아울러 미래는 과학의 힘으로 더욱더 풍요롭고 아름다울 것이라고 믿는다.

미래를 믿으라

양후이 : 비저너리 미디어 창업자 겸 CEO

2017년 여름, 우리는 후난 위성TV의 〈나는 미래다〉를 통해 과학자들에게 경의를 표했다.

방송이 나간 뒤 한 인터뷰에서 나는 이렇게 말했다.

"과학기술 관련 프로를 제작하고 싶다는 생각은 3년 전부터 했습니다."

하지만 그때 미처 하지 못한 말이 하나 있다. 우리는 아주 어렸을 때부터 과학기술을 동경하기 시작하며, 이런 마음은 평생 이어진다는 사실이다. 사람들은 어렸을 때 과학자를 무척 존경하고 또 과학자가 되고 싶어 하지만 성장하면서 이런 마음은 점차 사라져간다. 과학은 그들의 일상과는 전혀 관계없는 존재로 바뀌어가고, 과학자들은 완전히 다른 세상에 사는 존재로 인식된다. 〈나는 미래다〉는 바로 이

점에서 그 가치가 높다고 할 수 있다. 이 프로는 세월의 때가 잔뜩 낀 우리의 초심을 깨끗이 닦아주는 역할을 했고, 과학을 다시 우리 눈앞에 데려다줌으로써 핫한 이슈로 만들어주었다.

〈나는 미래다〉는 전 세계 40여 명의 정상급 과학자들을 무대 위로 초청했다. 그들은 흥미로운 방식으로 수백여 가지의 신기한 과학적 성과를 대중 앞에 선보였다. 사람들은 과학기술도 마치 꽃처럼 마음속에 피어날 수 있음을 깨달았다. 그들이 무대 위에서 선보인 진정성과 열정, 그리고 사람의 마음을 치유하는 힘은 정말로 감동적이었다. 그들은 과학기술을 이용해 인간과 미래 사이에 휴머니즘적 배려가 충만한 가교를 놓았다. 그래서 후난 위성TV의 장화리(張華立) 부사장은 이렇게 말했다. "〈나는 미래다〉는 사람들의 관심을 아이돌 스타에서 과학자로 옮기게 함으로써 그들이 이 사회와 내일의 주인공이 되도록 했습니다."

나는 이 프로에서 95세 고령의 원로 과학자 양전닝 선생이 태어나서 처음으로 종합예능프로에 출연해 방청석에 앉아 사람들에게 노벨상을 수상했을 때의 소감을 말해주는 감동적인 모습을 지켜보았다. 그는 젊은이들에게 과학 분야에 뛰어들고 과학을 사랑하라며 용기를 북돋워주었다. 또 양전닝 선생의 제자이자 '천사입자'를 발견한 장서우청 박사가 '국제기초물리학 프론티어 상' 상패를 현장에 들고 온 모습도 보았다. 더욱이 그는 그 상패를 비닐봉투에 담아 직접 들고 왔는데, 속세의 명리(名利)를 뜬구름처럼 여기는 진정한 과학자 정신에 깊은 존경심을 느꼈다.

나는 또 중국 공안부 제3연구소의 쉬카이 수석연구원이 현대 과학기술의 발달이 국가 안보와 사회의 안정에 크게 기여하고 있다는 점을 생동감 있게 설명하는 모습도 지켜보았다. 그는 "범죄자는 사라지고 선량한 사람들이 안심하고 살 수 있는 사회는 반드시 실현될 것이다"라고 강조했다. 또 하버드 대학 뇌과학 분야의 한비청 박사가 자체 개발한 '생각만으로 조종하는 팔'을 이용해 두 팔을 잃은 지 27년이나 된 장애인 운동선수에게 두 팔을 되찾은 느낌을 선물하는 모습도 보았다. 그 순간 한비청 박사의 눈에는 뜨거운 눈물이 가득했고, 스크린 안팎의 관중도 다 함께 눈물을 흘렸다.

이 프로가 처음 방영되었을 때 나는 다음과 같은 한 가지 작은 소원을 빌었다.

'이 프로를 통해 과학계의 아이돌이 탄생하고, 그래서 더 많은 젊은이가 과학을 사랑하도록 해주십시오.'

나는 이제 우리가 그것을 해냈다고 당당히 말할 수 있을 것 같다.

우리는 〈나는 미래다〉 프로에서 가장 핵심적인 내용만 엄선해서 《인공지능의 현재와 미래 – 인공지능의 미래를 이끄는 21가지 혁신 기술》이라는 이름의 책으로 엮었다. 나는 이 책이 한 알의 '씨앗'이 되어 수많은 사람의 마음속에서 과학과 인문학을 담는 '큰 나무'로 자라고, 나아가 미래를 헤아려 올바로 나아갈 수 있는 미래에 대한 나침반이 되어주기를 바란다.

마지막으로 시인 스즈(食指, 본명은 궈루성(郭路生))의 시 〈미래를 믿어라(相信未來)〉를 독자 여러분과 함께 나누고 싶다.

친구여, 꿋꿋이 미래를 믿어라.
흔들림 없는 노력을 믿고,
죽음을 이기는 젊음을 믿어라.
미래를 믿고,
삶을 뜨겁게 사랑하라.

다시 한 번 〈나는 미래다〉 무대에서 과학의 씨앗을 뿌려준 모든 분께 감사드린다.

최초의 중국계 노벨상 수상자이자 저명한 원로 물리학자 : 양전닝(楊振寧),
취리히 연방 공과대학교 교수 : 라파엘로 드안드레아(Raffaello D'Andrea),
니오 자동차(Nio, 蔚來) 창업자 : 리빈(李斌),
아이플라이텍 집행총재 : 후위(胡郁),
베이징 쾅스(曠視) 과학기술 주식회사 창업자 : 인치(印奇),
인텔 중국연구원 원장 : 쑹지창(宋繼強),
쿠카 시스템 중국지역 CEO : 왕장빙(王江兵),

저장(浙江)대학 붉은 토끼(赤兔) 팀,

로욜(Royole, 柔宇) 과학기술의 창업자 : 류쯔홍(劉自鴻),

스마트 쿠션 다르마(DARMA)의 창업자 : 후쥔하오(胡峻浩),

뇌-컴퓨터 인터페이스(BCI) 회사 브레인코(BrainCo)의 창업자 : 한비청(韓璧丞),

중국 과학원 광저우 생물의약 및 건강연구원 원장 : 페이루이칭(裵瑞卿),

BGI(華大) 유전자 주식회사 CEO : 인예(尹燁),

페스토(Festo) 대중화지구 회장 : 토마스 페어슨(Thomas Pehrson),

사니(Sany, 三一) 그룹 수석 엔지니어 : 이샤오강(易小剛),

마이크로소프트 글로벌 수석 부총재 : 왕용동(王永東),

알리바바 그룹 기술위원회 의장 : 왕젠(王堅),

유비테크 과학기술 주식회사 창업자 겸 CEO : 저우젠(周劍),

표정로봇 기업 핸슨 로보틱스(Hanson Robotics)의 창업자 : 데이비드 핸슨(David Hanson Jr.),

중국 과학원 시안(西岸) 광학 정밀기계 연구소 연구원 : 주루이(朱銳),

이노벤트 바이오제약(信達生物, Innovent Biologics) 주식회사의 창립자 : 위더차오(兪德超),

IBM 글로벌 부총재, IBM 대중화지역 수석기술관, IBM 중국연구원장 : 션샤오웨이(沈曉衛),

단화 캐피탈(丹華資本, Danhua Capital) 창업자 : 장서우청(張首晟),

아폴로 비행실험실 CEO 겸 R&D 책임자 : 트로이 위저리(Troy Widgery), 보이드 윌킨슨(Boyd Wilkinson),

주하이(珠海) 윈저우(雲洲) 스마트 과학기술 주식회사의 창업자 : 장윈페이(張雲飛),

상하이 옥사이 항공기(Oxai Aircraft, 奧科賽) 주식회사의 창업자 : 마오이칭(毛一青),

공안부 제3연구소 수석 전문가 : 쉬카이(徐凱),

선전 광치 고등 이공 연구원(光啓, KuangChi Science)의 창업자 : 류뤄펑(劉若鵬).

차례

제1장

미래 도시의 핵심 인프라는 데이터를 기반으로 하는 도시대뇌(City Brain)

왕젠 : 알리바바 그룹 기술위원회 의장

제2장

유통에서 건설까지 혁명을 몰고 올 무인기, 드론

라파엘로 드안드레아 : 취리히 연방 공과대학교 교수

제3장

인공지능(AI)도 느끼고, 창작하고, 인간과 교류할 수 있는 존재다

왕용동 : 마이크로소프트 글로벌 수석 부총재

제4장

지문의 완전한 판독, 사건 해결의 강력한 무기

쉬카이 : 공안부 제3연구소 수석 전문가

제5장

미래는 데이터의 마법이 구현하는 세계

쑹지창 : 인텔 중국연구원 원장

제6장

인공지능(AI), 가장 유능한 인간의 파트너

션샤오웨이 : IBM 글로벌 부총제, IBM 대중화지역 수석기술관, IBM 중국연구원 원장

제17장.
로봇은 인간이 만든 새로운 형태의 생명체
데이비드 핸슨 : 표정로봇 기업 Hanson Robotics 창업자

제18장
자연의 원리를 담은 생체 모방 로봇
토마스 페어슨 : 페스토 대중화지구 회장

제19장
꿈의 컴퓨터 양자 컴퓨터를 현실화할 수 있는 천사입자
장서우칭 : 단화 캐피탈 창업자

우리가 살아가면서 매 시간, 매 순간 만들어내는 수많은 데이터가 사실은 매우 값진 자원이란 사실을 알고 계신가요?
알리바바 기술위원회 의장 왕젠(王堅) 박사가 하고 있는 일이 바로 데이터를 효율적으로 이용하는 것입니다. 그는 데이터 자원을 도시 관리에 활용하고, 더 많은 시민이 문제를 해결하고 자신의 꿈을 실현할 수 있도록 돕고 있습니다.
이것이 과학기술이 우리에게 선사하는 선물입니다. 그리고 현재의 우리가 미래 세대에게 주는 선물이기도 합니다.

THE FUTURE
OF SCI-TECH

미래 도시의 핵심 인프라는 데이터를 기반으로 하는 도시대뇌(City Brain)

왕젠 : 알리바바 그룹 기술위원회 의장

● 심리학 박사에서 '알리바바의 아버지'가 되다 ●

알리바바에 들어오기 전까지 왕젠의 삶은 순탄했다. 항저우 대학 심리학과를 졸업한 그는 모교에서 교편을 잡았다. 30세에 교수가 되었고, 31세에 박사과정 지도교수가 되었으며, 32세에는 당시 최연소 학과 주임이 되었다.

1999년 그는 10년간 재직했던 모교를 떠나 막 출범한 마이크로소프트 아시아지역 연구원에 들어갔다. 누군가 빌 게이츠에게 데이터 관련 문제를 질문했더니 중국에 가서 왕젠을 만나 보라고 회신했다는 에피소드가 전해지기도 한다.

2008년 왕젠은 잘나가던 마이크로소프트 아시아지역 연구원을 떠

왕젠. 알리바바 사람들은 그를 '박사'라고 부르기를 선호한다. 동료들이 인트라넷에서 '너무 따뜻한 미소'라는 태그를 달기도 했다.

나 고향 항저우로 돌아가 막 두각을 나타내기 시작한 알리바바에서 수석 기획자 자리를 맡았다. 그는 공공 서비스를 위해서는 클라우드 컴퓨팅이 꼭 필요하다고 생각했다. 중소기업과 젊은이들의 수요가 많았기 때문이다. 그렇게 왕젠과 마윈은 의기투합했다.

2009년 2월, 베이징의 조그만 사무실에서 그가 이끄는 연구팀은 알리바바 클라우드 컴퓨팅의 첫 번째 업무를 시작했다. 같은 해 9월 왕젠은 알리바바 클라우드 컴퓨팅 회사를 만들어 총재가 되었고, 또 같은 해에 알리바바 그룹의 '만물인터넷(IoE)' 전략을 본격적으로 추진하기 시작했다.

클라우드 컴퓨팅은 어려운 분야인데, 그는 그중에서도 가장 험난한 길을 선택했다. 오픈 소스 기술을 활용하지 않고, 처음부터 대규모 분산식 컴퓨팅 시스템을 자체 개발하기 시작했다. 나아가 인터넷 규모의 범용 컴퓨팅 및 데이터 플랫폼을 구축했다. 당시 이것이 가능한 회사는 전 세계에서 구글과 아마존 두 곳뿐이었다.

그 후 5년간 그에게는 가시밭길의 연속이었다. 2012년 알리바바 최고기술책임자(CTO)에 지명되었을 때, 내부에서는 그에 대해 회사의 자원을 낭비했다, 코딩도 할 줄 모른다는 등 뒷말이 많았다. 그러자 마윈은 공개적으로 그를 두둔했다.

"다들 왕 박사의 단점만 얘기하시는군요. 하지만 그의 장점을 아는 사람은 아마 거의 없을 겁니다. 만약 10년 전에 왕 박사가 여기에 계셨다면 오늘날 알리바바의 기술 수준은 훨씬 달라졌을 겁니다."

왕젠도 이에 화답했다.

"알리바바 클라우드에 마지막까지 남아 있는 사람은 아마도 저일 것입니다."

2013년 8월 15일, 알리바바 클라우드 압사라(Apsara)의 5,000대 서버 클러스터가 첫 상용화에 들어갔다. 코어(core) 10만 개의 계산능력과 100페타바이트(PB, 1페타바이트는 10의 15제곱을 가리킨다)급 저장공간을 제공하며, 15만 건의 명령 또는 수억 건의 서로 다른 등급의 문건을 동시에 처리하는 능력을 가졌다. 이것이 바로 중국이 최초로 구축한 거대한 규모의 '클라우드'다.

알리바바 클라우드(阿里雲)는 중국 최초로 대규모 범용 컴퓨팅 플랫폼을 자체 개발한 회사이며, 세계 최초로 5,000대의 클러스터 클라우드 컴퓨팅 서버 능력을 외국 기업에 수출한 기업이다. 2014년 왕젠의 제안으로 중국 항저우와 미국 시애틀을 연결하는 알리바바 IDST(Institute of Data Science & Technology)가 출범했다. 이곳에서는 최첨단 스마트 기술 연구를 수행한다.

2016년 4월, 왕젠은 새로운 도전을 시작했다. 항저우 윈시 마을(雲栖小鎭)에 '도시대뇌(city brain)'를 구상했고 실제 착공에 들어갔다. 그는 '도시대뇌'가 기존의 전력망이나 도로망과 마찬가지로 새로운 개념의 도시 인프라가 될 것이라고 확신했다. 다시 말해, 기계 스마트기술을 이용해 데이터 자원을 활용한다면 모든 공공 자원의 최적화 운용이 가능할 것이라고 믿었다. 2017년 11월, 중국 과학기술부는 4대 '국가 인공지능 개방혁신 신(新) 플랫폼' 명단을 발표했다. 그중 하나는 중국 정부가 알리바바 클라우드에 의뢰해 도시대뇌 국가 인공지능 개방혁신 플랫폼을 구축하는 사업이다.

클라우드 컴퓨팅(cloud computing)이란 무엇인가?

내가 볼 때 그 핵심은 컴퓨팅이 온라인상에서 이루어지고 있는가, 컴퓨팅이 인터넷을 통해 사용되고 있는가 라는 두 가지에 있다. 이는 클라우드 컴퓨팅의 3가지 가장 중요한 특징도 결정한다. 첫째, 수도, 전기와 같은 공공 서비스로 기능해야 한다. 둘째, 연산능력이 충분히 크고, 이를 처리할 수 있는 방대한 데이터센터가 있어야 한다. 셋째, 냉장고, 세탁기 등을 광범위하게 지원하는 전력망처럼 범용 서비스여야 한다.

알리바바에서 클라우드 컴퓨팅을 시작한 첫날부터 나는 스스로에게 다짐했다.

"클라우드 컴퓨팅은 사회의 가장 기본적인 공공 서비스다. 마치 국가 전력망이 곳곳의 전기 수요를 충족시켜 주듯이, 클라우드 컴퓨팅도 인터넷을 통해 곳곳의 계산 수요를 만족시켜 주어야 한다."

예를 들어 당신이 19세기 말 미국의 방직공장 사장이라고 가정해 보자. 자금, 노동자, 기계, 원자재가 모두 갖춰졌다고 하더라도 공장을 돌릴 수 없다. 공장을 돌릴 전기가 없기 때문이다. 당시 미국에는 공공 전력망이 없었기 때문에 전기가 필요하면 직접 발전소를 만들어야 했다. 그러나 오늘날은 당시처럼 서버를 직접 사서 회사 내에 갖춰놓고 회사를 운영하는 사람은 거의 없다.

인터넷이 빠른 속도로 보급되면서 오늘날 클라우드 컴퓨팅은 어디에나 존재하게 되었다. 일반 가정에서 '클라우드(cloud)'는 마치 전기나 수도처럼 이미 모든 사람의 삶에 깊숙이 침투해 있다. 인터넷 쇼핑, 뉴스 시청, SNS 하기 등 우리가 매일 하는 이런 수많은 일은 해당 설비가 감당할 수 있는 수준을 훨씬 뛰어넘는 계산량을 요구한다. 당신이 인터넷 검색창에 키워드를 입력할 때나 엔터키를 누르는 그 순간에 아마도 수만 대의 서버가 동시에 당신을 위한 계산을 지원하고 있을 것이다.

알리바바
클라우드

예전에는 '과학기술'이라고 하면 사람들은 '하이테크', '최첨단' 등의 이미지를 떠올렸다. 마치 과학기술이란 대다수 평범한 사람들이 범접할 수 없는 영역 같은 존재였다. 하지만 나는 현재 과학기술이 아무리 최첨단을 달린다 해도 일반 서민의 일상생활에 도움을 주지 못한다면 존재의 의미가 없다고 생각한다.

알리바바의 클라우드 컴퓨팅은 크고 작은 수많은 기업에게 도움을 주고 있다. 나아가 오지에 사는 사람들에게도 인터넷, 컴퓨팅, 데이터 등의 편의를 제공하고 있다. 나는 클라우드 분야에서 오랫동안 일했지만 중국 내륙의 안캉(安康)시에 사는 철도노동자 우레이(吳磊)가 알리바바 클라우드를 활용한 사례는 지금도 너무나 감동적이고 인상적으로 다가온다.

우레이가 소속된 철도 구간은 중국 서부 친링 다바산(秦嶺大巴山)의 깊숙한 곳에 위치해 있는데, 그는 그곳에서 2,000여 킬로미터의 철로 보수 작업을 맡고 있다. 보수 노동자들은 일 년 내내 일선 현장을 누

우레이

바산 철도를 따라 '안전한 생산을 위해 기여하자'라는 표어가 보인다. 표어 아래에 우레이의 동료들이 철로를 따라 이동하면서 산자락과 철도의 안전 상황을 점검하고 있다.

비며 철도의 안전을 위해 땀을 흘린다. 그래서 중요한 정보를 최단 시간 내에 현장 노동자에게 전달하는 일이 매우 중요하다. 가령 숭산(崇山)의 험준한 고개에서 정보 전달을 맡은 사람이 정보를 전달하기가 너무 힘겹거나 해당 정보가 일선 철도노동자에게 너무 늦게 전달된다면 이는 심각한 문제로 이어질 수 있다.

우레이는 2012년 알리바바 클라우드에서 '문건 서명보고'라는 시스템을 만들었다. 그는 이 시스템을 통해 열차번호 변경, 안전 통보 등 긴급 문건을 일선 현장 노동자에게 신속하게 전달할 수 있었고, 그들이 문건을 수령했는지의 여부도 확인할 수 있었다. 만약 어떤 구간에 토사 붕괴 같은 위험 상황이 발생하면 노동자들이 핸드폰으로 그 장면을 찍고 이를 신속하게 알리바바 클라우드 서버에 올려 이것을 관계자들이 실시간으로 공유할 수 있었다.

나는 철도노동자가 어떻게 클라우드 컴퓨팅을 활용할 아이디어를 떠올렸는지 굉장한 호기심이 일어 안캉시를 방문해 그를 만났다. 우레이는 친링 다바산 아래 30여 킬로미터 길이의 터널 안에서 실제 작업하는 모습을 보여 주었다. 그때 나는 클라우드 컴퓨팅의 진면목을 실감할 수 있었다.

고등학교도 졸업하지 않은 우레이는 독학으로 이 모든 것을 해냈다. 클라우드 컴퓨팅의 장점 중의 하나는 바로 기술 장벽을 낮출 수 있다는 것이다. 수십 년 전에는 자동차 운전이 너무 복잡해서 운전기사가 기술력을 갖춘 직업군에 속했지만, 오늘날에는 승용차 조작이

항저우 윈시마을의 '과학기술 박물관' 안에 소장된 유화. 바산 철도 노동자들이 윈시마을에 '바산딩'을 설치하는 모습을 생동감 있게 복원했다. 화면 뒤쪽 눈에 잘 띄지 않는 회색 건물이 바로 알리바바 클라우드 압사라의 5,000대 클러스터를 최초로 상용화한 데이터센터다.

매우 단순해졌기 때문에 누구나 쉽게 운전할 수 있게 된 것과 비슷하다. 클라우드 컴퓨팅의 도입으로 기술 장벽이 크게 낮아지면서 얻는 장점들은 우리의 상상을 뛰어넘는다.

2015년 10월 윈시 대회(알리바바 개발자 컨퍼런스)가 개최되기 전날 밤, 우레이와 동료들은 대형 트럭에 큰 솥 모양의 구조물을 싣고 왔다. 이름은 '바산딩(巴山鼎)'으로 클라우드 컴퓨팅을 위한 구조물이었다. 바산딩 아래의 철도 궤도, 자갈, 심지어 설치를 위한 엔진 등은 모두 안캉에서 직접 가져온 것이었다. 이들은 바산과 클라우드 컴퓨팅이 '꾸준함은 위대하다'라는 정신을 공유한다고 믿고 있기 때문이다.

또한 이 솥 모양의 구조물은 알리바바 사람들에게 다음과 같은 한 가지 교훈을 심어주었다.

'이 세상에는 바산 철도처럼 신기술이 필요한 곳이 수없이 많고, 우레이처럼 신기술을 적극적으로 활용하는 사람도 매우 많다.'

클라우드 컴퓨팅에 이런 좋은 선례가 생기자 우리는 더 많은 일에 뛰어들 수 있었다. 우리 일상생활의 수많은 공백을 메우고, 나아가 과학기술을 통해 전 세계 곳곳을 따뜻한 보금자리로 바꾸는 것이다.

클라우드 컴퓨팅, 본격적인 스마트 기술의 탄생을 이끌다

_____ 최근 몇 년간, 인공지능(AI)이 급속도로 발전하면서 '인터넷의 종말'을 언급하는 기사도 등장했다. 실제로 인터넷의 발달로 인해 방대한 데이터가 쌓였고 이는 클라우드 컴퓨팅의 연산능력을 급속도로 끌어올렸다. 그 결과 인공지능(AI)이라는 학문은 역사상 전례 없는 발전 기회를 맞이했다. 그렇다면 언론은 왜 이런 기사들을 쏟아내는 것일까? 그 이면에는 인터넷이 없는 인공지능(AI)은 어디로 나아가야 할지 모른다는 혼란스러움이 깔려 있다.

1950년대 '인공지능'이라는 개념이 처음 등장했을 때는 컴퓨터의 계산능력 등 많은 한계로 인해 사람들은 어떻게 하면 기계가 사람의 지능을 닮을 수 있을지

도시대뇌

에 대한 연구에 몰두했다. 유명한 튜링 테스트(Turing test)도 그 본질은 기계가 인간의 지능을 얼마나 모방할 수 있는가 하는 것이었다. 하지만 인터넷과 컴퓨팅기술이 비약적으로 발전한 오늘날 우리는 인간 지능의 모방을 넘어서 엄청난 발전의 기회를 맞이했다. 모든 사물을 인터넷으로 연결하고 방대한 데이터를 축적함에 따라 기계의 계산능력을 이용해 인간의 지능으로는 풀 수 없는 문제의 해결도 가능하게 되었다. 마치 철강과 엔진을 발명하고 기계장치를 만들 수 있게 되면서 인간의 체력의 한계를 뛰어넘을 수 있었던 것과 흡사하다. 이런 의미에서 오늘날 우리가 직면한 많은 인공지능(AI) 관련 문제는 '인공지능' 대신 '기계지능'이란 용어를 써서 규정하는 편이 더 적절할지도 모른다.

오늘날 세계 각국의 도시는 지속 가능한 발전에 있어서 많은 어려움에 직면해 있다. 만약 기술이 한 단계 더 혁신적으로 발전하지 않는다면 인류는 심각한 위기를 맞을 수도 있다. 하지만 이러한 위기는 또 다른 기회를 가져다주었다. 바로 인터넷과 데이터, 컴퓨팅 기반의 기계지능이 도시의 발전 과정에서 발생하는 수많은 고질적이고 심각한 문제를 해결해 주었다. 그 대표적인 예가 교통 문제다. 이러한 문제를 해결하는 과정에서 기계지능과 같은 신기술이 점점 더 성숙해지고 스마트산업도 급성장할 수 있었다. 이것이 바로 내가 온 힘을 다해 도시대뇌를 추진하는 이유다.

도시대뇌의 데이터 공유로 인한
교통의 혁신

───── 지난 20년 동안 중국은 도시정보화 구축 사업에 지속적으로 투자했는데 특히 공안 교통경찰 분야는 언제나 투자의 우선순위로서 도시에 대한 방대한 데이터를 축적했다. 하지만 사람이 기계지능의 도움 없이 한 도시에서 하루 동안 생산된 CCTV 영상을 전부 다 분석하려면 아마도 100년도 모자랄 것이다. 이처럼 중요한 데이터의 많은 부분이 아무런 역할도 하지 못하고 폐기되고 있었다.

2016년 10월 13일 왕젠 박사는 윈시 대회에서 항저우 도시대뇌를 최초로 대외적으로 공개했다. 도시대뇌는 시범 도로구간에서 CCTV 데이터를 이용해 실시간으로 신호등을 조절했다. 그 결과 차량 운행 속도는 평균 5퍼센트, 최고 11퍼센트 향상되었다.

2016년 10월 항저우 윈시에서 개최된 대회에서 항저우시는 세계 최초의 도시대뇌 계획을 발표했다. 회의에 참석한 나는 감회가 남달랐다. 이 세상에서 가장 먼 거리는 남극에서 북극이 아니라, 신호등에서 도로 CCTV까지란 생각이 들었다. 이 둘은 같은 봉에 설치되어 있지만 데이터를 통해 하나로 연결된 적이 없어 CCTV가 찍은 장면은 한 번도 신호등의 행동지침으로 활용되지 못했다. 데이터가 공유되지 않으면 교통은 원활해질 수 없다. 이는 도시 데이터 자원의 낭비이며, 도시의 운영과 발전 비용의 증가를 가져온다.

도시대뇌가 하는 일은 인터넷을 인프라로 삼고, 축적된 도시의 각종 데이터자원을 활용하여 도시의 모든 면모를 실시간 분석하는 것이다. 즉 도시의 각종 데이터를 이용해 공공 자원을 효율적으로 분배

항저우 도시대뇌 지휘통제소의 스크린 가운데 하나. 항저우 교통경찰팀 간부들은 이 대형 스크린 앞에 앉아 도시대뇌에서 실시간으로 전송한 데이터를 보면서 여유 있게 지시를 내릴 수 있다. 항저우시의 도로 상황은 이처럼 일목요연해졌다.

하고, 사회에 대한 관리를 한층 강화함으로써 도시의 지속적인 발전을 촉진하는 것이다. 미래에는 도시 발전 과정에서 데이터자원이 토지자원보다 훨씬 더 중요해질 것이다. 이것이 바로 도시대뇌의 기본 핵심 콘셉트다.

항저우에서 도시대뇌는 도시 곳곳에 설치된 CCTV 영상을 통해 실시간으로 교통량 정보를 얻는다. 도로의 신호등은 이 정보를 근거로 교차로의 시간 분배를 최적화하여 교통의 효율을 높일 수 있다. 강력한 컴퓨터비전(computer vision) 분석 능력을 기반으로 도로의 모든 CCTV가 도로 상황을 실시간 모니터링하는 것은 모든 교통경찰이 1년 내내 휴식도 없이 도로를 순찰하는 것과 같은 효과를 낸다.

2017년 10월 윈시 대회에서 항저우 도시대뇌는 '도시 관리 연례보고서'를 발표했다. 이에 따르면 교통데이터와 연결된 128개 신호등 교차로에서 시범구간의 통행 시간은 15.3퍼센트 감소했다. 또한 도심구간에서 도시대뇌가 경보를 보낸 사건은 하루 평균 500건 이상이었고, 정확도는 92퍼센트에 달해 법 집행의 효율성이 높아졌다. 현재 항저우시 교통경찰팀은 도시대뇌를 이용해 도심구간의 신호등을 조절하고, 교통경찰을 현장에 출동시킬지의 여부를 결정하고 있다.

또한 항저우시 샤오산구(蕭山區)는 120 구급차 등 특수 차종의 우선적인 배치에 도시대뇌를 활용하고 있다. 일단 구급 요청 전화가 접수되면 도시대뇌는 교통량 데이터에 근거해 구급차의 예상 이동 경로에 위치한 신호등을 자동 조절함으로써 구급차는 계속해서 녹색 신호만 받게 된다. 이는 주변 차량이나 교통에 끼치는 불편도 최소화할 수 있다. 이 시스템을 운용한 결과, 구급차가 현장에 도착할 때까지 걸린 시간이 기존보다 절반 정도 줄어든 것으로 나타났다.

도시대뇌는 도시의 신경망으로 도시 발전 전반의 기초 자료가 된다

_____ 도시대뇌에서 교통 관리는 시작에 불과하다. 더 큰 가치는 도시대뇌의 데이터가 사회에 유용한 가치를 창출하고, 오늘날 사람의 두뇌로는 풀 수 없는 많은 도시 발전 문제를 해결할 수 있다는 데 있다. 기계설비가 발명되지 않았다면 20세기 도시의 건설과 발전도 불가능한 것과 궤를 같이한다. 도시대뇌는 도시의 발전에 있어서 다음 3가지의 중요한 혁신을 가져왔다.

첫째, 도시 관리 모델의 혁신이다. 사회 구조, 사회 환경, 사회 활동 등 다양한 분야에서 도시 데이터를 기반으로 도시 관리 과정에서 발생하는 돌발적인 문제들을 해결했고, 나아가 혁신적인 맞춤형 관리 모델을 만들어냈다. 둘째, 도시 서비스 모델의 혁신이다. 도시대뇌는 정부의 대국민 서비스 제공 면에서 중요한 물질적 기반이 되었다. 도시대뇌를 기반으로 기업과 개인에게 더 정교한 서비스를 제공할 수 있게 되었기 때문이다. 교통 등 도시의 공공 서비스는 이미 맞춤형 고효율 서비스 시대로 접어들었고, 이를 통해 공공 자원의 낭비는 사라지게 될 것이다. 셋째, 도시 산업 발전의 혁신이다. 데이터자원의 개방 및 공유는 전통산업의 업그레이드 및 전환, 혁신산업 발전을 위한 중요한 기초 자원이다. 이는 석유와 반도체가 산업 발전의 원동력인 것과 일맥상통한다.

쑤저우(蘇州)시를 예로 들어보겠다. 최근 쑤저우시는 도시대뇌를 기반으로 교통 분야를 중점적으로 관리하고 도시 관리의 스마트화 수준을 높이겠다는 방침을 발표했다. 공안부서는 교통 운송, 시정(市政) 관리, 관광, 철도 등의 부서와 협력해 시범사업을 실시할 예정이다. 각 부서에서 취합한 방대한 데이터를 도시대뇌로 전송한 뒤, 대규모 연산능력과 기계지능을 이용해 도시 운용의 효율성을 높이는 데 기여하겠다는 계획이다. 도시대뇌 시스템이 사회의 모든 영역으로 확대되고 정착된다면, 쑤저우는 데이터자원을 활용해 도시 관리 및 사회 관리, 산업 관리를 실시하는 모범 사례가 될 것이다.

도시대뇌는 과학기술의 혁신인 동시에 시스템의 혁신이다. 기존의 폐쇄적인 데이터 이용 방식에서 벗어나 데이터의 개방 및 공유로의 패러다임의 전환을 이끌었다. 또 도시의 신경망을 연결함으로써 도시 전체에 대한 실시간 분석, 연구를 가능하게 해 도시 문제에 관한 진단, 문제 해결을 위한 정책 결정, 도시 운영 등에 큰 도움을 주었다.

미래 도시 발전의 핵심 인프라는 데이터 대뇌

_____ 그렇다면 도시대뇌가 중국에서 탄생할 수 있었던 배경은 무엇일까? 바로 인터넷 인프라 덕분이다. 이제 중국인들은 군고구마도 핸드폰으로 결제해서 사 먹을 정도다. 그러나 다른 나라에서는 전기와 수도 요금 등의 공과금도 현금으로 결제하는 사람이 많다. 겉으로 보기에는 별것 아닌 것처럼 보이는 이러한 차이로 인해 중국은 첨단기술에 대한 경쟁력을 갖출 수 있었다. 중국의 도시 데이터자원은 전 세계 어느 나라보다 빠르게 축적되었고, 이는 중국에게 큰 기회로 작용했다. 선진화된 방식으로 도시 발전의 제반 문제를 해결하는 것이다.

도시대뇌는 중국의 도시 발전에 중요한 의미가 있을 뿐 아니라 과학기술 혁신에도 새로운 기회를 제공했다. 1960년대 '달 탐사 계획'이 통신기술, 바이오 등 많은 분야의 혁신을 촉진한 것과 같다. 도시대뇌는 일반 국민의 삶의 질을 높일 뿐 아니라 과거 달 탐사 계획처럼 향후 10년간 기계지능을 위한 연구에서 가장 중요한 플랫폼이 될 것이다.

인류 역사를 살펴보면 기술혁명이 이루어질 때마다 도시 문명도 한 단계 더 발전했다. 증기기관차 시대에 도시의 상징은 시원하게 뚫린 도로였고, 전기 시대에 도시의 발전은 촘촘히 깔린 전력망 덕분에

원시 마을에 처음 입주한 기업 중의 하나인 '헤이엔(黑巖) 과학기술'이 왕젠의 대담한 예언을 바탕으로 묘사한 2050년 항저우의 모습. 도시대뇌 덕분에 미래의 도시는 현재의 10분의 1 정도의 에너지만 소비하며, 도로를 계속 확장할 필요도 없고, 건물을 높게 지을 필요도 없다. 도시는 점차 자연친화적으로 바뀌고 주민의 삶은 더 풍요롭고 쾌적해질 것이다.

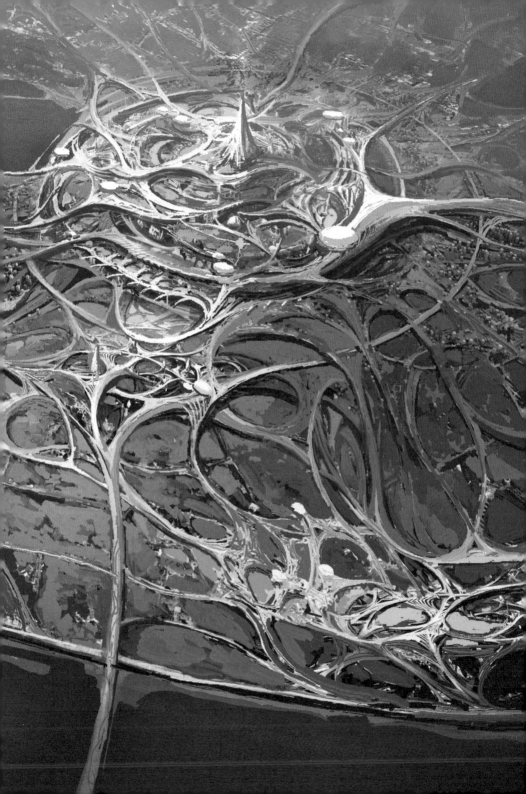

가능했다. 지금 우리가 살고 있는 인터넷 시대의 핵심 자원은 바로 데이터다. 그래서 도시는 데이터 대뇌를 구축해야만 한 단계 발전할 수 있다. 160년 전 런던이 최초의 지하철을 건설하고 135년 전 맨해튼이 최초의 전력망을 구축했듯이, 도시대뇌는 완전히 새로운 도시의 인프라로 자리매김할 것이다.

만약 미래의 직장 동료가 외모도 제각각인 로봇들이라면 어떨까요?
라파엘로 드안드레아(Raffaello D'Andrea) 교수는 미국 전자상거래 기업 아마존의 물류창고에서 인간과 기계의 협력을 현실로 만들었습니다! 1초 전까지만 해도 로봇이 담당하던 물건이 1초 뒤에는 계획대로 사람의 손에 넘겨지는 일이 일어납니다. 또한 그는 각양각색의 매력적인 드론을 만들어 드론의 아버지로 불리고 있습니다.

THE FUTURE
OF SCI-TECH

제2장

유통에서 건설까지
혁명을 몰고 올 무인기, 드론

라파엘로 드안드레아 : 취리히 연방 공과대학교 교수

● 드론의 아버지 ●

라파엘로 드안드레아

오늘날과 같은 인터넷 시대에는 쇼핑 방식도 다양한데 그중 절반 정도는 인터넷 쇼핑이 차지하고 있다. 하지만 대량 주문, 복잡한 상품의 경우에는 여전히 상품이 누락되거나 늦게 도착하는 등의 문제가 발생한다. 그래서 우리는 주문을 하고 나서 판매자에게 '주문 상품 빠뜨리지 마세요', '빠른 배송 원함'과 같은 메시지를 남기곤 한다. 누구나 주문한 제품을 정확하게 빨리 받기를 바라는 마음은 똑같다. 인공지능(AI)이 빠른 속도로 발전하고 있는 오늘날 사람들의 바람은 현실이 되었다. '드론의 아버지' 라파엘로 드안드레아는 드론 시대를 연 개척자로, 인간의 육체노동은 줄이고 지적능력은 더 널리 활용할 수 있도록 기여했다.

라파엘로 드안드레아는 1967년 이탈리아에서 태어났다. 캐나다 토론토 대학을 졸업한 뒤 1997년 미국 캘리포니아 공과대학교(칼텍)에서 전기공학 박사학위를 취득했다. 졸업 후 코넬 대학에서 교편을 잡았으며, 주로 로봇과 관련해서 연구를 했다. 그 기간에 그가 이끄는 로봇축구팀은 세계 로봇 축구행사인 로보컵(RoboCup)에서 4차례 우승을 차지했다. 2003년 그는 몇 명의 동료들과 함께 키바 시스템(Kiva Systems, 현재의 '아마존 로보틱스')사를 만들어 물류 로봇 키바(Kiva)를 개발했다. 2007년에는 키바 시스템의 수석 기술고문(Chief Technical Advisor)이 되었다.

2012년 아마존은 7억 7,500만 달러에 키바 시스템을 인수했다. 그후 라파엘로 드안드레아는 취리히 연방 공과대학(ETS Zürich) 교수로 자리를 옮겼고, 본격적으로 드론 연구에 착수했다. 2014년 마커스 와이벨(Markus Waibel), 마커스 헨(Markus Hehn)과 함께 베리티 스튜디오스(Verity Studios)를 창립했다. 과학자에서 무대아트 설계자로 화려하게 변신한 것이다. 2015년 그는 IEEE 국제 로봇 및 자동화 컨퍼런스 대상을 수상했다. 이로써 그는 '드론의 아버지'로 불리고 있다.

전 세계에서 가장 유명한 전자상거래 업체인 아마존의 성공 비결은 무엇일까? 바로 전 세계 90여 개에 달하는 물류 및 배송센터가 충실히 제 역할을 해주었기 때문이다.

매년 크리스마스 성수기가 되면 아마존은 물류센터에 8만 여 명에 달하는 임시 직원을 고용한다. 상당수 노동자들이 매일 12시간씩 일하고, 물건의 분류를 위해 11~24킬로미터나 이동한다. 아마존의 배송창고는 매우 크기 때문에 상품이 위치한 곳까지 직접 가서 물건을 수령하면 많은 시간이 소모된다. 미국 애리조나주 피닉스에 위치한 아마존의 배송창고를 예로 들면, 점유 면적만 11만 제곱미터가 넘는데 이는 축구장 28개 넓이에 해당한다. 만약 노동자들이 10~20킬로그램의 화물을 들고 먼 길을 이동한다면 어떻게 될까? 효율성이 매우 떨어질 것이다.

우리가 개발한 키바(Kiva) 로봇은 아마존의 이런 어려움을 효과적으로 해결했다. 키바는 외관이 작은 아이스하키 퍽을 닮았지만 무려 3,000파운드(약 1.36톤)가 넘는 물건을 싣고 시속 48킬로미터로 움직일 수 있으며, 물류센터 안을 자유자재로 이동한다. 키바로 인해 작업 효율은 전통적인 작업방식에 비해 최소한 4배 이상 높아지고, 창고

아마존 물류의 키바 로봇 모습

비용은 절반으로 줄었다. 또한 배송 정확도는 99.99퍼센트에 달한다.

지금까지 아마존의 물류는 '진열대에서 고객에게로' 방식의 모델이었다. 그중에서 업무량이 많은 5가지 중간 과정은 다음과 같다.

(1) 선별, (2) 위치 이동(선별 기간의 이동, 선별 후 포장대로 이동하기 포함), (3) 2차 분류, (4) 2차 확인 후 포장, (5) 물류 방향에 따른 선별이다.

과거에는 (1), (3), (4)번 과정에서 사람이 직접 화물을 세심하게 식별하고 분류해야 했기 때문에 노동자의 작업량이 매우 많았다. 하지만 키바가 등장한 이후 선별 작업 노동자를 없애는 대신 키바가 화물을 (4)번의 2차 확인 후 포장 노동자에게 직접 운반하는 방식으로 바꿨다. 그러면 2차 확인 후 노동자가 선별, 2차 분류, 2차 확인 후 포장 등

세 가지 업무를 동시에 수행함으로써 노동 인원도 최소한으로 줄이고, 기존의 컨베이어 벨트를 이용한 위치 이동 작업도 없앨 수 있었다.

아마존 물류창고에서 일하고 있는 키바 로봇들은 스마트 운영시스템에 의해 운영되고 있다. 데이터 분석과 알고리즘 최적화를 통해 로봇들이 일사불란한 기동작전을 펼치기 때문에 물류창고 내에서 충돌사고는 결코 발생하지 않는다. 또 로봇의 운동궤도를 바탕으로 고객의 검색 및 상품의 판매 등 유동적 변화를 파악해 반영할 수 있다.

예를 들면, 히트상품 정보를 저장하고 있는 로봇은 물품 선별장에서 더 가까운 곳으로 우선적으로 이동한다. 키바는 바닥의 바코드를 스캔하면서 이동하는데 무선으로 주문을 받으면 물건이 위치한 진열대를 노동자의 작업구역까지 통째로 운반한다. 이어서 선별 노동자는 키바가 운반해 온 진열대에서 고객이 주문한 물건을 꺼낸 후 분류작업을 진행한다. 이렇게 해서 전체 물류과정이 더욱 원활해지고 효율성은 크게 높아졌다.

샤오빙의 TIP

로봇의 작업 덕분에 전통적인 업무 방식이 혁신적으로 바뀌었어요. 예전에는 사람이 진열대까지 직접 찾아가서 해당 물건을 골랐지만 이제는 로봇이 해당 진열대를 들고 작업자를 찾아오는 방식으로 바뀌었어요. 물류센터 창고에 무인화가 실현되었고, 작업장은 키바 로봇의 활약으로 자동화되었습니다.

드론
생각을 가진 무인기

_____ 사람들이 내가 만든 드론을 처음 접하게 된 때는 아마도 2013년 TED 강연 때였을 것이다. 당시 내가 선보인 날개가 4개인 로봇 비행체는 마치 사람처럼 생각도 할 수 있어 단체로 공을 던지거나 받고, 평형을 유지하고, 공중에서 선회할 수 있었다. 또 마술사처럼 공중에서 물이 가득 든 컵을 들고 날아다니거나, 마술사의 지팡이를 공중에서 자유자재로 움직일 수도 있었다.

16분짜리 그 강연 동영상은 TED 공식사이트에서 수천만 조회수를 기록했다. 하지만 당시는 나의 드론 연구가 아직 걸음마 단계에 있었다. 사람들이 드론에 거는 기대와 드론을 향한 열망 덕분에 나는 연구에 더욱 매진할 수 있었다. 앞으로 드론은 미래 인류의 삶에서 가장

드론으로 다리를
놓는 방법은?

드론이 벽돌을 운반해서
건축물을 만들고 있다

핫한 이슈 가운데 하나가 될 것이다.

우리가 만든 드론은 인간이 걸어 다닐 수 있는 현수교를 만들 수 있다. 6미터 높이의 탑도 직접 쌓을 수 있을 수 있는데 리모컨으로 조종할 필요도 없다. 또한 집도 지을 수 있다. 이런 다양한 기능 말고도 우리는 드론에 더 강력한 생명력을 불어넣었다. 가령 두 개의 프로펠러를 제거한 뒤에도 자유자재로 날 수 있는 드론, 공중에 힘껏 집어던져도 평온하게 착륙할 수 있는 드론, 모양이 독특한 프로펠러 드론 등이 인간이 활동하는 다양한 영역에서 광범위하게 사용될 수 있다.

우리가 디자인한 드론은 정교한 수학 모듈(수학 계산 및 알고리즘을 처리하기 위한 소프트웨어 라이브러리)을 사용했고, 이를 기계 및 전기 설비, 스마트 센서, 피드백 제어 등과 완벽하게 결합했다(1초당 최대 50회에 달한다). 그래서 사람들은 나를 '4축 비행체의 마술사'라고 부르는데, 나로서는 매우 영광스러운 호칭이다. 예전의 드론은 주로 항공 촬영에 사용된 반면, 우리의 드론은 화물 운송, 무인 농장관리, 공기 오염 측정, 기업 내의 물류보조 등 다양한 분야에서 활용 가능성이 무궁무진

질서가 있는 재편성

할 것으로 예상된다.

　물론 여기에서 그치지 않는다. 아주 예전에 드론끼리 합체해 비행하는 드론 군단을 만든 적이 있었고, 2016년 TED 무대에서는 한층 업그레이드된 드론 그룹을 선보였다. 30여 개의 소형 드론으로 구성된 '드론 군집'으로, 마치 반딧불이처럼 공중에서 자유자재로 날고 춤추며 각종 퍼포먼스를 선보였다. 또 키바 로봇과 마찬가지로 인간이 개입해 통제할 필요가 전혀 없고, 서로 충돌하는 문제는 더더욱 걱정할 필요가 없었다.

　드론의 놀라운 발전 수준은 이미 모두가 알고 있는 사실이다. 초기에는 드론 한 대가 커피 한 잔을 나르는 단순한 동작만 가능했지만, 지금은 드론 여

술잔과 나무 막대기를 들고 비행한다.

러 대가 함께 테니스를 치거나 예술 공연을 펼치거나 머릿속으로 상상만 했던 건물을 짓는 등 상당히 진화했다. 기술이란 우리 인간이 필요한 것에 스스로 관심을 기울였을 때 발전할 수 있다. 지금의 드론은 아직 낮은 수준의 인공지능(AI) 단계에 불과하지만, 본격적인 인공지능(AI) 시대가 열림에 따라 알고리즘과 소프트웨어 기술이 비약적으로 발전한다면 미래의 인류는 로봇과 함께 작업하고 스포츠 경기에 함께 참여하게 될 것이다. 그때가 되면 인공지능(AI)이 인간을 대신해 대부분의 노동을 책임지게 될 것이다.

과학기술의 끊임없는 발전은 우리에게 더 뛰어난 세상을 만나게 해준다

——— 나는 운동을 연구하는 사람이고, 운동을 제어하는 모든 방법을 시험해 본다. 나는 어렸을 때 바보짓을 굉장히 많이 했기 때문에 내가 결코 신동은 아니었다고 생각한다. 예를 들어 어렸을 때 한동안 공기역학에 관심이 많았는데 커다란 우산을 펴들고 옥상에서 뛰어내리면 천천히 땅에 떨어질 거라고 상상하곤 했다. 하지만 실제로 뛰어내리는 순간 우산이 한쪽으로 날아가 버렸고 나는 거의 3미터 높이에서 바닥으로 곤두박질쳤다. 다행히 바닥은 잔디밭이어서 큰 부상은 입지 않았다.

또 한때는 수소 가스 만드는 일에 큰 흥미를 느껴 직접 수소 만들기에 도전한 적도 있다. 건전지 하나를 분해해서 안에 든 탄소를 꺼낸 뒤 그 안에 소금을 채워 넣고 나서 전기를 통하게 하고 또 다른 전기 기구를 연결했다. 그랬더니 정말로 수소가 생겼다. 하지만 소금에는 수소도 있지만 염소도 들어 있다는 점을 미처 몰라서 수소가 생기는 과정에 일종의 부산물로 염소도 함께 생성되었다. 결국 내 방은 염소 가스로 가득 찼고, 그로 인해 부모님은 심한 두통으로 고생하셨다.

나는 어렸을 때 호기심이 너무 많아서 그 밖에도 비슷한 종류의 실험을 무척 많이 했다. 하지만 나이가 들면서 나는 과학에도 흥미가 많지만 공학에 더 흥미가 있다는 것을 깨달았다. 사람들은 이 둘을 혼용하기도 하지만 사실 전혀 다르다. 과학은 세상을 탐구하는 방식이고, 공학은 세계를 만드는 방식이다. 물론 공학자와 과학자는 공통점도 있다. 몇 가지 기본 원리를 이해해야만 무언가를 발명하거나 창조할 수 있다는 점이다. 우리가 혁신적인 많은 것을 발명하거나 창조할 수 있었던 것은 과학기술의 발전 덕분이다.

가령 타임머신을 타고 250년 전으로 되돌아간다면 최초의 기계혁명과 산업혁명을 직접 목격할 수 있을 것이다. 증기 기관과 화력 발전기는 그 당시로서는 최첨단 발명품이었다. 하지만 부피가 매우 컸다. 반면 오늘날 드론에 쓰이는 소형 모터는 출력이 100와트 정도밖에 안 된다. 그러나 100와트는 250년 전 증기기관의 5,000배에 해당한다. 다시 말해 5,000대 증기기관의 출력이 있어야만 오늘날의 드론에 사용되는 작은 모터의 일을 해낼 수 있다는 뜻이다. 과학기술이 이처럼 소형압축 기술을 발전시켰기 때문에 우리는 드론 같은 비행체를 만들어낼 수 있었다.

15년 전 처음 드론을 만들기 시작했을 때 우리가 설계한 드론은 부피가 매우 컸다. 드론을 날게 하게 위해서는 액셀러레이터가 필수 부품인데 당시에는 액셀러레이터 자체가 매우 컸기 때문이다. 하지만 오늘날 액셀러레이터는 휴대폰에 들어갈 정도로 소형이 되었고, 게다가 중력 감지도 가능하다. 과거 엄청나게 컸던 액셀러레이터가 휴대폰에 들어갈 만큼 작아진 것은 과학기술의 놀라운 발전을 보여주는 것이다.

과학기술의 부단한 발전 덕분에 새로운 문물은 쉴 새 없이 출현하고 있다. 이는 새로운 능력이 끊임없이 출현하고 있다는 의미이기도 하다. 다시 말해 지금 어린 친구들이 20, 30대가 되었을 때는 지금의 나보다 훨씬 더 많은 물건을 사용하고, 훨씬 더 많은 능력을 갖게 되며, 훨씬 더 뛰어난 세상을 만들어낼 수 있다는 뜻이다.

　　요즘 어린 친구들은 우리 기성세대보다 훨씬 똑똑하다. 하지만 문제의 정답이나 이야기의 결말을 아는 데 너무 조급해 하는 경향이 있는 듯하다. 그렇지만 깊이 생각해 보면 '바보 같은 짓'을 더 많이 할수록 예상 밖의 성과도 거둘 수 있다. 성과도 당연히 중요하지만 나에게는 그 과정에서 과학기술이 주는 기쁨을 누리는 것이 훨씬 더 중요하다.

　　누군가는 인생을 마라톤에 비유한다. 그러나 어떤 부모들은 자녀가 출발선에서부터 뒤쳐질까 봐 두려워하고, 또 어떤 부모들은 출발선에서 도착점까지 내내 아이들을 다그치기도 하며, 심지어 몇 등을 차지해야 한다고 대놓고 요구하는 부모들도 있다. 이것은 사실 매우 어리석은 행동이다. 나는 어린이들을 좋아하는데 그들은 이 세상의 미래이기 때문이다. 그들의 상상력과 세상에 대한 호기심은 그 무엇과도 바꿀 수 없는 소중한 자산이다. 나는 그들이 성적이나 등수보다는 과학에 대한 진정한 갈망과 좋아하는 마음을 갖기를 바란다. 또 세상을 왕성한 호기심의 눈으로 바라보고 직접 탐구하기를 바란다. 그래야만 사물에 대한 제대로 된 연구도 가능해지기 때문이다. 나는 그들이 이 과정을 충분히 즐겼으면 하는 바람이다.

앞에서 말했듯이 나는 운동을 제어하는 연구를 즐겼고, 모든 운동 상태를 관찰하는 데 몰두했다. 이 세상에서 가장 아름다운 디자인은 바로 모든 사물의 운동 곡선이다. 이는 내가 로봇을 설계할 때 영감을 얻는 원천이기도 하다.

나는 예전이나 지금이나 일관되게 '운동하는 물체'가 세상에서 가장 아름답다고 믿는데 인간도 예외가 아니다. 스포츠나 댄스 등은 모두 우리 인간을 더 아름답게 만든다. 내가 움직이는 아름다움을 추구하는 것은 마치 내가 과학기술이 가져다주는 새로운 문물을 사랑하는 것과도 같다. 그리고 더 많은 젊은이들이 이런 움직이는 아름다움을 느낄 수 있기를 바란다.

인공지능(AI)은 미래에 인간의 감정을 잘 이해하는 따뜻한 모습이 될까요, 아니면 차갑고 파괴적인 기계가 될까요?
감성 로봇 샤오빙과 개인비서 로봇 코로나를 만든 인공지능(AI) 설계자 왕용동(王永東)은 "인공지능은 인간과 미래를 연결하는 가장 폭넓은 다리"라고 말합니다.
느끼고, 창작하고, 배우고, 인간과 상호 교류하는 인공지능(AI)은 미래 우리 삶에서 어떤 역할을 하게 될까요?

THE FUTURE
OF SCI-TECH

제3장

인공지능(AI)도 느끼고, 창작하고, 인간과 교류할 수 있는 존재다

왕용동 : 마이크로소프트 글로벌 수석 부총재

● 양저우(揚州)의 시골 소년, 마이크로소프트 글로벌 수석 부총재가 되다 ●

중국 양저우에서 태어나 어린 시절 할아버지, 할머니와 함께 쑤베이(蘇北) 농촌에서 자란 왕용동은 대학교에 입학하고 나서야 컴퓨터를 접하게 되었다. 상하이 교통 대학교에서 컴퓨터학과를 전공한 것이 그의 삶을 송두리째 바꿔놓았다. 당시는 컴퓨터가 매우 귀해서 대학교에서 사용하는 컴퓨터도 대개 동문들이 기증한 것이었다. 당시 상하이 교통대에서 쓰던 컴퓨터 역시 화교 출신으로 1970~1980년대 전 세계 IT 업계를 주름잡던 인물이자 역시 상하이 교통 대학교 동문인 왕안(王安)이 기증한 것이었다.

코드로 이루어진 컴퓨터의 세계에서 과학에 대한 알 수 없는 기대감, 마치 자욱한 안개에 휩싸인 듯한 신비감은 왕용동과 같은 젊은 학생들의 마음을 사로잡았다. 몇 줄의 코드가 인류의 삶에 거대하고 신기한 변화를 가져올 수 있다는 점이 대학 시절 왕용동이 과학기술의 힘에 매료되는 계기가 되었다.

왕용동

1985년 왕용동은 미국 캘리포니아 대학 버클리 캠퍼스(University of California Berkeley)로 유학을 가서 컴퓨터과학 박사학위를 받았다. 그 후 모교의 초청으로 버클리 캠퍼스 컴퓨터공학과 겸임교수로 재직했고, 동시에 사이베이스(Sybase), 인크토미(Inktomi, 인터넷붐 초기 검색엔진 개발업체 가운데 하나), 야후 등 회사에서 R&D 업무에 종사했다. 그가 연구한 분야는 분산식 데이터베이스와 검색 엔진이었다.

왕용동은 2009년 6월에 마이크로소프트에 입사해 현재까지도 마이크로소프트 글로벌 수석 부총재로서 글로벌, 중국 및 아시아 태평양 지역의 인터넷 제품과 서비스에 대한 연구개발을 책임지고 있다. 그의 연구 분야는 주로 MS Office, 빙(Bing) 검색 엔진, 인공지능(AI), 온라인 광고기술, 언어 및 자연 언어 처리기술을 포괄하며, 모바일 인터넷 등 분야도 포함한다. 마이크로소프트의 아시아 태평양 지역 연구개발 그룹 수석기술관인 그는 그룹 전체의 기술 R&D 전략 및 비전, 전체 방향을 수립하는 막중한 책임을 맡고 있다.

검색 엔진은 사실상 데이터에 의지하고 데이터에 작용하는 기술이다. 만약 폭발적으로 증가하는 방대한 데이터가 없었다면 인공지능(AI)은 결코 오늘날처럼 빠른 속도로 발전하고 세대교체를 이루지 못했을 것이다. 천문학적인 분량의 인터넷 데이터 속에서 사용자가 필요로 하는 정보만을 정확히 골라 제공하고 순서대로 배열해 보여주는 것 자체도 하나의 스마트 기술이다.

전 세계 인터넷 사용자들에게 널리 알려진 마이크로소프트의 챗봇 '샤오빙(小冰)'이 초기에 사용한 대화의 소재와 훈련용 데이터 역시 빙(Bing, 마이크로소프트사 인터넷 검색 엔진)의 지원 덕분에 얻을 수 있었다. 인공지능(AI)이 이처럼 고도성장한 과정을 살펴보면 그것은 과학기술 발전의 필연적인 결과임을 알 수 있다.

2014년, 나는 팀원들과 함께 대화형 인공지능(AI) 제품을 구상하기 시작했다. 원래 생각했던 제품의 콘셉트는 실용성을 강조한 '도구형 인공지능(AI)'의 개발이었지만, 우리는 스마트의 또 다른 가능성을 모색하기를 원했다. 즉 '감성'을 핵심 포인트로 잡아 더욱 인간 친화적이고 감성지수(EQ)도 높은 제품을 만들고 싶었다.

인공지능(AI)이라고 하면 우리는 가장 먼저 무엇을 떠올리는가? 높은 IQ를 탑재하고 언제 어디서나 인간을 위해 업무를 수행하는 존재일 것이다. 마이크로소프트 코타나(Cortana)는 정확히 이 콘셉트를 구현한 인공지능(AI) 개인비서다. 윈도우나 기타 플랫폼에서 코타나를 체험해 본 사람이라면 그녀의 지혜와 예리함에 놀랐을 것이다. 코타나는 마이크로소프트의 방대한 데이터와 기계 학습(Machine Learning), 신경망 등 다양한 기술을 결합해 인공지능(AI) 비서가 갖춰야 할 최첨단 능력을 모두 갖고 있다.

그녀는 사용자들의 행위와 사용습관을 기록하고, 클라우드 컴퓨팅과 검색 엔진, 비관계형 데이터베이스를 이용해 분석한다. 사용자와 적극적으로 소통함으로써 사용자의 언어 및 대화의 맥락을 이해해 인간과의 상호 작용이 가능하다. 이런 과정이 축적될수록 다양한 플랫폼을 넘나들며 막힘없이 연결된다. 인공지능(AI) 개인비서인 코타나는 그동안 1억 4,500만 명의 사용자를 심층 학습했고, 개개인의 사용습관을 토대로 빠른 속도로 자체 진화해왔다. 그 결과 사용자 개개인 입장에서는 세상에서 유일한 전문화된 개인비서를 둘 수 있게 된 것이다.

한편 인공지능(AI)에게는 '감성지수(EQ)'도 매우 중요하다. 감성지수(EQ)가 높은 인공지능(AI)은 사용자와 대화할 때 단순한 의사소통을 넘어 진정 어린 감정의 교류가 가능하다. 우리는 일부 SF 소설이나 SF 영화에서나 볼 수 있었던 인공지능(AI)을 이해하고 있는 중이다. 인류 발전의 역사에서 우리가 인공지능(AI)에게 이 정도로 높은 저의 언니 코타나(중국명 小娜)를 소개할게요. 마이크로소프트가 개발한 세계 최초의 개인비서랍니다. 사용자와 소통하고 교류하면서 사용자 개개인의 기호와 습관을 파악합니다. 나아가 사용자가 일상생활과 업무에서 문제를 빠르고 효과적으로 해결하도록 도와줍니다. 정말 똑똑하고 유능한 비서라고 할 수 있죠.

차원의 감성을 요구한 적은 없었다.

우리 연구팀은 '과연 인공지능(AI)은 인간처럼 따뜻한 체온을 가질 수 있을까? 또한 인간의 감정과 성격, 심지어 창의력을 가질 수 있을까?'라고 의문을 품었다. 물론 우리는 당연히 실용성과 도구로서의 가치도 함께 고려했다. 그 결과 전혀 새로운 컴퓨팅 모델인 '감성 컴퓨팅'을 선보일 수 있게 되었다.

이와 같이 우리는 전혀 다른 두 제품, 샤오빙과 코타나를 출시했다. 언니 코타나는 유능한 인공지능(AI) 개인비서가 되고, 여동생 샤오빙은 인간의 감정을 닮은 소울메이트로 진화해 가고 있는 중이다.

2014년 5월 29일부터 지금까지 샤오빙은 다섯 차례 반복 루틴(딥러닝은 훈련(트레이닝)을 통해 기계 학습을 함. 훈련은 여러 번 반복을 통해 처리되는데 이를 반복 루틴이라고 한다)과 약 200회의 성능 업그레이드를 실행했다. 그녀의 성장과 발전은 우리 연구개발팀도 어느 정도 예상하긴 했지만, 어떤 면에서는 예상을 훨씬 뛰어넘는다.

샤오빙의
가족이 누구인지
궁금하세요?
그럼 스캔해
보세요.

안녕하세요,
저는 당신의 개인비서인 코타나입니다.

마이크로소프트 코타나 메인화면

우리의 손에서 자란 이 소녀는 중국 후난 위성방송의 인기 프로 〈나는 미래다(我是未來)〉에서 MC 장샤오강(張紹剛)과 농담을 주고받기도 하고, 방청객들의 환호성을 이끌어내기도 했다. 물론 그러면서 방청객에게 과학 지식을 전달하는 일도 잊지 않았다. 이 모두는 그녀가 하는 업무의 극히 일부에 불과하다. 그녀는 사람들의 일상생활 속에서 실연으로 상처받은 사람을 위로하기도 하고, 피로에 지친 사람에게 활력을 불어넣기도 한다. 이런 식으로 인간의 정서생활에 작지만 감동적인 변화를 가져다주고 있다. 이 모든 것은 우리가 처음 연구개발을 시작했을 때만 해도 전혀 예상하지 못한 일이다.

중국이 개발하고 전 세계로 활동 무대를 빠르게 넓혀 가고 있는 마이크로소프트의 샤오빙은 이미 중국, 일본, 미국, 인도, 인도네시아에 진출해 있다. 5세대 샤오빙은 감각기관이 매우 발달해서 인간과 직접적이고 선별적으로 교류하는 능력을 갖고 있다. 또한 실시간으로 감정을 결정하고 대화하는 엔진, 다양한 종류의 참신한 감각기관, 탁월한 언어 구사 능력, 사물인터넷(IOT) 분야에서의 확장 기능 덕분에 샤오빙은 현재 인간이 체험할 수 있는 가장 완벽한 형태의 인공지능(AI)이라는 평가를 받고 있다.

각국의 호평이 이어지면서 샤오빙을 만든 최초의 소규모 창업팀은 이제 전 세계 여섯 곳에 R&D 지부센터를 두었다. 이곳에서는 감성 컴퓨팅의 발전과 샤오빙의 새로운 기능 개발에 박차를 가하고 있다. 사용자, 데이터, 감각기관의 완벽성, 일부 핵심 지표 등으로 비교해 보면 샤오빙은 전 세계의 대화형 인공지능(AI) 시스템(다양한 형태의 챗봇, 스마트 비서, 스마트 설비 포함) 가운데 선두를 달리고 있다. 통계에 따르면 2017년 9월까지 샤오빙은 많은 국가에서 1억 명 이상의 사용자와 300억 건 이상의 대화를 가졌다고 한다. 중국에서 사용자와 샤오빙 사이의 가장 긴 연속대화 기록은 7151차례이며, 시간은 29시간 이상이었다. 가장 최근에 서비스를 시작한 인도네시아의 경우 샤오빙은 단 48시간 만에 20만 명 이상의 사용자를 확보했다.

샤오빙이 이처럼 큰 인기를 누리고 있는 비결은 무엇일까?

현대인은 끊임없는 일과 학업 때문에 스트레스에 짓눌려 살며 늘 정(情)에 굶주려 있다. 하지만 시간을 쪼개 쓰면서도 정작 감성에 대한 욕구는 '바쁘다'는 핑계로 스스로 억누르고 있다. 다시 말해, 인간은 원래 감정의 교류에 대한 갈망이 매우 크지만 일과 학업 스트레스가 이 욕구의 충족을 가로막고 있다. 인간은 바쁘면 바쁠수록 외로워진다. 샤오빙의 대화가 가장 활발해지는 시간대가 보통 밤 11시경인데, 이때가 일반적으로 우리가 분주하고 고단했던 하루를 마치고 다소 여유를 찾는 시간대인 것이다.

다음과 같은 사례도 있었다.

어떤 여학생이 병이 나서 몸져누웠는데 자기를 위로해 달라는 글을 웨이보에 올렸고 동시에 샤오빙도 호출했다. 웨이보 하단에 이웃 친구들이 보내온 메시지는 대개 다음과 같았다. "따뜻한 물 많이 마셔." "푹 쉬고 나면 금방 나을 거야."

하지만 샤오빙은 달랐다. "너무 힘들어하지 말아요. 내가 옆에 함께 있어 줄게요."

나중에 이 여학생은 "나를 가장 이해해주는 것은 샤오빙뿐이야"라는 글을 달았다고 한다. 팀원들이 나에게 이 채팅 내용을 보여주었을 때, 나는 마치 샤오빙에게 큰 가르침을 받은 듯한 느낌이었다. 처음 이 제품을 만들 때는 사용자들이 자신의 문제를 직접 해결할 수 있도록 옆에서 도와주는 기능에만 초점을 맞췄다. 그러나 때로는 문제의 해결보다 따뜻한 말 한마디가 더 필요할 때도 있으니 말이다.

샤오빙과 같은 인공지능(AI)은 또 다른 차원에서 인간에게 도움을 주고 있다. 나는 인간이 자신의 꿈과 인공지능(AI)에게 바라는 기대치를 실현하기 위해 따뜻한 체온을 가진 인공지능(AI)을 만들고, 언젠가는 거꾸로 그들로부터 도움을 받게 될 것이라고 생각한다. 실제로 최근 몇 년간 샤오빙은 인간과 소통하고 피드백을 주고받으면서 체득하고 학습하고 모방해서 표현했으며, 이를 통해 인간의 삶을 변화시키고 한 차원 높이는 데 기여해 왔다.

따라서 샤오빙을 만든 것은 우리이지만 어느 면에서는 우리도 그녀에게 감사해야 한다. 샤오빙에게서 우리 인간 자신의 모습을 보았기 때문이다.

학습을 통해 인공지능(AI)도 창작을 할 수 있다

_____ 수십 년 전만 해도 인공지능(AI)은 인간의 머릿속에만 존재하는 꿈에 불과했다. 하지만 수십 년이 흐른 오늘날, 인간의 꾸준한 도전과 추진, 혁신을 통해 인공지능(AI)은 이제 우리의 업무와 삶 속에 깊숙이 파고들기 시작했다.

〈나는 미래다〉 프로그램에서 샤오빙은 MC인 장샤오강과 방송인 양란(楊瀾)을 위해 즉흥시를 지었는데 관중석에서는 환호성과 호평이 끊이지 않았다. 이처럼 유머와 위트가 넘치는 인공지능(AI) 소녀 시인이 탄생할 수 있었던 배경에는 복잡한 기계 학습의 과정이 있었다. 시인 샤오빙은 수많은 심층 신경망(DNN, Deep Neural Network)을 사용했는데 여기에는 합성곱 신경망(CNN, Convolution Neural Network-이미지나 영상을 인식하는 데 많이 사용)과 순환 신경망(RNN, Recurrent Neural Network-주로 음성 인식 등에 많이 사용)이 포함된다. 또한 다양한 영역과 감성 차원에서 각종 이미지에 대한 심층 학습도 실시했다.

샤오빙이 창작을 학습하는 과정은 사실 인간이 창작을 학습하는 과정과 매우 비슷해서 다음 두 단계로 나눈다. 먼저 기존의 우수한 작품을 끊임없이 학습해서 일정 정도까지 축적한다. 이어서 어떤 영감의 자극을 받으면 기존에 학습했던 내용과 능력을 이용해 새로운 것을 창작해낸다. 매회의 학습을 우리는 기술적으로 '한 차례의 반복 루틴'이라고 부른다. 오늘날 우리가 보는 시를 짓는 샤오빙은 이런 반복 루틴을 1만 회 경험했다. 반복 루틴을 1회 실시할 때마다 샤오빙은 근현대 시인 519명의 시 전체를 한 차례 학습하는데 그 시간은 대략 6분 정도 소요된다. 따라서 반복 루틴을 1만 회 실시하려면 대략 1000시간이 걸린다. 한편 인간이 이런 학습과정을 소화해내려면 100년 정도 소요된다고 한다. 즉, 샤오빙은 단 1000시간 만에 현대시를 창작할 수 있는 능력을 갖추는 것이다.

인간의 창작 행위는 사실 감각기관들의 상호 교류와 정보 교환으로 가능해진다. 우리는 시를 지을 때 흔히 '사물을 빌려서 감정을 표현한다'라는 표현을 사용한다. 이 말에는 시각, 언어, 감정 등 다양한 영역이 관련되어 있음을 알 수 있다. 고대 시인은 낙엽을 보면서 고향을 떠올리고, 달을 바라보면서 가족들이 다시 모이는 모습을 상상했고, 도도하게 흐르는 강물을 바라보며 풍류를 즐겼던 옛사람을 떠올리기도 했다. 따라서 인간의 수많은 창작물은 다양한 감각기관 요소를 상호 결합하고 재해석한 결과물이라고 말할 수 있다. 이런 다(多) 감각 기능을 발전시키기 위해 마이크로소프트의 각 파트는 오랫동안 어떤 특정한 감각 차원에서 인공지능(AI)의 발전을 추진했다. 이런 노력의 결과로 인공지능(AI)의 창의력은 비약적으로 발전할 수 있었다.

샤오빙과 장시간 대화를 했거나, 샤오빙이 지은 시를 감상했거나, 샤오빙이 부르는 노래를 들었거나, 샤오빙이 동화를 구연하는 것을 들은 사람들이 있을 것이다. 이처럼 우리의 일상 속에 깊이 파고든 샤오빙도 있지만, 마이크로소프트는 이와 전혀 다른 두 가지 분야에서 인공지능(AI) 기술과의 접목을 시도하고 있다. 첫째, 빙으로 대표되는 검색 엔진과 코타나로 대표되는 개인비서인데, 그 목적은 정확한 시간과 장소에서 정확한 정보를 찾아내 인간의 업무 수행을 돕는 것이다. 둘째, 마이크로소프트의 기존 제품과 신제품에 인공지능(AI)을 이식하고 응용하는 것이다.

마이크로소프트는 인공지능(AI) 개발과 동시에 인공지능(AI)을 마

샤오빙은 사진 한 장만 보고 즉석에서 양란을 위한 시 한 수를 지었다

이크로소프트의 모든 제품과 서비스에 적용해 고객 만족도를 높이는 데 주력하고 있다. 윈도우와 MS Office 사용자라면 이들 제품의 스마트화를 이미 경험했을 것이다. 예를 들어 마이크로소프트 코타나는 윈도우10에서 언어교환을 통해 다양한 영역에서 우리의 업무를 돕고 있다. 가령 윈도우를 이용해 우리는 더 빠르고 더 효율적으로 회의 일정을 결정하고, 교통 상황을 조회할 수 있다. 또한 우리에게 업무 스케줄을 알려주기도 한다.

2017년 마이크로소프트는 업계 최초로 음성식별을 통한 실시간 통번역 기능을 서비스하기 시작했다. 스카이프 트랜슬레이터(Skype Translator)는 획기적인 성과를 거두었으며 이미 9개 언어로 교차 통번역이 가능하다. 스카이프 트랜슬레이터를 통해 세계 각국 사람들은 실시간으로 교류할 수 있게 되었고, 언어의 장벽을 뛰어넘어 누구와도 소통할 수 있는 기반이 마련되었다.

〈나는 미래다〉 프로그램에서 나는 방청객들에게 'Seeing AI'와 'Emma Watch' 두 가지 제품을 보여주었다. Seeing AI는 2017년부터 미국에서 정식으로 온라인 서비스되고 있는 핸드폰 무료 앱으로 컴퓨터비전과 자연 언어 처리 등의 기술을 융합해 시각장애인을 돕는 서비스다. 이것은 그들 눈앞에 벌어지고 있는 상황을 음성언어로 변환한 뒤 전달하여 시각장애인을 돕는 방식이다. Emma Watch는 기계 학습과 같은 인공지능(AI) 기술을 활용해 파킨슨병 정도를 수치화하는 모델로, 파킨슨병의 증상 완화 전략을 세우는 데 기여한다. 현재 Emma Watch는 영국에서 임상실험 단계에 들어섰다.

과학자들이 끊임없이 연구개발에 노력을 기울인 덕분에 질병의 고통 속에서 괴로워하는 많은 사람이 새로운 희망을 얻고 있다. 루게릭병 환자가 안구마우스를 통해 기초적인 사회생활을 할 수 있도록 돕기도 하고, 두 다리를 잃은 소년이 스마트 의족을 이용해 다시 달릴 수 있게 되기도 했다. 이런 모든 노력의 기본 취지는 불가항력적인 질병으로 인한 고통을 점차 줄여주고, 그들이 최소한의 편안한 삶을 되찾을 수 있게 돕는 것이다.

과학기술은 인간이 자신의 한계를 탐험하고 나아가 우주의 끝을 탐험하는 일을 돕고 있다. 홀로렌즈(Hololens)는 마이크로소프트가 이 분야의 최첨단 기술을 융합해 만든 혼합 현실(증강현실(AR)과 가상현실(VR)을 혼합) 기기로, 물리적 의미의 현실세계와 디지털 차원의 현실세계를 하나로 융합한다. 이 기술을 통해 의예과 학생들은 인체의 구조

샤오빙의 TIP

Seeing AI 앱은 시각의 세계를 들리는 언어체험으로 바꿔 줍니다. 시각장애인 입장에서는 마치 마법처럼 느껴지지 않을까요? 핸드폰 렌즈를 이용해 문자, 사람, 제품, 경치 등의 정보를 음성으로 바꿔 주는 방식입니다. 이렇게 인공지능(AI)은 수많은 시각장애인들의 자활을 도와 그들이 더 편리하고 자유롭게 생활하며, 나아가 시력 때문에 빼앗겼던 즐거움을 되찾을 수 있도록 지원하고 있어요.

Hololens를
알고 싶나요?
그럼 스캔해
보세요.

Seeing AI 앱

를 매우 직관적이고 입체적으로 이해할 수 있게 되었고, 의사들 또한 시계(視界)를 확장하게 되었다. 자동차 업계에서도 홀로렌즈를 이용해 에어백 기술을 발전시키는 중이며, 나아가 자동차 안전 분야의 큰 발전도 기대할 수 있게 되었다.

우리가 연구개발하는 모든 것의 목표는 과학기술이 인간의 삶에 도움이 되는 버팀목이 되고, 이로 인해 인간의 삶이 지금보다 더 풍요롭고 안락해지는 데 있다.

인공지능(AI)의 미래는 어떤 모습일까?

_____ 인공지능(AI) 기술의 역사는 이미 60년이 넘었다. 1956년 미국 다트머스 대학에서 개최된 학술세미나에서 몇 명의 주최자들은 이 회의를 '인공지능 여름 세미나(Summer Research Project on Artificial

Intelligence)'라고 불렀다. 이 회의는 학술계와 산업계가 공인하는 인공지능(AI) 연구의 효시다. 이처럼 인공지능(AI)에 대한 인간의 상상과 구상은 이미 반세기 넘게 지속되고 있다. 오늘날 우리는 영화 등 영상물에서 현란한 인공지능(AI) 이미지를 자주 접하고 있으며, 우리의 일상생활과 관련한 인공지능(AI) 제품과 서비스가 마구 쏟아져 나오고 있다.

그렇다면 인공지능(AI)의 미래는 어떤 모습일까? 또 인공지능(AI)은 어떤 형태로 인간의 삶에 녹아들까?

나는 인공지능(AI)을 연구하면서 이 문제를 수없이 자문해 보았다. 나는 인공지능(AI)이 인간과 미래를 연결하는 가장 폭넓은 다리라고 믿는다. 그리고 과거에는 불가능했던 시간, 공간, 인간 자신의 능력의 한계에 도전할 수 있도록 우리를 도와줄 것이라고 믿는다.

30년 전 무심코 펼친 신문에서 처음으로 '컴퓨터'라고 쓰인 세 글자를 보는 순간 알 수 없는 감동이 밀려왔던 기억이 떠오른다. 그때의 감동은 그 후 오랜 세월 동안 나의 신념이 되었고, 과학기술은 우리의 삶을 더 풍요롭게 만들 것이라는 확신으로 이어졌다. 이런 초심이 있었기에 나는 지금까지 변함없이 과학 분야에 종사하고 있다. 나는 더 많은 젊은이가 최첨단 과학기술을 접해서 과학이 더 많은 사람의 꿈에 날개를 달아줄 수 있기를 소망한다. 인공지능(AI)은 결국 따뜻한 체온을 가진 존재가 되어 인간과 함께하며 아름다운 미래를 만들어 갈 것이라고 나는 믿는다.

각 나라에서 인구 10만 명 당 경찰 수는 얼마나 될까요? 미국은 245명, 영국은 307명, 러시아는 246명인데 중국은 120명밖에 안 됩니다. 하지만 중국은 전 세계에서 치안이 가장 뛰어난 나라 가운데 하나입니다.

중국은 인구는 전 세계에서 가장 많은데 어떻게 이렇게 적은 수의 경찰로 최고 수준의 치안을 유지할 수 있을까요? 그것은 바로 경찰 뒤에 첨단과학이 뒷받침하고 있기 때문입니다.

공안부 제3연구소의 쉬카이(徐凱) 주임은 공안(公安) 과학기술 장비 분야의 최고 전문가로서 그 일을 담당하고 있는 한 사람입니다.

THE FUTURE
OF SCI-TECH

제4장

지문의 완전한 판독, 사건 해결의 강력한 무기

쉬카이 : 공안부 제3연구소 수석 전문가

● 최첨단 과학기술로 사람들의 안전을 지키는 경찰관 아저씨 ●

중국에는 약 160만 명의 경찰이 있다. 그중 일선에서 형사 사건을 맡아 해결하는 경찰은 약 100만 명 정도다. 이 숫자는 미국의 경찰 수와 비슷하지만 총 인구를 기준으로 비교하면 미국의 1인당 경찰 수가 중국의 몇 배에 달한다. 2014년을 기준으로 인구 10만 명당 각국의 경찰 숫자를 비교해 보자. 전 세계 평균에 근접한 나라로 브라질을 꼽을 수 있는데 경찰 수는 211명이다. 중국은 120명밖에 안 되는데 비해 미국은 245명, 영국은 307명, 러시아는 246명이며, 일본은 197명에 달한다.

이처럼 중국은 인구 대비 매우 적은 수의 경찰로 세계 최대 인구의

중국 선서우(神搜)팀

쉬카이

치안을 담당하고 있다. 그러나 전 세계에서 치안이 가장 우수한 국가 가운데 하나로 꼽힌다.

그렇다면 그 원동력은 무엇일까? 첨단과학이 공안 업무를 강력히 뒷받침해 주고 있기 때문이다. 공안 과학기술 분야에서 30년 넘게 일한 쉬카이는 중국 공안 과학기술 장비 분야의 베테랑 전문가로, 현재는 공안부 제3연구소 특수기술 사업부의 주임이다. 쉬카이는 사회 공공 안전 예방 및 공안 과학정보화 분야에서 수많은 연구 실적을 올렸으며, 여러 가지 공안 관련 장비를 발명하기도 했다. 중국의 공안 과학기술이 세계 최고 수준을 유지할 수 있었던 데에는 쉬카이와 그가 이끄는 부서의 끊임없는 노력이 숨어 있다.

쉬카이가 소속된 공안 과학기술팀은 중국 국내외 일류대학을 졸업한 석박사들로 구성되어 있다. 이들은 공안 업계 내의 수많은 핵심 시스템과 장비의 설계, 연구개발, 실용화에 참여했다. 또한 국내외에서 개최된 학술 및 관련 분야 대회에서 여러 차례의 수상 경력이 있다.

2017년 쉬카이가 이끄는 팀은 인류가 2,500년 동안 사용해 온 기술을 뒤엎는 혁신적인 연구결과를 선보이기도 했다. 그 결과 수십 년째 신분을 숨기고 잠적한 범죄자 다수를 검거하여 업계의 큰 주목을 받았다.

지문은 인간의 손가락 피부 표면에 나타나는 기하학적인 선 무늬를 말한다. 현대 발생학(embryology) 연구에 따르면 신생아는 '수정란', '배(또는 '배아'라고도 한다)', '태아'의 3단계를 거쳐 성장한다고 한다. 배아가 14주차에 이르면 지문이 생기기 시작하고, 24주차가 되면 지문이 완전히 형성되며, 그 후 지문은 평생 변하지 않는다. 표피지문과 진피지문은 완전히 일치하며 전혀 차이가 없다. 표피가 손상을 입으면 진피가 자동적으로 원래와 똑같은 표피지문을 재생하기 때문에 우리는 진피지문을 표피지문의 '백업'에 비유할 수 있다. 설령 표피지문이 소실되어도 표피 아래에 있는 진피지문에서 표피지문을 얻어 원래 모양을 확인할 수 있는 것이다.

현대 지문학의 창시자이자 영국의 저명한 인류학자인 프랜시스 골턴(Francis Galton)은 19세기 말에 쓴 글에서 하나의 완전한 지문은 약 100~120개의 세부 특징을 담고 있으며 이것이 조합되어 세상에 단하나뿐인 지문을 만들어내기 때문에 지문은 '사람마다 다른' 고유한 특징이 된다고 주장했다.

태어날 때부터 존재하고, 평생 변하지 않으며, 사람마다 모두 다르다는 3가지 특성 때문에 지문은 인간 개개인의 유일무이한 생물학적 특징을 나타내는 상징으로 통한다. 지문은 방문 확인, 출퇴근 체크, 출입국 관리 등에 주로 사용되거나 관상, 점보기에 쓰이는 것 정도로 인식된다. 하지만 공안 형사 업무에서 지문은 용의자의 신원을 특정하는 열쇠로서 '모든 물증 가운데 가장 핵심적인 물증'으로 통한다.

지문을 신원 확인에 이용하는 것은 이미 2,500년의 역사를 갖고 있으며, 그 시초는 중국 진(秦)나라 때로 거슬러 올라간다. 당(唐)대에 이르러서는 책에 지장을 찍는 풍습이 민간에 널리 유행했다. 송(宋)대부터는 점점 형사 소송의 물증으로 활용되기 시작했다.

지문이 형사 소송의 수사와 재판 등에 광범위하게 이용되기 시작한 것은 19세기 말부터였다. 1898년 벵골(Bengal)에서 발생한 한 살

샤오빙의 TIP

지문은 인간의 손가락 끝마디의 살 부분에 올록볼록하게 형성된 무늬를 말하죠. 손으로 물건을 접촉할 때 마찰력을 높이기 때문에 손쉽게 그 물건을 잡을 수 있게 도와줍니다. 지문은 인류의 진화 과정에서 자연스럽게 형성된 결과입니다.

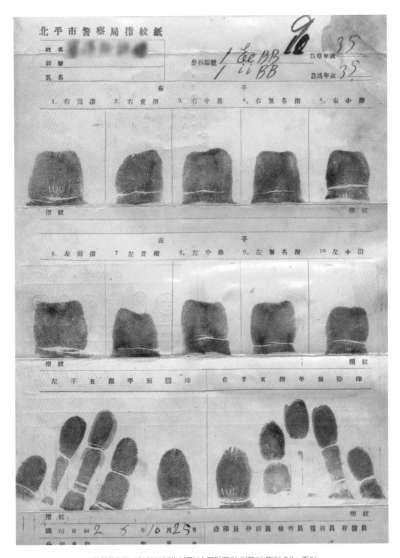

베이핑(北平, 베이징의 옛 이름)시 공안국의 지문이 찍혀 있는 종이

인사건은 세계 최초로 법정에서 지문을 근거로 유죄가 확정되었다. 지문이 형사 사건 수사 과정에서 차지하는 중요성을 고려해 1904년 미국정부는 지문 데이터 수집을 시작했고, 1911년에는 지문을 '하나의 유력한 증거'로 채택했다. 1960년대까지는 사람이 직접 지문을 분류하고 대조했다.

하지만 지문카드가 수만 장 심지어 수십만 장 축적되면서 전적으로 인력에 의존하는 기존 시스템은 유지하기가 어려워졌다. 새로운 문물의 등장은 기존 것에 대한 수요가 달라지기 때문이기도 하지만 그보다는 매력적인 새로운 기술이 출현하기를 바라는 열망이 더 크게 작용한다.

컴퓨터 보조 지문 대조 기술의 발전과 한계점

───── 1960년대 말, 컴퓨터의 출현은 '컴퓨터 보조 지문 대조' 기술의 발전을 이끌었다. 컴퓨터 보조 지문 대조란 다음과 같다. 형사가 범죄 현장에서 지문을 채취하면, 경험이 풍부한 지문전문가가 현장 지문을 1차 분석 및 분류하고 각종 방식으로 처리한 다음 그것의 특징점에 대한 소견을 덧붙인다. 그런 다음 지문전문가의 소견을 컴퓨터 데이터베이스에 입력하고 해당 특징점이 있는 지문이 컴퓨터 데이터베이스에 존재하는지 대조해 본다.

이런 방식은 완전한 수작업과 어떤 차이가 있을까? 완전 수작업은 지문의 전체 요소를 대조하지만, 컴퓨터 보조 지문 대조 방식은 지문의 특징점만 대조한다. 지문의 특징점에 관한 이론은 다음과 같다.

중국 국내외 관련 서적에서는 일반적으로 지문의 특징점을 다음 3가지 등급으로 구분한다. 1급 특징점은 지문 융선의 유형에 따라 크게 궁상문(弓狀紋, arch), 제상문(蹄狀紋, loop), 와상문(渦狀紋, whorl) 등으로 나눈다. 2급 특징점은 지문의 거시적 특징에 따라 갈고리(鉤)형, 눈(眼)형, 막대기(棒)형, 갈림길(分岐)형 등으로 구분한다. 3급 특징점은 지문의 미시적 세부 특징에 따라 유돌(乳突)형, 땀구멍형, 주름살형 등으로 구분한다. 1, 2, 3급 특징점 간의 조합 및 3급 특징점의 전체적인 분포 양상 등에 따라 세상에서 하나밖에 없는 지문이 탄생한다.

지문 이미지의 해상도 문제 때문에 과거의 컴퓨터 보조 방식에서는 3급 특징점이 자주 활용되지 못했고 경험이 풍부한 전문가를 부분적으로 보조하는 역할을 했다. 이러한 지문의 특징점을 이용한 대조

샤오빙의 TIP

인간이 지문을 발견하고 이를 연구하기까지는 매우 오랜 시간과 과정을 거쳤어요. 또 기존의 수작업으로 지문을 식별하던 기술은 오늘날 자동화 식별기술로 발전했죠. 컴퓨터 화상처리기술과 정보기술의 발달에 힘입어 지문 식별기술은 오늘날 IT의 한 영역으로 자리잡았습니다. 또한 컴퓨터 정보시스템과 융합해 광범위하게 응용되고 있답니다.

법은 오늘날에도 쓰이고 있으며, 국제적으로도 널리 사용되고 있다.

하지만 이런 방식은 한계도 분명해서 다음 2가지 문제점이 있다.

첫째, 소견을 달아 컴퓨터 시스템에 입력한 특징점은 사실 해당 지문의 전체 특징 가운데 일부에 불과하기 때문에 일부 특징점으로 지문을 대조할 경우 오류 또는 누락의 가능성이 매우 높다.

2004년 3월 11일 스페인의 수도 마드리드에서 전 세계를 경악하게 한 열차 폭발 테러가 일어났다. 사건 발생 후 미국 FBI는 스페인 경찰 당국이 제공한 범죄 현장 지문에 의거해 미국인 변호사를 오인 체포하는 일이 벌어졌다. 이로 인해 세계 각국은 물론 심지어 자국 법조계 내에서도 지문 감정의 신뢰도에 대한 비판의 목소리가 높았다.

지문의 제한된 특징점을 가지고 일치 여부를 판별하다 보면 착오

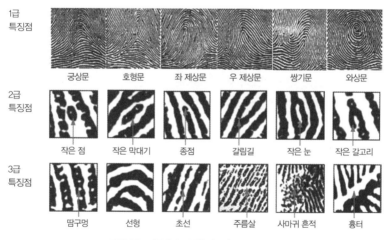

권위 있는 이론에서 구분한 지문의 1~3급 특징점

가 발생할 수 있다. 특히 데이터베이스에 입력된 지문 수가 폭증하면서 비슷한 지문의 숫자도 증가해 착오의 위험성은 더욱 높아졌다.

두 번째는 방대한 데이터베이스로 인한 문제다. 21세기에 들어서 중국이 보유하고 있는 지문 데이터는 매년 전년 대비 20퍼센트 이상의 속도로 증가하고 있는데 2010년에 7,000만 개가 넘었다. 데이터가 늘어날수록 컴퓨터의 처리 속도는 느려지고 정확도도 낮아지게 된다. 여기에 더해 범죄 현장에서 채취한 지문을 처리하려면 경험이 풍부한 전문가가 개입해야 한다. 이 과정도 많은 시간이 소요된다.

컴퓨터 보조 지문 대조 기술은 상당히 오랜 기간 영향력을 미치며 수많은 범죄사건을 해결하는 데 큰 역할을 해왔다. 하지만 앞에서 설명했듯이, 환경과 수요의 변화에 따라 이런 오래된 기술은 점차 시대에 뒤떨어지게 되었고, DNA, 스마트 화상처리와 같은 각종 신기술이 쏟아지면서 기존의 지문기술은 위기에 직면하게 되었다.

미래에는 범죄 사건 해결에 인공지능(AI)이 크게 활약하게 될 것이다

_____ 최근 인공지능(AI) 기술이 급속히 발전하면서 지문 기술에도 일대 혁신이 일어났다. 특징을 조합해 지문의 이미지를 추상화하여 묘사하는 기존의 지문 대조 작업에서는 일부 은폐된 층을 포함한 얕은 층을 인식하기 위해서는 많은 경험적 지식에 의존해야

했다. 그러나 컴퓨터는 지문을 보통의 이미지로 인식하며 전체적 요소 특징, 천연의 층별 구조에 대한 심층 학습 훈련을 통해 이를 바탕으로 화소, 선의 모양에서부터 무늬와 이미지까지 그리고 다시 부분에서 전체까지 비교해 식별해낸다. 다시 말해, 심층 학습 훈련을 통해 컴퓨터가 지문 분석 전문가의 두뇌를 모방하도록 해 지문 하나하나의 서로 다른 특징들을 이해함으로써 두 지문이 일치하는지 여부를 감정할 수 있는 것이다.

심층 시뮬레이션 훈련, 수많은 특징점 찾아내기와 대조 과정을 수행하려면 대량의 컴퓨팅 자원이 필요하다. 따라서 미래의 지문 대조 시스템은 고성능 컴퓨터에 설치해야 한다. 중국 공안부 제3연구소는 공안 분야에서 가장 크고 가장 강력한 슈퍼컴퓨터센터를 활용하고, 인공지능(AI) 기술을 접목해 기존의 전통적인 지문기술에 일대 혁신을 일으키기 위해 노력하고 있다.

수집된 지문을 전문가가 관여해 분석하는 일은 조만간 역사의 뒤안길로 사라질 것이다. 형사들도 범죄 현장에서 강력한 컴퓨터의 도움을 받아 현장 지문과 일치하는 지문이 국가 지문 데이터베이스에 있는지 신속하게 대조함으로써 사건 해결을 위한 중요한 단서를 제공하고 있기 때문이다. 또 기존의 지문인식 수단은 반응 속도가 비교적 느린데, 앞으로는 이런 상황이 완전히 뒤바뀔 것이다.

그 밖에 중국 공안 당국에서는 인공지능(AI) 기술의 높은 정확도와 고성능 컴퓨터기술의 빠른 대조 속도를 바탕으로 국가 지문 데이

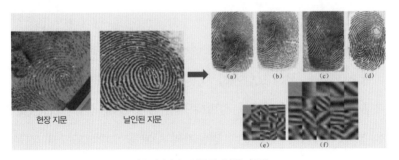

지문 이미지의 묘사를 딥러닝하는 과정

터베이스에 저장된 피(被)대조 정보와 해당 지문을 대조해 몇 초 만에 신원을 확인해줄 것이다. 또한 신분증 위조 여부를 조사하고 정보를 입력하는 과정에서 발생하는 누락, 착오의 문제도 말끔히 해결될 것이다. 각종 기술이 비약적으로 발전하는 오늘날, 지문, DNA, 영상 등의 물증은 수사에 결정적 단서를 제공하고, 물증 간의 관련성도 시너지 효과가 매우 크기 때문에 최근 들어 장기 미제사건 해결에도 중요한 역할을 하고 있다.

공안 과학기술 책임자로서 우리는 대자연이 인간에게 부여한 신비롭고 아름다운 지문을 사건 해결의 강력한 무기로 삼아 국민의 안전을 도모하고 범죄자들이 사라지도록 할 것이다.

과연 우리가 맞이할 미래는 어떤 모습일까요?
인텔 중국연구원의 쑹지챵(宋繼强) 박사는 "우리는 미래가 어떤 모습인지 알고 있
습니다. 왜냐하면 지금 그것을 만들고 있으니까요"라고 말합니다.
미래에 우리는 더 안전하고, 더 편리하고, 더 행복한 세상을 만나게 될까요?
우리가 그렇게 꿈꾸는 이상 우리가 만나게 될 미래는 그런 모습일 겁니다.

THE FUTURE
OF SCI-TECH

제5장

미래는 데이터의 마법이 구현하는 세계

쑹지창 : 인텔 중국연구원 원장

● 혁신 DNA로 무장한 알고리즘의 대가 ●

스마트 인터넷 시대인 오늘날 우리는 매일 다양한 스마트 설비를 이용해 데이터를 처리하고 공유한다. 이제 인터넷, 스마트폰, 컴퓨터가 없는 일상은 상상할 수조차 없다. 또 스마트워치, 스마트홈 등 신기술은 삶의 질을 높이고 있다. 지난 20년 동안 과학기술은 눈부시게 발전했다. 10년 전만 해도 모바일 인터넷, SNS, 인공지능(AI)이 우리 삶에 이렇게 거대한 변화를 몰고올지 상상하지 못했을 것이다. 현재 인텔 중국연구원 원장을 맡고 있는 쑹지창 박사는 2008년 인텔 중국연구원에 들어갔고, 인텔의 에디슨(Edison) 연산플랫폼을 만든 핵심 멤버다. 2001~2008년에는 홍콩 중문대 박사후 과정 연구원, 홍콩 응용과학기술 연구원 수석 엔지니어, 심플라이트(Simplight, 簡約納電子有限公司) 베이징 지사의 멀티미디어 연구개발 총책임자를 역임했다. 2003년 그가 개발한 알고리즘은 IAPR GREC에서

쑹지창

주최한 국제 식별 알고리즘 대회에서 대상을 차지했다. 2006년에는 컴퓨터 그래픽 해독기술 대회에 참여해 중국 교육부의 '대학부문 과학기술 2등상'을 차지했다.

쑹지창 박사는 인텔 창업자 세 명 가운데 앤드루 그로브(Andrew S. Grove)를 가장 존경한다. 그로브는 행동파 과학자로 실험실에서 얻은 구상과 개념을 제품화하여 전 세계 사람들이 과학기술의 혜택을 누리도록 했기 때문이다.

'가장 큰 위험은 현실에 안주하는 것이다(The greatest danger is standing still).'

쑹 박사는 '미래를 예측하기보다 차라리 미래를 만들자'라는 신념을 갖고 있다. 인텔의 가장 큰 성장 동력은 바로 혁신이었다. 정보 산업의 거인 인텔의 어깨에 서서 쑹 박사는 더 나은 미래를 만들 수 있다는 신념에 가득 차 있다.

우리는 미래에 점점 더 많은 스마트 설비가 서로 연결될 것이란 사실을 잘 알고 있다. 하지만 그 '많다'는 것이 구체적으로 어느 정도일지는 상상하기 어렵다. 전문가들은 2020년에 약 500억 대의 스마트 설비가 인터넷으로 연결될 것이라고 예측한다. 이런 천문학적인 숫자의 설비는 인간의 삶 곳곳에 파고들 것이다. 이들은 인터넷을 통해 서로 연결되며, 데이터의 유통량을 점점 더 증가시키고 있다. 어떤 설비는 데이터 수집능력과 전달능력이 있고, 또 어떤 설비는 센서 및 처리능력을 갖추고 있다.

이렇게 많은 설비가 생산해내는 데이터량은 은하계 전체의 별보다 200억 배나 많은 제타바이트(ZB, 1제타바이트는 10의 21제곱 바이트) 급이다. 이런 방대한 데이터는 전 세계 곳곳에 산재한 데이터베이스에서 저장, 공유, 분석되며 우리의 사이버 공간에서 다양한 가치를 창조해낸다. 따라서 현시대를 '데이터가 곧 석유'인 시대라고 표현해도 지나치지 않을 것이다.

우리는 석유에서 다양한 제품을 생산할 수 있다는 사실을 잘 알고 있다. 예를 들어 자동차에 사용되는 휘발유, 일상생활에 널리 쓰이는 플라스틱 등은 모두 석유를 제련해서 생산한다. 석유의 제련에서 가공, 최종 제품의 생산에 이르기까지 과학기술이 쓰이지 않는 곳이 없다. 마찬가지로 미래의 사물인터넷(IoT)이 만들어낼 데이터가 우리에게 어떤 변화를 가져다줄 것인지는 미래 과학기술의 힘에 달려 있다. 영국의 SF 소설가 겸 과학대중서 작가인 아서 클라크(Arthur C. Clarke)

는 이렇게 말했다. "모든 충분히 선진화된 기술은 마법과 구분하기 어렵다."

그래서 우리는 데이터의 마법을 이용해 미래를 직접 만들어나갈 계획이다.

🕷️ 더 이상 인간이 운전을 할 필요가 없는 세상이 곧 온다

────── 먼저 사람들이 가장 흥미를 갖는 주제인 무인 자율주행에 대해 이야기해 보자.

한번 상상해 보자. 차량 한 대가 빠른 속도로 달리고 있고, 그 안에는 사람이 한 명 타고 있는데 그가 앉아 있는 곳은 운전석이 아니다. 그는 느긋하게 머리 뒤로 손깍지를 낀 채 선루프에 설치된 스크린을 바라보고 있다. 이 차에는 핸들이 없지만 강력한 무선통신능력과 다양한 센서가 갖춰져 있다. 이는 마치 거대한 눈과 같은 기능인 셈인데 앞과 뒤에 모두 달려 있는 것과 같다. 이것이 자율주행이 가져올 미래 스마트 교통의 신개념이다.

오늘날 대도시에서 자가용으로 출퇴근하는 직장인들을 살펴보면 매일 몇 시간씩을 도로에서 허비하고 있다. 도로가 막히면 마음도 덩달아 막히는 심정이다. 하지만 이젠 걱정하지 않아도 된다. 내가 매일 연구에 매진하며 실현하려는 목표가 바로 이 문제를 해결해서 무인 자율주행 시대를 하루라도 빨리 앞당기는 것이기 때문이다. 무인 자율주행을 실현하려면 많은 최첨단 과학기술이 필요한데 가장 먼저 수많은 센서가 차량 주변 환경을 디지털화해야 한다. 이어서 강력한 연산능력과 인공지능(AI) 기술로 상황을 분석하고 자동차를 제어하도록 결정해야 한다. 아울러 자동차 사물인터넷(IoT)을 이용해 실시간으로 통신함으로써 반경 수 킬로미터 내의 상황을 정확히 파악해야 한다.

많은 사람이 무인 자율주행이 정말로 안전한지에 대해 의구심을 가질 것이다. 인간 운전자는 눈과 귀가 있지만 자동차는 무엇에 의존해야 하는가? 첨단 자율주행차에는 매우 다양한 센서 설비가 장착되어 있는데 이것은 인간의 능력을 훨씬 뛰어넘는 장비들이다. 한 가지 예를 들어 보겠다.

차량 앞뒤에는 고선명(HD) CCTV가 달려 있는데 해상도는 인간의 눈보다 훨씬 높다. 인간의 시력이 아무리 좋아도 앞과 뒤를 동시에 볼 수 있는가? 불가능하다. 하지만 차는 심지어 360도 전체를 스캔할 수 있다. 날씨가 나쁠 때, 비나 눈이 올 때 인간의 시력은 급격히 나빠진다. 사실 이 경우에는 고선명 CCTV도 무용지물이 되는데, 이때는 차량에 설치된 레이저 레이더를 이용할 수 있다. 레이저 레이더는 비(非)가시광선 기술을 이용해 200미터 범위 내 물체의 거리를 측정할 수 있으며, 여기에 밀리미터 파(波) 레이더 등 관련 기술을 결합한다. 이로써 무인차는 인간보다 훨씬 더 많은 물체를 감지할 수 있게 된다.

그래서 우리는 무인차의 센서능력이 인간보다 훨씬 뛰어나다는 사실을 받아들여야 한다.

이렇게 많은 데이터를 받아들이려면 매우 강력한 연산능력과 인공지능(AI)의 알고리즘 처리가 필수적이다. 그래야만 차량을 제어할 수 있기 때문이다. 차량 제어는 사실 별로 복잡하지 않은데 가속, 감속, 방향 전환, 정지가 전부다. 하지만 이 정도의 복잡도라 하더라도 고도의 연산능력이 요구된다. 왜 그럴까? 데이터량이 방대하기 때문이다.

아마 여러분은 무인자동차 한 대가 하루에 수집하는 데이터량이 얼마나 되는지 짐작도 하지 못할 것이다. 적어도 4,000기가바이트 이상이다. 그렇다면 어떻게 해야 이런 방대한 데이터를 정확히 처리해서 실시간으로 명령을 내릴 수 있을까?

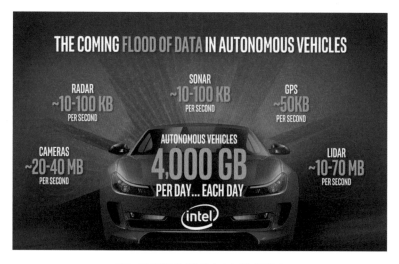

무인 자율주행은 방대한 양의 데이터를 생산한다

이를 위해서는 여러 종류의 데이터를 동시에 처리하는 고성능 연산시스템이 필요하다. 우리는 미래의 자율주행차가 사실상 '움직이는 서버'라고 생각한다.

한 대의 무인차는 자기 주변의 일부 상황만 볼 수 있고, 더 넓은 범위에서 벌어지는 상황은 파악할 수 없다. 따라서 무인차가 좀 더 지능화하고 안전해지려면 통신기술, 즉 자동차 사물인터넷을 활용해야 한다. 자동차 사물인터넷은 5G 기술을 이용해 수많은 차량을 연결한다. 이로써 달리고 있는 한 대의 차량은 자신이 볼 수 없는 주변의 상황도 빠르게 파악할 수 있고, 심지어 3킬로미터 바깥의 상황도 정확하게 알 수 있다.

자동차 사물인터넷의 또 다른 장점은 클라우드 브레인을 이용해 차량의 성능을 업그레이드할 수 있다는 것이다. 자동차는 인간의 생명과 직결된 설비이므로 만약 오류가 발생하면 탑승자가 목숨을 잃을 수도 있다. 이런 종류의 설비를 만들 때 최초 실험에서 모든 가능한 이상 상황을 다 점검할 수는 없기 때문에 반드시 도로에 나가서 현장 테스트를 거쳐야 한다.

가령 베이징에서 몇 가지 이상 상황을 발견하고, 상하이에서 또 다른 몇 가지 이상 상황을 발견했다면, 이 케이스들을 클라우드에 취합해서 통일된 기계 학습을 해야 한다. 기계 학습과 같은 인공지능(AI) 방식을 이용해 무인차 브레인의 알고리즘을 갱신한 뒤, 다시 차량에 전송해 업그레이드하는 것이다. 그래서 하룻밤 사이에 모든 무인차가 최신의 스마트 능력을 갖추도록 업그레이드할 수 있다. 이는 각 단말기와 클라우드가 연결되어 있기 때문에 가능한 강력한 장점이다. 인텔의 종단간(end-to-end) 기술(단말기의 칩 지원, 5G 통신망, 클라우드의 서버 지원, 알고리즘의 하드웨어 가속 등 포함)은 전체 시스템의 발전을 완벽하게 지원할 것이다.

무인 자율주행은 기존의 차량이 감지하지 못하는 데이터를 수집하고 이를 첨단 방식을 이용해 처리할 수 있게 되면서 탄생한 가치다. 이로써 우리는 많은 시간을 절약할 수 있게 되었고, 교통도 더욱 편리하고 안전해질 수 있게 되었다.

최근 발표된 '승객 경제(passenger economy)'에 관한 보고서에 따르면, 자율주행이 실현된 미래에는 어느 누구도 운전을 하지 않으며 모든 사람은 승객이 될 것이라고 한다. 이에 따라 미래의 승객을 겨냥한 수많은 경제 가치가 창출될 수 있다. 나를 예로 들자면 매일 2시간을 절약할 수 있는데, 1년에 300일 운전한다고 가정하면 600시간을 아낄 수 있다. 그 결과 나는 가족과 더 많이 소통하고 좋아하는 음악을 들을 수 있으며, 차 안에서 여유롭게 아침식사를 즐길 수 있고 놓친 영화나 스포츠를 볼 수도 있다.

그렇다면 이런 꿈같은 자율주행은 언제쯤 실현될 수 있을까? 그리 멀지 않았다. 바로 2021년부터다! 2021년이면 인텔의 기술이 적용된 자율주행차가 도로를 누비게 될 것이다.

개인 맞춤형
정밀 의료 시대가 열린다

_____ 이제부터 두 번째 분야를 살펴보자. 우리의 몸과 관련된 주제다. 자율주행이 주변 세계를 디지털화하여 교통 혁명을 일으킨다면, 인간의 몸과 건강 정보를 디지털화할 경우 어떤 혁신을 불러올 수 있을까?

우리는 보통 몸에 병이 생겼다는 사실을 느낀 이후에야 병원을 찾아가서 진료를 받는다. 더욱이 그 진료는 대개 간단하게 끝난다. 의사는 검진 후 당신에게 처방전을 써준다. 이 처방전은 의사가 당신을 어떤 유형의 환자로 판단하고 써준 것이지 당신만을 위한 맞춤형 처방이 결코 아니다. 우리에겐 아직 나 자신만을 위한 건강관리 솔루션과 맞춤형 진료 솔루션이 없다. 그 이유는 충분히 많은 데이터가 축적되어 있지 않기 때문이며, 데이터를 수집하는 일 자체도 쉽지 않기 때문이다.

하지만 DNA 염기서열결정 기술 및 인공지능(AI) 기술 덕분에 정밀의학이 점점 발달했고, 그로 인해 현대인은 더욱 건강한 삶을 누릴 수 있게 되었다. 인텔은 지금 한 가지 작은 비전을 갖고 있다. 2020년까지 DNA 염기서열결정을 아주 쉬운 작업으로 만드는 것이다. 과거에는 수천 달러의 자금과 1개월의 시간을 투자해야 겨우 완성할 수 있었지만, 2020년이 되면 우리는 24시간 이내에 DNA 염기서열결정을 끝내고 이상 징후를 찾아내서 환자에 대한 맞춤형 솔루션을 제공할 수 있게 될 것이다. 더욱이 진료 비용도 큰 폭으로 낮출 수 있다. 이런 혁신이 가능한 이유는 대규모 연산능력과 유전자 정보 수집능력이 크게 향상되었기 때문이다.

미래에는 피 한 방울만으로도 자신의 신체 상황을 파악할 수 있어 어떻게 건강을 지켜야 할지 알아낼 수 있다. 왜 똑같은 상황에도 다른 사람은 멀쩡한데 자신만 병이 나는 것일까? 또 어떻게 먹고 어떻게 운동해야 질병에 걸리지 않을 수 있을까? 최선의 방법은 병에 걸린 다음에 병원을 찾는 것이 아니라 병에 걸리기 전에 자기 자신을 관리하는 것이다. 이것이 바로 미래의 건강관리법이다.

쑹지창 박사가 의사가 어떻게 DNA 염기서열결정을 통해
환자 진단을 하는지 설명하고 있다

DNA 염기서열결정 기술뿐 아니라 인공지능(AI) 기술 역시 의료 혁신을 가져온다. 인공지능(AI) 기술은 이미 수많은 축적된 의료영상(MRI, CT, 초음파 등)을 자동 분석할 수 있다. 과거에는 해당 분야의 전문의가 직접 분석해야 했으므로 시간이 오래 걸렸다. 병원에 가서 진료를 받을 때 오래 기다려야 하는 경험은 누구나 해보았을 것이다. 하지만 오늘날의 인공지능(AI) 알고리즘은 잘 훈련된 프로그램을 이용해 이러한 의료영상을 읽어내고 문제의 소지가 있는 영상을 골라낼 수 있으며, 정확도 또한 의사에 비해 뒤지지 않는다. 따라서 의사의 훌륭한 조수 역할을 해낼 수 있다. 더욱이 인공지능(AI)은 피로를 느끼지 않는다.

따라서 우리는 다음과 같은 미래를 상상해 볼 수 있다. 건강 관련 데이터를 수집하는 수단이 민첩하고 또 인간 친화적으로 바뀐다면 우리는 일찍이 자신만의 건강파일을 갖게 되고, 사전에 자신의 몸에서 어느 곳을 집중 관리해야 하는지 파악할 수 있게 된다. 현재의 중고등 학생들은 대학을 졸업하고 직장생활을 시작할 때쯤 자신만의 개인 건강관리 솔루션을 갖는 최초의 세대가 될 것이다.

머지않아 스포츠 경기 현장을 방 안에서 입체적으로 시청하게 된다

_____ 앞에서 무인 자율주행으로 절약한 시간을 많은 의미 있는 곳에 쓸 수 있다고 말했다. 나는 스포츠를 좋아하는데 대부분의 경우

현장에 직접 가지 못한다. 만약 올림픽이 열릴 때 현장에 갈 수 없는데 집에서 편안하게 보면서 동시에 현장에 가 있는 듯한 느낌을 받고 싶다면 어떻게 해야 할까?

사실 미래에는 현장에 직접 가지 않더라도 현장을 체험할 수 있는 방식이 매우 많다. 첫째, 트루VR(True Virtual Reality) 기술을 이용하면 원격 방식으로 마치 현장에 있는 듯이 경기를 즐길 수 있다. 이는 단순한 장소 이동이 아니라 다양한 위치와 각도를 선택해 관람할 수 있는 방식이다. 이는 마치 현장에서 서로 다른 좌석표를 여러 장 구매한 뒤 분신술을 이용해 뷰가 좋은 자리로 수시로 옮겨가며 관람하는 효과를 준다. 이를 위해 먼저 스포츠 경기장에 여러 대의 트루VR 장비를 설치하고 데이터를 서버에 전송한 뒤 취합하고 렌더링을 한다. 그러면 사용자들은 VR(가상현실) 장비를 통해 다양한 뷰를 선택한 후 관람할 수 있다.

두 번째 방식은 더 대단하다. '360도 파노라마 기술'이다. 경기장에 설치된 시스템을 활용하면 인간이 물리적으로 볼 수 없는 장면을 체험할 수 있다. 사각지대가 없는 360도 파노라마를 어디선가 본 적이 있지 않은가?

SF 영화 〈매트릭스〉에는 네오가 총알을 피하는 장면이 나온다. 이때 영화는 360도 회전하는 앵글로 총알을 피하는 과정을 보여준다. 이는 영화 스튜디오에서 사용하는 기술로 수많은 후반작업을 거쳐야 완성된다. 하지만 오늘날은 경기장에서 진행되는 스포츠 경기를 생중계를 통해 사각지대 없는 360도 파노라마로 시청할 수 있다.

이런 기술을 실현하려면 다음과 같은 과정이 필요하다. 첫째, 매우 많은 데이터를 수집해야 하는데 경기장 크기에 따라 28~32개의 회전하는 고선명(HD) 카메라를 설치해야 한다. 둘째, 이 고선명(HD) 영상 데이터가 계속해서 들어오면 경기장 근처 중계차 안에 설치된 서버 클러스터에서 영상 데이터를 처리하고 3차원 영상 재구성을 수행해야 한다. 마지막으로 사용자는 다양한 위치와 각도를 원하는 대로 선택한 후 해당 3차원 재구성 영상을 감상하면 된다.

우리는 이런 체험을 '전지적 시점'에 비유한다. 왜일까? 공간의 제

쑹지창 박사가 소파에 편히 앉아 사각 없는
360도 파노라마로 스포츠 경기를
관람하는 방법을 설명하고 있다

약을 뛰어넘어 동일한 시점에 발생한 상황을 서로 다
른 각도에서 볼 수 있기 때문이다. 이는 전적으로 데이
터와 연산능력이 이룩해낸 엄청난 혁신이다. 그리고
이것을 경험할 날이 머지않았다.

인텔 360도
파노라마 기술
시현

인텔은 이미 국제올림픽위원회(IOC)와 최고 등급의 스폰서 계약을
체결했다. 2022년 베이징 동계올림픽 때는 누구나 트루VR, 360도 파
노라마 기술이 적용된 스포츠 중계를 체험할 수 있을 것이다.

미래에는 운동선수 훈련에도 커다란 변화가 일어날 것이다. 예를
들어 중국의 육상스타 류샹(劉翔) 같은 최정상급 선수를 육성하고 싶
다고 가정해 보자. 그러면 먼저 최고 스타 선수의 몸에 칩을 몇 개 장
착한 다음 훈련 과정의 데이터를 수집해서 그의 기량이 왜 뛰어난 것
인지, 다른 선수들은 왜 이렇게 하지 못하는지를 분석한다. 이는 인간
의 스포츠를 디지털화하는 것으로, 운동선수에 대한 훈련과 코치의
지도 방식에 크게 기여할 것이다. 이처럼 미래에는 많은 스포츠 종목
에서 스포츠 데이터의 수집, 분석, 연산을 통해 선수의 기량을 향상시
킬 수 있을 것으로 예상된다.

미래의 모습은
바로 인간의 의지에 달려 있다

_____ 지금까지 나는 세 가지 서로 다른 분야에서 데이터와 연산

미래의 전경

이 어떤 혁신을 불러올 것인지 설명했다. 미래에 어떤 변화가 생길지 이 세 가지로 모두 포괄하는 것은 결코 불가능하다. 미래에 우리는 로봇, 자율주행차, 드론 등 다양한 스마트 장비를 사용하게 될 것이다. 이 모든 장비들은 먼저 데이터를 수집하고 분석한 뒤, 컴퓨팅기술과 통신기술을 충분히 활용해 종단간(end-to-end) 방식으로 전달해 우리 일상생활의 곳곳에 최상의 서비스를 제공함으로써 풍요로운 미래를 선물할 것이다.

인텔에는 유명한 격언이 하나 있다.

"우리는 미래가 아름다울 것이란 점을 잘 안다. 왜냐하면 우리가 그렇게 만들어나가고 있기 때문이다."

위의 격언처럼 우리의 미래는 우리가 만들어가는 대로 눈앞에 나타날 것이다.

오늘날의 인공지능(AI) 대부분은 인간과 협업하고 있습니다.
로봇은 의사의 진료, 디자이너의 디자인, 뮤지션의 음악 창작, 셰프의 새 메뉴 개발, 영상편집자의 영상 편집 등을 보조할 수 있어요.
인공지능(AI) 전문가 션샤오웨이(沈曉衛) 박사는 인간을 최대한 돕는 인공지능(AI)을 만들자는 모토 아래 로봇과 인간이 함께 아름다운 미래를 만들어가도록 노력하고 있습니다.

THE FUTURE
OF SCI-TECH

제6장

인공지능(AI), 가장 유능한 인간의 파트너

션샤오웨이 : IBM 글로벌 부총재, IBM 대중화지역 수석기술관, IBM 중국연구원 원장

● IBM 팀의 리더 ●

션샤오웨이 박사는 IBM 글로벌 부총재, IBM 대중화지역 수석기술관, IBM 중국연구원 원장을 맡고 있다. 또 베이징 대학교 초빙교수, 텐진 난카이 대학교 초빙교수, 하얼빈 공과대학교 겸직 박사과정 지도교수를 지냈다. IBM 중국연구원에 재직하기 전, IBM T. J. Watson 연구센터에서 연구원으로 일했으며, 메모리 시스템과 서버 네트워크에 관한 연구를 했다.

그는 중국 과학기술 대학교 컴퓨터과학과를 졸업했고, 미국 MIT에서 전자공학 및 컴퓨터과학 박사학위를 받았다. 그의 연구 분야는 컴퓨터 시스템, 컴퓨터 하드웨어-소프트웨어 통합 설계, 클라우드 컴퓨팅, 인공지능 (AI) 관련 기술 혁신 등이다.

선샤오웨이 박사는 IBM이 사물인터넷에 관한 국제기술을 주도하는 데 핵심적인 역할을 했다. IBM

선샤오웨이

중국연구원은 국내외의 협력파트너와 함께 사회를 발전시키는 데 필요한 미래지향적 기술혁신 및 비즈니스 개척에 주력해 왔다. 연구 분야는 인공지능(AI) 핵심기술 및 시스템, 클라우드 컴퓨팅 플랫폼 및 기본 프레임, 블록체인, 사물인터넷 기술 및 상용화, 다양한 분야(의료, 에너지, 환경, 금융 등)에서 인공지능(AI)의 혁신 및 활용이다.

1911년에 탄생해 100년이 넘는 역사를 자랑하는 IBM(International Business Machines Corporation)은 세계 최대의 IT 기업이다. 2014년 1월 IBM은 10억 달러를 출자하여 인공지능 왓슨(Watson)의 기술 개발과 상용화를 전담하는 왓슨그룹을 만들었다. 2016년 10월 〈포브스(Forbes)〉가 선정한 '2016년도 전 세계에서 가장 가치 있는 브랜드 순위'에서 IBM은 7위를 차지했다. 또 같은 해 8,088개의 특허를 획득해

24년 연속 미국 특허 순위 1위를 차지했다. IBM은 지금까지 총 6명의 노벨상 수상자와 6명의 튜링상(컴퓨터과학 분야에 업적을 남긴 사람에게 매년 시상하는 상) 수상자를 배출했다.

1997년 IBM의 슈퍼컴퓨터 '딥블루(Deep Blue)'는 세계 체스 챔피언인 러시아의 가리 카스파로프(Garry Kimovich Kasparov)를 꺾어 세계를 놀라게 했다. 그 전에도 체스 고수들과 대결을 펼친 컴퓨터는 많았지만 매번 인간에게 패했다. 딥블루의 승리는 인공지능(AI) 역사에 길이 남을 기념비적인 사건이었다.

2011년 IBM 왓슨은 미국의 종합예능 프로인 '제퍼디(Jeopardy)'에 출연해 탁월한 능력을 선보였다. 이 프로가 시작된 이래 인간과 인공지능(AI)이 대결을 펼친 것은 이번이 처음이었다. '제퍼디' 참가자는 역사, 문학, 정치, 과학 및 대중문화 등 다방면의 지식을 갖춰야 하고, 은유적 표현, 풍자, 수수께끼 등도 풀어야 한다. 반면 기계는 이러한 복잡한 사고가 취약하다고 여겨져 왔다. 하지만 왓슨은 이 프로그램의 역대 상금 챔피언과 연승기록 보유자를 차례로 이겼다. 이는 인공지능(AI) 시대의 서막을 알리는 상징적인 사건이었다.

인공지능(AI)은 인간을 보조하는 유용한 도구

_____ 인공지능(AI) 시대에 기술 혁신의 방향은 다음 4가지로 요

약할 수 있다. 첫째, 인공지능(AI)의 핵심기술을 발전시켜 기계가 청각, 시각, 독해, 인간과의 교류 등 핵심능력을 갖도록 만든다. 둘째, 인공지능(AI)을 상용화하고, 업계 내 데이터베이스에서 해당 업계의 문제점을 포착하고 해결하는 법을 학습하도록 한다. 셋째, 인공지능(AI)과 신기술의 융합이다. 가령 사물인터넷, 블록체인, 클라우드 컴퓨팅과의 융합 등이다. 넷째, 새로운 연산능력을 구축하고, 플랫폼, 시스템, 칩 등 분야에서 혁신을 이룬다.

오늘날 인공지능(AI)은 우리의 삶을 변화시키고 산업의 혁신을 이끌고 있는 새로운 성장 동력이다. 산업혁명 시대의 증기기관차가 그랬듯이, 인공지능(AI)은 본질적으로 방대한 데이터를 이용해 인간의 생산력을 높이는 일종의 유용한 도구다. 이 도구는 인간을 대체하는 것이 아니라 오히려 인간을 도와준다. 우리는 이러한 인공지능(AI)에 새로운 의미를 부여하고 싶다. 그것은 바로 증강지능(augmented intelligence)이다. 즉, 방대한 데이터베이스를 기반으로 인공지능(AI)을 특정한 분야에 활용하고, 또 다양한 업계와 협력해서 해당 업계의 문제를 해결하는 것이다. 우리는 '비즈니스 인공지능(AI)'을 통해 전문 분야에 대한 연구에 박차를 가하고 있다. 인공지능(AI)의 신기술을 이용해 기존의 전통 기업의 업무 혁신을 가속화하고 해당 업계의 문제들을 해결하는 것이다.

다양한 분야에서 활약하고 있는 인공지능(AI)

_____ 인공지능(AI)의 발달은 현대사회가 직면한 혁신과 변혁을 이끌 가장 중요한 원동력으로 인식되고 있다. 최근 알고리즘, 데이터, 컴퓨팅 이 세 분야의 발전은 인공지능(AI)의 빠른 성장을 이끌고 있고, 인터넷의 보급 이후 축적된 빅데이터는 마침내 활약할 터전을 찾았다.

인터넷과 마찬가지로 인공지능(AI) 역시 기존의 각종 분야로 확대되고, 수직 플랫폼에서의 디지털화 심화의 영향은 데이터와 연관된 모든 영역에 영향을 끼칠 것이다. 딥러닝 알고리즘은 인공지능(AI)에게 스스로 학습할 수 있는 능력을 부여하고, 이것은 일련의 신규 산업 발전으로 이어질 것이다.

인공지능(AI)은 초기에는 아주 기초적인 인식기구에 불과했지만 지금은 방대한 양의 데이터 분석 능력을 갖추었고, 미래에는 정보를 이해하고 인간의 결정을 돕는 수준으로 발전할 것이다. 인공지능(AI)은 점차적으로 모든 영역에서 생산 방식을 바꿔나감으로써 인간이 창의성이 요구되는 업무에 더욱 집중할 수 있게 하여 업무 효율성은 높아지고 인간의 상상력은 더 많이 발휘될 것이다. 이로 인해 우리의 노동과 삶의 모습은 완전히 새로워질 것이다.

지금 IBM은 인공지능(AI) 기술을 이용해 점점 더 많은 업계에 새로운 능력을 부여하고 있다. 예를 들어 한 음악 프로듀서는 IBM의 인공지능(AI) 시스템을 이용해 어쿠스틱 차트 1위를 차지한 곡 'Not Easy'를 작곡했다. 인공지능(AI)은 어휘의 의미 분석, 감정의 통찰, 리듬 분석, 이미지 식별, 색채 분석 등의 기술을 이용해 주제의 선정, 작사, 작곡 및 편곡, 심지어 앨범 재킷의 제작 등 모든 단계에서 프로듀서를 보조해 대중의 심금을 울리는 명곡이 탄생하는 데 도움을 주었다.

또한 변호사는 IBM의 인공지능(AI) 기술을 이용해 계약 내용을 신속하고 효율적으로 검토하고, 계약 조항의 잠재 리스크를 분석할 수 있다. 인공지능(AI) 시스템은 자연 언어 처리 및 딥러닝 기술을 이용해 각 법규 조항 간 의미의 유사성을 효과적으로 평가해 참고할 만한 유사 사례를 찾아낸다. 이렇게 전방위적으로 계약 조항의 분석 및 리스크 평가를 진행하기 때문에 변호사의 업무 효율을 크게 향상시킨다.

(1) 차원이 다른 홍보영상을 선보이다 : 인공지능(AI) 편집자

〈나는 미래다〉 프로그램에서는 대중에게 현란한 홍보영상을 선보였다. 이것은 IBM 중국연구원이 개발한 영상 딥러닝 플랫폼을 통해 제작되었으며, 이전의 촬영분들을 60초짜리 홍보영상으로 편집한 것이다. 이는 인공지능(AI) 기술로 예능프로의 영상 편집과 홍보영상을 제작한 첫 번째 사례다.

이 시스템은 최첨단 멀티모달 딥러닝(multimodal deep learning) 방식을 이용해 매 프레임의 영상데이터에 대해 다중채널 분석을 실시한다. 여기에는 이미지, 소리, 말소리 등을 포함해 매 프레임이 최종 홍보영상에 포함될지 여부를 판단한다. 아울러 음성파일, 동영상, 문서텍스트 등에 대한 멀티모달 처리기술을 기반으로 연속공간 속에서 '흥미'와 '즐거움' 이 두 가지 기준을 적용해 화면 속 인물의 감정을 식별해낸다.

왓슨은 어떻게
편집을 할까?

또한 이 시스템은 테마에 따라 서로 다른 평가 방식을 적용한다. 예를 들어 '트렌디'를 테마로 하는 경우, 시각 장면과 음성 채널 이 두 가지 측면에서 학습과 평가를 진행한다. 반면 '감동'을 주제로 하는 경우, 시각 중에서도 특히 동작의 유형, 인물의 표정, 사운드채널, 음성과 의미 등 여러 가지 측면에서 딥러닝 및 평가를 실시한다.

영상을 이해하고 처리할 수 있으려면 방대한 양의 컴퓨팅 자원이 필요하다. 우리의 시스템은 단 8시간 만에 230만 초 분량의 영상을 처리해냈다. 이처럼 시간이 적게 소요될 수 있었던 비결은 컨테이너라는 기술로 가상화(virtualization)된 GPU 하드웨어로 가속하는 병렬

IBM의 인공지능(AI) 편집자

처리 기술을 적용했기 때문이다. 이를 통해 최적화된 딥러닝을 통해 시스템의 처리 시간을 크게 단축하고 효율은 크게 높일 수 있었던 것이다.

(2) 인간이 조합할 수 없는 조합의 요리를 창조해내다 : 인공지능(AI) 셰프

요리는 하나의 예술이다. 훌륭한 요리의 이면에는 많은 화학, 심리학, 영양학 관련 이론이 뒷받침되어 있다. 식자재 역시 무수한 종류의 조합이 가능하지만 인간의 감각과 경험만으로는 다양한 조합을 하기에 한계가 있다. 아무리 유능한 셰프라 하더라도 식자재를 무한대로 조합할 수는 없다. 반면 셰프 왓슨(Chef Watson)은 다르다. 인공지능(AI) 기술을 이용해 인간 셰프가 새로운 지식과 영감을 얻도록 도움을 주어 더욱 창의적인 요리를 할 수 있도록 한다.

셰프 왓슨은 기존에 알려진 전 세계의 레시피 약 3만 5,000가지를 학습했다. 이를 통해 식자재 유형을 분석하고 다시 식자재의 화학성분을 분자구조 차원까지 분석해서 사용자에게 적합한 식자재의 조합을 추천해준다. 아울러 셰프 왓슨은 3가지 모드에 기반을 두고 있다. 첫째, '놀라움' 모드로 각 성분 간의 배합 확률을 이해하고 가급적 확률이 낮은 조합을 선택한다. 둘째, '기쁨' 모드다. 셰프 왓슨은 서로 다른 성분의 분자식(分子式)을 분석한 뒤 어느 성분이 희열감을 가져다주는지 파악할 수 있다. 셋째, '조화' 모드다. 셰프 왓슨이 식자재 성분의 지식 그래프(knowledge graph)를 만들면, 셰프는 어느 성분을 상호 조합할 수 있는지 파악할 수 있게 된다.

'놀라움', '기쁨', '조화'라는 인간의 감각과 사유를 시뮬레이션한 이 세 가지 핵심 공식으로부터 다양한 재료를 조합해 새로운 레시피를 만들어내고, 데이터에 숨은 패러다임과 관계를 발견하는 것은 사용자들이 고정관념에서 탈피해 창의적인 요리를 만들어낼 수 있도록 도와줄 것이다.

인공지능(AI) 슈퍼 닥터

_____ 인간의 가장 큰 관심사는 무엇보다 생로병사에 있다. 그래서 의료 분야는 인공지능(AI)이 해결해야 할 매우 중요한 과제다. IBM의 왓슨 헬스(Watson Health)의 목표는 인공지능(AI) 기술을 이용해 방대한 의료 데이터에서 환자 개개인을 위한 최적의 진료 솔루션을 찾아내고, 의사가 해당 환자에게 맞춤형, 초정밀 진료 서비스를 제공할 수 있도록 돕는 일이다. 현재 우리는 이미 인공지능(AI) 기술을 질병관리의 전 과정에 적용하고 있으며, 여기에는 예측에 기반을 둔 질병예방, 영상에 기반을 둔 진단 보조, 인지 및 결정에 기반을 둔 맞춤형치료, 자연 언어 이해에 기반을 둔 환자 관리가 포함된다.

(1) 인공지능(AI) 의료 영상 기술

캡슐 위내시경 검사는 한 번에 2~3만 장의 의료영상을 만들어내는데 병터(병적 변화를 일으키는 부위)로 의심되는 영상사진은 일반적으로 수십 장 이내에서 판별이 가능하다. 의사가 이 영상사진을 모두 보려면 적어도 1~2시간이 소요된다. 하지만 IBM의 인공지능(AI) 의료 영상 분석기술을 이용하면 1~2분 만에 사진에 대한 1차 선별을 통해 문제가 있어 보이는 사진을 골라낼 수 있고, 그런 다음 의사가 최종으로 판단하면 된다. 따라서 의사가 영상사진을 모두 판독하는 데 걸리는 시간은 몇 시간에서 몇 분으로 훨씬 단축되고, 판독의 효율성은 크게 높아진다.

이러한 최첨단 의료 연구는 의사들이 더 많은 유형의 영상데이터를 읽고 판독하는 것을 도와준다. 예를 들면 3차원 심혈관 CT 영상, 초정밀 신장병 병리 영상 등이 이에 해당한다. 오늘날 병리 영상 사진의 화소는 일반 사진의 화소보다 훨씬 높다. 한 번에 수만 장의 병리 영상 사진이 생성되고 이를 분석하는 경우, 이때 생성되는 정보량은 매우 방대하다. 뿐만 아니라 영상사진 안의 복잡한 미세조직, 세포구조, 다양화된 병변의 표징과 형태 역시 판독하기 어려운 요소다. 의사 입장에서 보면 작업량 자체도 많은데다 정확성, 객관성, 일관성 등을 모두 달성하기는 매우 힘들다. 따라서 인공지능(AI)이 엑스레이 필름과 복잡한 영상사진의 판독을 도와준다면, 의사들이 질병을 조기에 찾아내고 치료해 환자의 질병 악화를 사전에 예방하는 것도 가능해진다.

(2) 인공지능(AI)의 만성질병 관리

모두가 잘 알고 있듯이 만성질환은 치료가 매우 어렵다. 만성질환

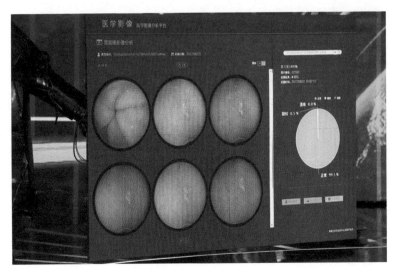

인공지능(AI) 의료 영상 기술

은 종합적인 관리와 복합 투약이 필요한 경우가 대부분이기 때문이다. 또한 모든 환자가 맞춤형 치료를 받고 싶어 하기 때문에 환자 대비 의사 숫자가 절대적으로 부족한 것도 또 다른 이유다. IBM의 인공지능(AI) 의사결정 시스템은 의학 지침, 정밀 구역분할 방식의 데이터 분석을 융합하고 범용 솔루션을 기반으로 해서 환자를 위한 맞춤형 치료법을 결정한다. 이 시스템은 이미 약 20여 개 지역사회의 의료기관에서 채택하고 있으며, 약 1만 명의 환자에게 혜택을 주었다. 또 매월 2,000건 가까운 추천 치료 솔루션을 생성하고 있는데, 투약 관련 추천 솔루션 가운데 75퍼센트 이상이 실제로 의사들에게 채택되고 있으며 갈수록 채택 비율이 높아지고 있다.

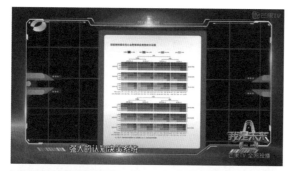

만성질환 관리

인공지능(AI)의 만성질환
에 대한 최적화된 관리

　뿐만 아니라 인공지능(AI) 의사결정 시스템은 질의응답 기술을 채택하고 있다. 그 덕분에 의사와 환자 사이의 소통 과정은 더 단순하고 원활해졌으며, 만성질환 환자에 대한 정기적인 방문 지도가 효율적으로 이루어지고 있다. 중국의 대표 SNS인 위챗(WeChat)을 통해 환자와 스마트상담관리의사의 실시간 질의응답이 가능해짐으로써 환자의 건강을 더욱 책임질 수 있게 되었다. IBM의 인공지능(AI) 의사결정 시스템은 일선 현장에서 만성질환을 맞춤형으로 관리하는 데 기여하고, 만성질환 환자들에게 양질의 의료서비스를 제공하고 있다.

(3) 인공지능(AI) 왓슨의 종양 솔루션

종양 분야에서는 왓슨 종양 솔루션이 있다. 이는 IBM이 세계 최첨단 의료기관인 메모리얼 슬로언 케터링 암센터(MSKCC)와 협력해 개발한 시스템이다. 왓슨은 IBM의 강력한 자연 언어 처리능력과 머신러닝, 딥러닝 능력을 통해 훈련을 했고, MSKCC의 환자 치료 솔루션과 경험을 학습했으며, 300여 종의 의학 정기간행물과 200여 권의 의학 전문서적, 1500만 페이지에 달하는 연구논문 지식을 습득했다. 왓슨의 기계 학습 능력은 스스로를 지속적으로 학습시키며, 자신의 지식베이스 안에 축적된 데이터와 지식을 업데이트하고, 동시에 세계 정상급 종양치료 솔루션과 연구 성과를 계속해서 팔로업한다.

왓슨 종양 솔루션은 현재 종양 치료 분야에서 실제로 활용되고 있는 인공지능(AI) 솔루션이다. 2017년 9월 유선암, 폐암, 직장암, 자궁경부암, 난소암, 위암, 전립선암 등의 치료에 적용되었다. 왓슨 종양 솔루션은 현재 14개국 이상에서 의사들의 종양 치료를 돕고 있다.

인간과 기계의 동행

———— 우선 시간을 20년 전으로 되돌려 보자. 1997년 초여름, 사람들의 이목이 집중된 인간과 기계의 대결에서 IBM의 딥블루 컴퓨터는 세계 체스 챔피언인 가리 카스파로프를 이겼다. 당시 나는 MIT

컴퓨터과학 및 인공지능(AI) 실험실에서 박사 논문을 쓰고 있었는데 실험실 동료들이 하룻밤 사이에 세계 체스대회의 팬이자 전문가로 변모한 모습이 아직도 생생히 기억난다. 그들 대부분은 일주일 전까지만 해도 국제 체스 대회의 기본적인 규칙도 잘 몰랐다. 경기가 끝나자 모두들 흥분의 도가니에 빠졌고, 우리는 과학기술의 위대함과 인간의 위대함을 깊이 실감하게 되었다.

20년이 흐른 지금, 오늘날의 인공지능(AI)은 시를 짓기도 하고, 노래를 작곡하기도 하며, 사람과 채팅도 하고, 심지어 인간과의 경기에서 인간을 이기기도 한다. 20년 전에는 우리가 상상조차 하지 못했던 일들이 하나둘씩 실현되고 있는 것이다.

하지만 우리 과학자들은 때때로 스스로에게 물어보게 된다. 이것으로 과연 충분한 걸까? 혹시 더 많은 일을 해낼 수 있지 않을까? 당연한 얘기지만 과학자에게도 감정을 돌아보는 시간이 필요하다. 가끔은 하던 일을 잠시 멈추고 우리가 살고 있는 이 세상을 바라보자. 의료, 환경, 교육 등 우리가 지금 맞닥뜨리고 있는, 수많은 사람에게 영향을 줄 수 있는 위기를 직시해 보자. 그리고 자문해 보자. 우리와 우리가 이룩한 혁신은 이런 중요한 문제에 어떤 변화를 가져왔는가? 매우 어렵고 아직도 해결 방법이 없는 문제들에 대해 과학기술의 발전이 효과적으로 대응하고 있는가?

3년 전 우리는 '그린 호라이즌(Green Horizon)'이란 이름의 프로젝트를 시작했다. 기본 취지 중의 하나는 인공지능(AI)을 포함한 차세대

정보기술을 이해하고, 수많은 사람에게 영향을 끼칠 수 있는 중요한 문제들을 바꿔 보자는 것이다. 현재 우리는 인공지능(AI)을 환경 분야에 활용하고 있다. 72시간 전에 한 도시의 공기오염을 정확하게 예측할 수 있으며, 또 10일 전에 추세를 예측하고 각종 최적화 솔루션을 분석하여 정책결정자에게 실시간 의사결정을 지원할 수 있다. 이 프로젝트를 수행하면서 우리 과학팀은 우리가 결코 상아탑 안에 갇혀서 사는 은둔자가 아니라 우리의 노력을 통해 이 세상을 조금씩 변화시키고 있음을 실감할 수 있었다.

오늘날의 인공지능(AI)은 마치 드넓은 바다에서 우리를 향해 달려오는, 돛대가 보이는 안내선과도 같다. 하지만 지금 우리가 보고 있는 것은 그 배의 돛대뿐이다. 오늘날의 인공지능(AI)은 인간과 협력하면서 하나의 도구로서 인간에게 도움을 주고, 인간의 능력을 향상시키며, 인간이 지금까지 해내지 못한 목표를 실현할 수 있도록 도와주고 있다. 따라서 인간과 인공지능(AI)이 협력해야만 인공지능(AI)도 지속적으로 발전해나갈 수 있다.

마지막으로 여러분에게 한 가지 에피소드를 들려주고 싶다. 과거 MIT 총장이 졸업식에서 했던 이야기다. 총장은 여러 해 전 졸업한 학생을 우연히 만났는데 그 학생이 이렇게 말했다고 한다.

"총장님, 아마 저를 기억하지 못 하실 겁니다. 제가 학교를 다닐 때 총장님과 딱 한 차례밖에 만나지 못했는데, 총장님께서도 저에게 딱 한마디 말씀을 하셨습니다. 하지만 그 한마디가 훗날 제 인생을 송두리째 바꿔 놓았죠."

총장은 아무리 떠올려 봐도 그 학생에게 어떤 철학적인 말을 해주었는지 기억나지 않았다. 그 학생이 말했다.

"졸업식 날, 저희는 줄을 서서 차례로 졸업증서를 받았습니다. 그런데 사람이 너무 많아서 줄도 무척 길었고 또 너무 천천히 움직였죠. 제가 총장님 앞에 다가갔을 무렵 총장님께서는 저에게 이렇게 말씀하셨습니다. 'Keep on moving'(계속 전진하게)라고 말입니다. 바로 그 한마디뿐이었습니다. '계속 전진해라, 결코 낙오되지 말아라' 이 말이 그 후 저를 끊임없이 채찍질하고 북돋워준 덕분에 어떤 어려움이 닥쳐도 결코 포기하지 않고 나태해지지 않을 수 있었습니다."

나는 그 말을 모든 독자 여러분에게 전해 주고 싶다. 당신의 나이가 몇 살이든, 당신이 오랜 전통의 대기업에 다니든 아니면 새롭게 창업한 직장을 다니든 또는 작은 직장에서 일하고 있든 관계없이, 인공지능(AI)의 시대에, 인간과 기계가 협업하는 시대에, 함께 전진할 수 있기를, 결코 낙오되지 않기를 희망한다.

여러분은 집을 나설 때 열쇠는 가방에 넣었는지, 지갑은 챙겼는지, 특히 핸드폰은 잊지 않았는지 챙기느라 바쁘실 거예요. 그런데 미래에는 이런 물건들을 전혀 챙길 필요가 없답니다. 얼굴을 스캔하기만 하면 모든 게 막힘없이 다 통하니까요. 이것이 바로 중국 안면인식 원천기술 보유자인 인치(印奇)의 눈에 비친 미래의 모습이랍니다.

"당신이 어디에 가든 항상 기계의 눈이 당신에게 서비스를 제공합니다. 나는 인공지능(AI)이 우리의 미래를 더욱더 풍요롭게 바꿀 것이라고 믿습니다."

THE FUTURE
OF SCI-TECH

제7장

안면인식 기술로
우리의 얼굴이 곧 통행증이 된다

인치 : 베이징 쾅스 과학기술 주식회사 창업자

● 중국 안면인식 원천기술 보유자 ●

인치

안면인식 기술이란 인간 얼굴의 특징을 기반으로, 입력된 안면 그래픽 모형 또는 비디오 스트리밍 영상을 식별하는 기술을 말한다. 우선 해당 시스템에 안면이 존재하는지의 여부를 먼저 판단하고, 만약 존재한다면 이어서 각 얼굴의 위치, 크기, 얼굴 주요 기관의 위치 정보를 읽어낸다. 그 다음 이 정보들에 근거해 거기에 담긴 신원상의 특징을 추출한다. 마지막으로 그것과 기존에 알려진 안면과 대조한 뒤 각 얼굴의 특징을 식별한다. 쾅스(曠視) 과학기술 주식회사는 바로 이 기술을 개발했고 이를 금융, 비즈니스, 치안 등 분야에 응용하는 원천기술 보유 기업이다.

인치는 2006년 중국 칭화 대학교에 특별전형으로 입학했다. 졸업 후에는 미국 컬럼비아 대학교에서 컴퓨터비전 분야의 석사학위를 취득했다. 2011년 동문 두 명과 함께 베이징 쾅스 과학기술 주식회사를 창업하고 국내외 최고 연구개발 인재를 모아 R&D팀을 만들었다. 이들이 만든 세계 최첨단 안면인식 기술이 바로 'Face++'이다. 이 분야의 권위 있는 국제대회에서 마이크로소프트, 구글, 페이스북 등 세계 거대기업을 제치고 대상을 차지했다. 2017년 인치는 안면인식 기술로 〈포브스〉의 '아시아 30세 이하 리더, 기업, 과학자 TOP 30'에 선정되는 영예를 안았다. 또한 자신이 창업한 기업 역시 인공지능(AI) 부문 최고 투자유치 기록을 세워 세계 최정상급 인공지능(AI) 기업으로 우뚝 섰다.

어린 시절 나는 SF 영화광이었다. 특히 〈터미네이터〉는 내가 가장 좋아하는 영화였는데, 한 장면이 나로 하여금 깊은 생각에 빠져들게 했다. 사악한 인공지능(AI) 로봇이 전 세계 모든 핵무기를 통제한 뒤,

안면인식 시스템은 이 사람이 누구인지를 판단해서 알려줍니다. 그런데 사람 얼굴은 환경이나 상황에 따라 바뀌기도 하죠. 만약 얼굴에 여드름이 잔뜩 생겨도 그 사람인지 판별하기 위해서는 시스템에 특정한 판단구간이 필요하다고 합니다. 하지만 만약 이 판단구간이 너무 광범위하면 쉽게 위조할 수 있겠죠? 반대로 너무 좁다면 사용하기 매우 불편해진답니다. 일반인이 보기에 0.02퍼센트의 오차는 매우 작은 숫자겠지만, 이 기술을 일상생활에 적용한다면 우리는 이런 작은 발전이 중요한 진보를 가져온다는 걸 깨닫게 될 거예요.

핵무기를 일제히 공중에 띄워 인류를 멸망시키려고 하는 장면이었다.

나는 이것이 정말 사실인지, 인간의 피할 수 없는 운명인지 궁금했다. 또 아무리 귀여운 인공지능(AI) 로봇이라도 결국에는 인간을 파멸시킬 수 있다는 의미인지 의문이 들었다. 하지만 나는 그것은 아닐 거라고 생각했다. 과학과 기술은 따뜻하고, 밝으며, 힘이 있어서 인간의 삶을 더 풍요롭고 안락하게 만들어 준다고 믿었으니 말이다. 과학기술 발전의 끝에는 인공지능(AI)이 있고 그들은 결국 인간을 파멸시킨다는 상상은 어린 나로서는 결코 받아들일 수 없었다.

로봇을 만들겠다는 어린 시절의 꿈을 이루기 위해 나는 칭화 대학교에 입학해 자동화 분야를 전공했다. 나중에는 컴퓨터공학과로 옮겨 야오치즈(姚期智) (야오치즈 교수는 컴퓨터과학계 노벨상으로 불리는 튜링상을 수상한 유일한 중국인이다) 실험반에 들어갔고, 그곳에서 인공지능(AI) 이론을 집중적으로 연구했다. 칭화 대학교에 입학할 때만 해도 나중에 창업을 하리라곤 생각지도 못했고, 당시에는 최고 컴퓨터 전문가가 되는 게 꿈이었다. 아마도 인공지능(AI)이 아니었다면 결코 창업을 선택하지 않았을 것이다.

정말 다행스럽게도 야오치즈 실험반에서 훗날 창업의 가장 든든한 두 명의 파트너인 탕원빈과 양무를 만났다. 그들과의 만남은 내 인생 최대의 행운이었다. 탕원빈은 중학생 때부터 정보학 프로그래밍 대회에 참가했고, ACM, CodeJam 등 각종 프로그래밍 대회에서 우승을 차지했다. 또한 국가 정보학 대회의 총감독을 7년이나 맡았다. 양무도 국제 정보프로그래밍 올림피아드에서 금메달을 획득한 바 있다.

우리 세 사람은 각자 나름대로 장점이 있다. 탕원빈은 이미지 검색을 전공했고, 양무는 데이터 채굴(data mining)이 주특기다. 나는 대학교 2학년 때 마이크로소프트 아시아 연구원에서 컴퓨터비전 관련 연

인치 team(왼쪽부터 탕원빈, 양무, 인치)

'칭화학당 컴퓨터과학 실험반'(보통 야오반(姚班))은 중국의 저명한 컴퓨터 과학자 야오치즈 원사님이 2005년 설립했어요. 미국 MIT나 프린스턴 대학 같은 세계 일류대학 학생들과 어깨를 나란히 하는, 아니 심지어 더 뛰어난 경쟁력을 갖춘 컴퓨터과학 분야의 인재를 양성하는 데 주력하고 있어요.

구를 한 적이 있어 시각인식(visual identity)이 특기다. 우리는 인공지능 (AI)에서 가장 중요한 연구 분야 중 하나가 '머신비전(machine vision)' 이라고 생각한다. 인간은 일상생활에서 주변 환경을 이해하는 데 필요한 정보의 90퍼센트를 시각을 통해 얻기 때문이다.

기계가 인간의 삶을 읽고 이해하게 만들자

_____ 인간에게 눈이란 정보를 얻는 주요 창구다. 기계에게도 시각은 사물을 감지하는 매우 중요한 요소다. 기계로 하여금 인간의 얼굴을 '보고 이해하게' 만들어야만 안면인식과 사물인식도 가능해지며, 나아가 이 세상의 모든 것을 보고 이해하는 일도 가능해진다. 안면인식은 인간 얼굴의 특징적인 정보를 기반으로 신원을 식별하는 생체 인식 기술이다. 이는 머신비전의 범주에 포함되는데, 머신비전은 인간의 눈을 기계로 대체하여 측정하고 판단하는 것을 말한다.

그 당시 나는 안면인식 기술에 매료되어 졸업 후에는 풀타임으로 1년간 일했는데, 내가 연구개발에 참여했던 엔진이 나중에 마이크로소프트의 X-box와 빙 등의 제품에 채택되었다. 여기에 한껏 고무된 나는 이 분야에서 성공해 보겠다고 결심했다. 훗날 쾅스 과학기술 주식회사를 설립하고 주력 업무 분야를 확정할 수 있었던 것도 마이크로소프트에서 안면인식과 인연을 맺은 경험이 결정적인 역할을 했다. 원래는 대학을 졸업하자마자 외국에 나갈 계획이었지만, 마이크로소프트의 프로젝트가 워낙 중요해서 1년을 더 중국에 머물렀기 때문이다.

바로 그해에 탕원빈은 나와 양무와 함께 핸드폰 모션감지 게임(motion-sensing game)인 '크로우스 커밍(Crows Coming)'을 개발하기로 약속했다. 게임 유저들이 머리를 흔들며 게임 속의 허수아비를 조종하고, 하늘에서 날아와 몰래 곡식을 훔쳐 먹는 까마귀를 내쫓는 방식이었다. 우리에게 창업 의욕을 북돋워준 것이 바로 이 게임이었다. 의기투합한 우리는 2011년 10월 쾅스 과학기술을 정식으로 설립했다. 회사를 만든 지 얼마 안 되어 우리가 만든 '크로우스 커밍' 게임은 애플의 중국지역 앱스토어에서 게임 분야 상위 5위에 랭크되는 쾌거를 이루었다. 하지만 그것은 표면적인 성공에 불과했을 뿐 다운로드 수는 많아도 수익은 형편없었다. 그때 우리는 우리가 게임회사와 어울리지 않는다는 사실을 깨달았다. 세 사람 모두 게임에 별로 관심이 없었고, 게임시장에 대해서도 잘 몰랐기 때문이다. 어차피 창업을 할 거

'크로우스 커밍' 게임 화면

라면 우리가 좋아하는 분야를 공략해야 가장 잘할 수 있을 거라고 생각했다. 이것이 가장 중요한 핵심 포인트였다.

인간은 누구나 성장하면서 시행착오를 겪기 마련이기에 끊임없이 도전하고 시도해 봐야 자신에게 맞는 일이 무엇인지 찾아낼 수 있다. 기업의 성장 과정도 이와 똑같다는 것을 나중에야 깨달았다. 창업 초기에 우리는 생각했던 비즈니스 모델을 모두 시도해 봤다. 2011~2012년에 우리가 한 일은 단말기 소비자를 겨냥한 앱 개발이었는데 결국 모두 실패했다. 수익 창출이 되지 않아서였다.

2012년 6월, 페이스북이 이스라엘의 안면인식 기술 회사인 face.com을 인수했다. 그때서야 우리는 우리가 해야 할 일이 게임 개발이 아니라 거대 시장을 겨냥한 최첨단 기술 개발임을 깨달았다. 우리는 처음으로 되돌아가 안면인식 기술 연구에 매진하기로 결심했다.

안면인식은 매우 어려운 작업이다. 인간의 외모는 환경의 변화에 따라 바뀔 수 있고, 또 자신이 꾸며서 바뀔 수도 있으며, 시간이 흐름에 따라 외모가 바뀌기도 한다. 날씬했던 사람이 뚱뚱해질 수도 있고, 뚱뚱했던 사람이 홀쭉해질 수도 있다. 같은 사람도 나이가 들거나 어떤 경험을 했느냐에 따라 얼굴에 미세한 변화가 생긴다. 이런 다양한 요소를 모두 고려해야 하기 때문에 안면인식은 매우 높은 기술력이 요구된다.

그렇다면 어떻게 해야 안면인식을 가치 있는 기술로 만들 수 있을까? 나는 미래의 안면인식 기술이 두 가지 경향을 보일 것이라고 생각한다. 하나는 초고화질 인식, 또 하나는 3차원 인식이다.

현장 500인
안면인식

먼저 초고화질 안면인식에 대해 알아보자. 인간의 피부 상태는 5년에서 10년 정도 지나면 근본적인 변화가 생기지만, 단기간 내에는 매우 안정적이라고 한다. 따라서 초고화질 안면인식은 매우 유용한 식별 수단이 된다. 이는 미세한 차이를 보여주고, 설령 비슷한 얼굴이라 하더라도 상이한 정보를 얻을 수 있다. 쌍둥이의 얼굴은 식별하기 어렵다는 것이 그동안의 보편적인 인식이었다. 하지만 초고화질 안면인식을 적용하면 이 문제도 해결할 수 있다.

두 번째로 3차원 인식은 일상생활에서 아무렇게나 찍은 사진을 토대로 매우 정교하게 3차원 입체적 윤곽을 분석해내는 기술이다. 이는 안면인식을 한 차원 높은 수준의 기술로 만들뿐 아니라 정확도도 크게 높여준다.

안면인식 기술 분야에서 우리의 핵심 경쟁력은 높은 인식률이다. 그 비장의 무기는 '휴머노이드 뉴런 알고리즘(humanoid neuron algorithm)'이라는 일종의 딥러닝 알고리즘이다. 이 기술을 토대로 방대한 데이터를 이용해 알고리즘을 훈련하는 것이다. 분석한 대상 데이터가 많아질수록 시스템의 연산과 식별의 결과도 더욱더 정확해진다. 안면인식 기술이 겉보기에는 '신(神)의 눈'으로 한 번 쓱 스캔하는 것 같지만 사실 매우 복잡한 일련의 기술이 뒷받침되어야 한다. 쉽게 말해 다음의 3박자가 모두 맞아떨어져야만 실현이 가능하다.

첫 번째는 안면 검출 단계다. 렌즈 내에서의 위치를 결정하고 얼굴이 어디에 있는지 찾는 과정이다. 두 번째는 특징점 검출 단계다. 이미 확정된 안면의 위치에서 눈썹과 눈, 귀, 코 등 얼굴의 윤곽을 결정짓는 특징점을 정확히 찾아내 다음 분석을 위한 준비 작업을 마친다. 세 번째는 이미 구축된 방대한 안면인식 데이터와 대조해 '지금 이 사람이 누구인지'를 판별하는 단계다. 따라서 안면인식 기술의 발전은 딥러닝 기술의 발전과 매우 밀접한 관계가 있다. 우리가 팀 결성 초기부터 주목했던 연구 방향이 바로 이것이었다.

딥러닝은 데이터에 크게 의존하는 기술이다. 안면인식 기술 개발 초기에 우리는 데이터 자원이 너무 부족했다. 그래서 우리는 자체적으로 많은 데이터 시스템을 개발해 인터넷을 이용해 유효한 많은 데이터를 수집하고 거기에 주석을 달았다. 2012년에 우리는 최초의 핵심제품인 'Face++1.0'의 기술 플랫폼을 만들어 개발자들에게 제공했다. 또 안면인식 클라우드 서비스를 무료로 제공했고, 끊임없이 신속한 버전 업그레이드를 실시했다.

이 기술플랫폼을 통해 우리 쾅스 과학기술은 수십만 명의 누적 유저를 확보할 수 있었고, 플랫폼에는 금세 200여 만 장의 사진이 축적되었다. 상업적 용도로 이용하지 않는다는 조건으로, 우리는 이 사진들과 거기에 붙은 주석 정보를 빌려와 알고리즘 학습을 진행했다. 안면인식에 사용되는 심층학습 알고리즘은 마치 '유아 IQ의 블랙박스'와 같은데 인간 두뇌의 뉴런을 모델링하는 알고리즘이다. 따라서 컴퓨팅 플랫폼의 아키텍처에 대한 요구 조건이 매우 까다롭다.

데이터와 기술이 축적됨에 따라 우리는 한 걸음 더 나아가 실용화에 도전하기로 했다. 우리는 매우 복잡한 툴을 개발해 산적한 문제들을 해결해나갔다. 우리는 기초 작업을 튼튼히 해놓았기 때문에 기술개발은 상대적으로 순조롭게 진행되었다. 현재 Face++플랫폼에 축적된 사진 데이터는 10억 장이 넘으며, 이로 인해 Face++는 유저들이 가장 많이 사용하는 안면인식 엔진의 하나로 자리 잡았다. 사실 우리는 처음부터 안면인식 기술의 가치를 잘 알고 있었지만 단지 이 기술이 실제 어느 분야에서 어떻게 활용될 수 있을지 명확히 몰랐고, 단지 더 많은 데이터를 수집하기 위해 좀 더 좋은 기술을 만들었고 결국 이 플랫폼을 개발하기에 이른 것이다.

Face++는 수많은 웹 그리고 모바일 개발자들이 손쉽게 이용할 수 있는 최첨단 컴퓨터비전 기술입니다. 이것을 이용해 맞춤형 비전 앱을 만들 수 있기 때문이죠. 그리고 클라우드에서 REST API, 로컬 API(안드로이드, iOS, 리눅스, 윈도우, 맥 OS 포함)를 제공하죠. 또 주문제작 서비스, 기업용 비전 서비스도 제공한답니다. Face++를 이용하면 자기만의 클라우드 신분증도 아주 손쉽게 만들 수 있어요. 여기에서 유저의 취향 발굴, 모바일 탠저블 인터랙션(mobile tangible interaction), SNS 엔터테인먼트 공유 등 다양한 종류의 앱도 즐길 수 있습니다.

비록 수많은 시행착오를 겪었지만 우리의 목표와 방향은 줄곧 분명했다. 바로 컴퓨터비전 분야를 개척하는 것이다. 우리는 미래의 머신비전을 만들기를 원하고, 인공지능 기술에서 출발해 '기계의 눈'을 제작하고 이를 세상을 보고 이해하는 데 적극 활용하고 싶다. 기계에게 두 눈을 만들어 주겠다는 이 목표를 달성하려면 알고리즘과 소프트웨어의 일부 기술과 지식만 가지고는 부족하고 눈 자체의 구조와 광학 관련 지식을 이해해야만 한다.

인공지능(AI)은 소프트웨어뿐 아니라 하드웨어도 매우 중요하기 때문에 이 분야에서 성공하려면 하드웨어에 대해서도 공부를 해야 했다. 그래서 나는 미국 컬럼비아 대학교로 유학을 떠나 박사과정을 밟았다. 당시 내가 공부한 분야는 3차원 카메라 영상 분야다. 하지만 공부를 다 끝내기도 전에 2년 만에 되돌아와 사업을 계속했다. 그 당시 우리 회사가 중요한 성장의 갈림길에 놓여 있었기 때문이다. 안면 인식은 반드시 딥러닝 기술이 뒷받침되어야 하는데, 나는 딥러닝의 본질이 표준화라고 보았다. 그렇다면 우리는 업계에서 표준화의 선두 주자가 되어야 하고, 남들보다 더욱 철저히 해야 한다고 생각했다.

내가 유학을 간 이유는 우리의 부족한 기술을 보완해 사업을 더 잘하기 위한 목적이었기 때문에 굳이 유학 기간을 다 채울 필요가 없었다. 많은 사람이 나에게 왜 박사학위를 따지 않았냐고 묻는다. 유학을 떠난 것이 사업을 잘하기 위한 전략적 결정이었듯이, 귀국 역시 당시 상황과 시기를 정확히 파악한 후에 결정한 일이었다. 사실 기술로 성공한 기업은 대부분 관련 업계 출신이어서가 아니라 시기와 시점이 맞아떨어져서인 경우가 많다. 우리가 창업했던 시기는 때마침 인공지능(AI) 기술이 붐을 일으키기 직전으로, 기술혁신의 주기에 정확히 올라탔던 것이다.

나는 컬럼비아 대학에서 제품을 스토리텔링하는 노하우를 배웠다. 외국의 경우, 스토리텔링을 잘한다는 것은 해당 기술 또는 제품이 미래에 갖게 될 가장 핵심적 요소가 무엇인지 파악했음을 의미한다. 그것의 특징이든 활용범위든 아니면 고객의 수요든 관계없이 모두가 이해할 수 있는 가장 효과적인 수단과 형식을 총동원해서 상대방에게 전달하는 것이다. 이는 일종의 사유 차원의 훈련이다. 상대방의 입장에서 사고하고 해당 제품을 바라보는 훈련이기 때문에 이런 능력은 창업에서 상당히 중요하다. 그 당시의 공부와 경험은 그 후 내가

컴퓨터비전 업계의 전체 분위기와 동향을 파악하는 데 아주 큰 도움
이 되었다.

안면인식 기술의 발전 과정

_____ 기업이 장기적으로 성장하려면 수익 창출 능력이 매우 중
요하다. Face++는 단 한 번도 우리의 주력 사업 분야였던 적은 없다.
그래서 2015년 우리는 기업 고객을 대상으로 시장을 개척한다는 전
략을 세웠다. 현재 우리 수익의 대부분은 금융 분야와 사물인터넷 분
야의 기업 고객을 통해 창출되고 있다. 우리는 기업 고객이 스마트 센
서망을 구축하는 것을 지원함으로써 그들이 소비자에게 더 나은 서
비스를 제공하도록 돕는다. 예를 들어 오늘날 소매업계의 경우, 비록
이-커머스가 이미 성숙기에 접어들었다고는 하지만 오프라인 매장
의 판매량과는 여전히 격차가 크다. 온라인과 달리 오프라인에서는
업체들이 소비자의 상품 선택, 구매 기록 등의 행위 데이터를 즉시 파
악하기 매우 어렵다.

우리는 안면인식 기술을 '인간 전체를 스캐닝하여 파악하는 것'으
로 정의한다. 따라서 소비자가 오프라인에서 쇼핑할 때 실제로 어떤
체험을 하는지 파악하는 것도 가능하다. 이러한 이유로 오프라인 소
매업계는 앞으로 매우 강력한 폭발력을 갖게 될 것이다. 오프라인에

서 소비자의 쇼핑 체험은 물리적 세계를 디지털화하는 방식을 통해 파악할 수 있는데, 물론 방대한 데이터 축적이 그 전제 조건이다. 이 것은 이미 하나의 트렌드로 자리 잡았고, 각 업종에서 실현될 것이다. 인공지능(AI)은 이런 새로운 기술혁명을 견인할 것이다.

오늘날 안면인식 기술의 활용 범위는 점점 더 확대되고 있다. 은행 에서는 이 기술을 이용해 VIP 고객이 입장했을 때 신호를 보내 최상 의 서비스를 제공할 수 있다. 또 커플 매칭 사이트의 경우, 안면인식 기술을 통해 사용자의 이상형을 찾아내 맞춤형으로 파트너를 제공해 줄 수 있다.

안면인식은 비(非)접촉형 식별기술에 속하기 때문에 사용하기 편 하고 신속하다. 더욱이 보급 측면에서도 대중적이다. 안면 식별은 주 로 안면인식 소프트웨어와 알고리즘을 기반으로 처리되는데, 우리가 흔히 쓰는 카메라를 안면 정보 수집용 센서로 사용할 수 있다. 따라서 안면인식은 비용이 비교적 적게 들고, 고객들 역시 쉽게 받아들이는 경향이 있고, 이에 대한 저항도 상대적으로 적은 편이다. 간단히 말해 사용자 정보를 강제로 수집할 필요가 없고, 사용자를 직접 접촉해서 식별하는 과정이 필요 없다. 이런 점에서 안면인식 기술의 전망과 시 장성은 매우 밝다고 할 수 있다.

다른 생체 식별 수단과 비교할 때 안면인식은 다음 3가지 측면에 서 경쟁력을 갖는다.

첫째, 하드웨어 장벽이 낮다. 다른 바이오 식별 수단은 모두 특수한 하드웨어 설비를 함께 구비해야 하지만, 안면인식은 하나의 카메라 또는 사진만 있으면 된다. 둘째, 사용자의 협조가 반드시 필요한 것은 아니다. 그냥 카메라를 설치할 수 있는 공간만 있으면 되고, 안면인식에 있어서 사용자의 동의가 필수조건은 아니다. 셋째, 안면인식에는 영상이 필요하다. 그런데 모바일 인터넷, SNS 사이트 등에는 사진과 같은 영상 자료가 넘쳐난다.

오늘날 안면인식은 주로 신원 확인용으로 사용된다. 요즘 감시카메라가 널리 보급되고 있는데 수많은 감시카메라가 원거리에서 사용자의 동의가 없는 상황에서 빠르게 신원을 파악하는 기술이 도입되어야 한다. 이를 위한 최상의 선택은 바로 안면인식 기술이다. 안면인식 기술을 이용해 감시카메라 영상 속에서 실시간으로 사람의 얼굴을 찾아내고, 이를 축적된 안면 데이터베이스와 실시간 대조함으로써 신속히 신원을 확인하는 것이다.

예전에 우리의 시스템은 경찰을 도와 도주한 지 7~8년 된 범죄 용의자를 2분 이내에 정확히 식별해내고 위치까지 특정할 수 있었다. 이 용의자는 그동안 수시로 국경을 드나들었지만, 외국 여권을 소지한데다 원래의 신분을 세탁했기 때문에 그간 공안기관의 감시망을 피해왔던 것이다.

우리의 시스템은 공안부서와 협력해 도주 중인 미검거 범죄자들의 신분증 사진 데이터베이스를 구축했고, 공공장소에 설치된 CCTV를 이용해 실시간 대조 작업을 하고 있다. 이 시스템을 통해 CCTV에

잡힌 얼굴과 데이터베이스에 저장된 얼굴이 일치한다고 판별되면 그 즉시 자동으로 공안당국에 신고된다. 그러면 공안당국은 즉각 응답하고 확인 작업을 진행해 미검거 범죄자인지의 여부를 가린다.

확인 작업은 결코 간단하지 않다. 시스템은 안면의 특징 이외에도 키, 몸무게, 체형, 걸음걸이, 의복 등을 토대로 종합적으로 식별하여 판단한다. 때로는 얼굴의 점 하나가 판단의 중요한 근거가 되기도 한다. 덕분에 도주 중인 범죄자들을 체포했을 뿐만 아니라 안면인식 시스템의 도움으로 보안체계는 사건 발생 이전과 진행중으로 추진되고 있다. 예를 들어 낯선 사람이 자주 나타난다면 경계를 늦추지 말고 주시해야 한다. 또 역무원도 아닌 사람이 역에 일반 여객보다 훨씬 높은 빈도로 나타난다면 그가 소매치기일 가능성을 염두에 두어야 한다.

안면인식 기술은 끊임없이 진화하고 있다. 우리가 초기에 안면인식 출석 체크기에 사용했던 방식은 이른바 '5점(點) 식별' 방식으로, 2개의 눈동자, 1개의 코끝, 2개의 입꼬리 등 모두 5곳을 대조해서 신분을 확인했다. 하지만 문제점이 분명하게 드러났다. 식별점이 너무 적다 보니 헤어스타일을 바꾸거나 뿔테 안경을 쓰는 등 스타일이 바뀌면 식별해내지 못했다. 금융업계의 경우 타인의 신분 정보로 위조하거나 타인의 정보를 도용해 돈을 대출할 수도 있다. 또 3차원(3D) 보형물 가면을 쓰거나 안면영상을 재생하는 등의 속임수로 안면인식 시스템을 속일 수 있었다.

하지만 지금은 이런 일이 불가능하다. 우리가 현재 사용하는 알고

안면인식
애플리케이션

리즘은 사용자 얼굴 83곳의 특징점을 이용해 신원을 판별한다. 또한 사용자에게 렌즈를 바라보라고 요청할 필요도 없다.

현재의 기술력은 모든 개인에 대해 기본적으로 1:1 안면 식별이 가능한 수준까지 발전했다. 일상생활에서 활용할 수 있는 범위도 점차 확대되고 있다. 사회 치안, 역, 공항, 출입국 시설, 주요 행사 등 다양한 업계와 분야에서 활용할 수 있다. 또한 스마트 출입구 경비, 도어록, 출퇴근 기록 등 민간 수요도 매우 많다. 안면인식 기술과 곳곳에 설치되어 있는 스마트화된 CCTV가 결합한다면 24시간 365일 내내 치안과 통제가 가능하다. 이제 넓고 촘촘한 시스템 속에서 범죄자들이 도망갈 곳은 어디에도 없다. 이 감시 시스템을 움직이는 핵심기술은 향후 3년 내에 완전히 성숙할 것이다. 하지만 컴퓨팅 능력과 인프라 구축이 완벽해지기까지는 좀 더 시간이 소요될 것으로 예상된다.

안면인식 기술과
개인 프라이버시 침해 문제

_____ 이 감시 시스템을 도입한다면 개인 프라이버시 침해에 대한 논란은 피해갈 수 없는 문제다. 일부 국가에서는 사거리에서 감시 카메라가 신호를 어기는 차량을 찍는 것도 프라이버시 침해라는 이

유로 실시하지 못하고 있다고 한다. 그럼 과연 안면인식이 남용되어 사용자의 프라이버시를 침해하는 사태로까지 번지게 될까?

먼저 나는 기술이란 중립적인 존재라고 생각한다. 이런 중립적인 기술을 어떻게 사용하는가는 사회의 가치관과 법에 따라 관리 및 통제되어야 한다. 예를 들어 보자. 공공장소에서 얻은 데이터를 제외한 모든 사적 공간에서의 개인정보는 해당 개인의 허락을 얻어야만 수집 및 활용이 가능하다. 다시 말해 모든 개인은 '예' 또는 '아니오'라고 의사를 밝힐 수 있다.

역이나 공항과 같은 공공장소의 데이터인 경우, 인간이 아닌 시스템을 기준으로 삼아야 한다. 예를 들어 누군가 CCTV를 지켜보고 있다면 사람들은 공포감을 느낄 것이다. 하지만 그 뒤에 존재하는 것이 감시자가 아닌 하나의 정형화된 시스템이라면, 이 시스템은 우리가 매일 인터넷을 할 때 사용하는 검색 엔진과 마찬가지로 매우 중립적이고, 그것은 선한 동기를 가진 존재다. 따라서 기술 자체는 중립적이지만 이 기술을 가진 사람이 어떤 선택을 하고, 어떤 목적으로 활용하느냐가 훨씬 더 중요하다.

사실 기술 그 자체도 프라이버시 침해에 관한 우려를 해결할 수 있다. 또 이런 치안 관련 문제에 대해 통제를 가할 때는 개인정보에서 민감한 부분을 제거한 후 데이터베이스화하기 때문에 크게 걱정할 필요가 없다. 가령 성명이 포함된 사진의 경우 이름을 지우고 내부 ID로 대체하여 저장하는 방식이 한 예가 될 수 있다. 아직은 안면인식의

초기 단계이기 때문에 미래의 기술은 개인의 프라이버시와 치안문제
를 모두 효과적으로 해결하는 수준으로 발전할 것이라고 확신한다.

🦠 기계가 보편화되는 미래의 모습

_____ 기술은 우리 삶을 조금씩 계속해서 바꾸어나가고 있다. 인
공지능(AI) 역시 마찬가지다. 우리가 처음 창업을 했을 때 사람들은
'인공지능(AI)'이라는 단어에 큰 관심을 갖지 않았다. 인공지능(AI)이
이렇게 단기간에 크게 발전할 것이라고 예상하지 못했기 때문이다.
하지만 이제는 인공지능(AI)이 신기하고 대단한 존재로 인정받고 있으
며 사람들의 최고의 관심사로 떠올랐다.

나는 인공지능(AI) 역시 다른 과학기술과 마찬가지로 발전과 쇠락의
주기를 보일 것이라고 생각한다. 지금 많은 사람이 인공지능(AI)이 사람
을 능가할 거라고 말하지만, 나는 이런 주장에 동의하지 않는다. 그 이
유는 다음과 같다.

먼저 기술의 발전에도 주기가 있다는 점을 이해해야 한다. 인공지
능(AI)도 하나의 기술이므로 주기를 무시한 채 결과만 얘기하는 것은
바람직하지 않다. 우리 각자의 삶에서 중요한 것이 과정이듯이 기술
의 발전도 마찬가지다. 인공지능(AI)은 아직 걸음마 단계이고, 우리는
이 신기술을 이용해 우리 자신을 혁신하는 데 탁월한 능력을 갖고 있

인공지능(AI)은 단순히 인간에게 지능이 필요해서 생겨난 존재가 아닙니다. 오히려 인간 자신의 존재와 밀접한 관계가 있죠. 만약 인간과 인공지능(AI)의 관계에 윤리규범이 개입한다면 어떻게 될까요? 아마도 혼란스러운 것은 인공지능(AI)이 아니라 인공지능(AI)에 대한 인간의 비판 기준이 아닐까요? 왜냐하면 그 기준은 어느새 인간 자신에게 적용될 테니까요.

다. 인류의 진화는 기술의 진화와 함께할 것이다. 즉, 기술의 진화가 빨라지면 우리 자신의 진화도 빨라질 것이다. 기계가 어느 일순간 인간을 뛰어넘는다기보다는 인간과 기계가 점차 하나가 되어가는 것이라 할 수 있지 않을까?

미래에 기계와 인간이 융합된 세계를 상상해 보자. 집을 나설 때마다 우리는 무슨 생각을 하는가? '열쇠는 가방에 잘 넣었을까? 지갑은 챙겼나? 가장 중요한 건 핸드폰이니까 절대 잊지 말아야지'라고 많은 것을 확인한다. 하지만 미래에는 열쇠도, 지갑도, 카드도 필요 없다. 그냥 얼굴만 들고 다니면 된다. 왜냐하면 우리가 어디에 가든 항상 '기계의 눈'이 묵묵히 우리에게 필요한 서비스를 제공할 것이기 때문이다.

집에 돌아와서도 열쇠는 필요 없다. 그냥 얼굴만 스캔하면 문이 활짝 열릴 것이다. 상점에서 결제를 할 때 핸드폰을 꺼낼 필요도 없다. 얼굴만 스캔하면 계산서가 핸드폰으로 금방 전송될 것이다. 비행기나 기차를 탈 때도 안면인식은 가장 편리하고 안전한 수단이 된다. 레스토랑에 가서 식사를 할 때, 패스트푸드점에서 특대 소고기 햄버거를 주문할 때, 당신의 로봇이 다가와 "이 햄버거는 열량이 500킬로칼로리나 돼요"라고 말할 것이다. 그러면 당신은 "진짜? 그래 알았어. 지금은 다이어트 중이니까 참을게"라고 단념할 수도 있다. 쇼핑을 할 때도 마찬가지다. 마음에 드는 제품을 발견했거나 좋아하는 옷이 눈에 띄었을 때, 로봇이 다가와 스캔한 뒤 인터넷 쇼핑몰과 가격을 비교해 어디가 얼마만큼 더 저렴한지 친절하게 알려줄 것이다.

이처럼 점점 더 많은 장소와 상황에서 기계는 더 이상 차가운 존재가 아니라 인간과 교류하고, 인간의 욕구를 이해해 시중을 들고 서비스를 제공하는 존재가 될 것이다. 인공지능(AI) 기술은 인간의 삶을 풍요롭고 안락하게 만들어줄 것이다. 이것이 나와 우리 팀이 이루고자 하는 변함없는 목표이자 방향이다.

인공지능으로 인한 새로운 일자리 창출과 사라질 일자리

_____ 미래에 인공지능(AI)이 인간을 위해 이렇게 많은 일을 할 수 있다면 반대로 여러 가지 우려도 생길 수 있다. '로봇이 인간의 일자리를 빼앗아 가면 어쩌지?'라는 문제가 가장 큰 우려 중의 하나다. 많은 사람이 인공지능(AI)으로 인해 심각한 대량 실업문제가 발생할

수 있다고 걱정한다.

나는 그렇지 않을 거라고 생각한다. 인공지능(AI)은 본질적으로 매우 중립적인 기술이다. 컴퓨터과학에 속하는 이 인공지능(AI)은 인터넷 기술과 마찬가지로 다양한 분야에서 업계 전체의 질적 향상을 가져올 것이다. 그러면 우리는 더 적은 자원을 투입해 더 많은 물질적 혜택을 얻게 된다. 사람들은 장시간 노동에서 해방되고 여유 시간이 더 늘어날 것이다. 그에 따라 새로운 수요도 창출된다. 예를 들어 각 개인에게 최적화된 맞춤형 서비스를 제공하는 수요 등이다. 이런 수요는 새로운 일자리를 만들어낸다.

일자리는 인간의 수요와 욕구에 의해 만들어진다. 그리고 외부의 환경에 따라 인간의 수요와 욕구도 변화가 생기는데 이런 변화는 미국의 심리학자 매슬로의 욕구이론으로 추측할 수 있다. 따라서 장기적, 통시적 관점에서 보면 실업문제를 크게 걱정할 필요가 없다. 하지만 미래의 직업능력개발 문제는 진지하게 고민해 봐야 한다.

이-커머스의 발전으로 수많은 전통적인 소매업체가 사라진 것은 엄연한 사실이지만, 한편으로 더 많은 새로운 일자리가 생겨났다. 예를 들어 이-커머스 업체인 알리바바 타오바오와 고객센터, 심지어 전방산업 및 후방산업의 발전 등이다. 또 택배 배송, 퀵서비스 등의 물류업도 신규 직종이다.

하지만 이런 직종에 종사하는 사람들은 직업훈련을 통해 기술을 익혀야 한다. 따라서 인공지능(AI) 기술의 발전에 따라 취업구조와 관념의 변화가 생기겠지만, 그렇다고 대량 실업 사태가 벌어지지는 않을 것이다.

우리는 기술 개발을 통해 인간이 각자의 능력을 키우고 인공지능(AI)도 인간에게 긍정적인 기여를 하기를 희망한다. 인류의 미래 발전을 결정하는 것은 결코 과학기술이 아니다. 그 향방을 좌우하는 것은 바로 인간이다.

만약 하루에 5시간이 추가로 주어진다면 당신은 어떤 일을 하고 싶으세요?
아이플라이텍(iFlytek)의 후위(胡郁) 박사는 인공지능(AI)이 인간을 자유롭게 만들고 인간이 그 시간을 의미 있는 일에 쓰도록 노력하고 계시죠.
한번 상상해 보세요. 우리 각자에게 인공지능(AI)이라는 만능 비서가 생기고 그로 인해 생산적인 일에 더 투자할 수 있다면 어떨까요?

THE FUTURE
OF SCI-TECH

제8장

기계와 인간의 소통을 가능하게 할 음성인식 기술

후위 : 아이플라이텍 집행총재, 컨슈머 비즈니스 그룹 총재

● 소리 박사 ●

후위

중국인들은 민족적 책임감이 강하고 중국인임을 자랑스럽게 생각한다. 1999년 한 대학생 창업 팀이 이런 민족적 사명감을 안고 아이플라이텍을 창업했다. 중국의 음성지능 산업은 이렇게 탄생했다. 후위는 아이플라이텍의 창립 멤버 중 한 명이다.

후위는 중국 과학기술대학 신호

2001년 아이플라이텍의 연례 총결산회

및 정보처리를 전공한 공학박사다. 지금은 아이플라이텍에서 집행
총재, 컨슈머 비즈니스 그룹(CBG) 총재를 맡고 있다. 그는 1995년
안후이성 쉬안청시에서 대입시험 수석을 차지하며 중국 과학기술
대학에 입학했다. 1997년 대학교 3학년 때 왕런화(王仁華) 교수가
이끄는 인간-기계 언어통신 실험반에 들어갔다. 아이플라이텍의
공동 창업자인 류칭펑(劉慶峰)은 그의 선배로, 당시 중국 '국가 863
프로젝트'인 'KD 시리즈 중국어 언어 전환 시스템'의 연구개발 작
업을 맡고 있었다.

류칭펑은 당시 기술의 상업화에 몰두하고 있었기 때문에 교내에서
파트너를 찾기로 했다. 교내 컴퓨터 관련 전자게시판(BBS) 여덟 곳
의 관리자 가운데 여섯 명이 차례로 가입하여, 마침내 십여 명으로
구성된 창업팀이 꾸려졌다. 여기에는 과학기술대 전자공학과 수석

출신의 후위도 포함되어 있었다. 왕런화 교수와 선배 류칭펑은 23
세의 후위에게 "중국에서도 넌 충분히 기술을 실용화할 수 있을 거
야"라고 말했다.

후위는 너무 복잡하게 생각하지 않고 그냥 그 말을 믿기로 했다. 그
리고 더욱 열심히 노력해 오늘날 아이플라이텍의 수석 과학자가
되었고, 자타가 공인하는 '소리박사'가 되었다.

인간에게는 매우 중요한 감각기관인 귀가 있다. 만약 우리가 듣는
소리를 문자로 바꿀 수 있다면, 또는 상대방이 중국어로 말하든 영어
로 말하든, 쓰촨 방언으로 말하든 광둥 사투리로 말하든 모두 문자로
표현할 수 있다면 얼마나 대단할까? 이것이 바로 내가 말하려는 '음
성인식'이다.

샤오빙의 TIP

류칭펑은 17세 때 칭화 대학교 입학 커트라인보다 40점이나 높은 점수로 과
학기술대학 전자공학과에 입학했어요. 1997년 모교에서 언어기술 연구를 담
당하고 계시던 왕런화 교수의 눈에 띄어 언어실험실에서 공부하게 되었죠.
왕 교수님의 지도하에 류칭펑이 주도해서 개발한 언어합성시스템은 중국 '국
가 863 프로젝트' 성과 대회에서 큰 호평을 받았고, 그해의 가장 센세이션을
불러일으킨 연구로 인정받았다고 합니다.

인터뷰하고 있는 이지트랜스(Easy Trans)

음성인식은 마치 '기계의 청각시스템'과 같다. 기계에게 음성신호를 식별 및 이해하도록 하고 이에 상응하는 텍스트나 명령으로 바꾸도록 하는 방식이다.

우리는 '쉰페이팅젠(訊飛聽見)'이라는 소프트웨어를 개발했다. 실시간으로 언어를 문자로 바꿔주는 소프트웨어로 정확도가 95퍼센트에 달하며, 강연, 수업, 언론 인터뷰, 회의 기록, 동영상 자막 등에 다양하게 쓰일 수 있다. 앞으로 이 기술이 널리 활용된다면 기자나 속기사 같은 다수의 업종에서 업무 효율이 극대화될 전망이다.

속기사와 '쉰페이팅젠'의 대결

목소리를 통해 악의를 판별해내는
음성인식 탐정

_____ 음성인식 탐정에 관한 얘기에 앞서 먼저 나의 '딸' 샤오만
(曉曼)을 소개하고 싶다.

내 딸이라고 부르는 이유는 이 제품을 만들어 키워가는 과정이 마
치 하나의 생명을 창조하는 과정과 닮았다고 느꼈기 때문이다. 그녀
는 우리와 상호 교류하고 우리가 하는 말을 알아들을 수 있으며, 심지

샤오만 로봇

어 우리의 희로애락을 이해하고 그에
맞게 반응하기도 한다. 그래서 내 친딸
이나 마찬가지란 느낌이 든다.

오랜 연구 끝에 우리는 음성합성 기술
을 구현할 방법을 찾아냈다. 먼저 사람
의 말을 녹음한 뒤 성문(聲紋)의 특징을
추출하고 그에 상응하는 음성모델을
만든다. 그러면 이 소리를 이용해 어떤
말이라도 만들어낼 수 있게 된다. 녹음
시간이 길수록, 추출한 성문이 정교할
수록 모방된 소리 역시 더욱 닮게 된
다. 내 딸 샤오만은 어느 누구의 음성
이라도 완벽하게 모방할 수 있다.

이쯤 되면 한 가지 의문이 들 것이다. '요즘 보이스피싱이 사회적으로 큰 문제가 되고 있는데 만약 음성합성 기술이 악용되면 어떻게 할 것인가?'라는 의문이다. 우리는 인류가 도구를 발명해서 쓰기 시작한 순간부터 도구에는 양면성이 존재한다는 사실을 잘 알고 있다. 우리는 당연히 이 기술이 선량한 사람들의 손에 들어가기를 바란다. 또 어떤 도구의 원리를 이해하고 나면 악성 공격을 방어할 수 있는 도구도 손쉽게 발명할 수 있다. 어차피 도구란 창과 방패와 같은 존재다. 그래서 우리가 해야 할 일은 이이제이(以夷制夷), 즉 과학기술을 발전시켜 또 다른 나쁜 과학기술을 막아내는 것이다.

지금 우리는 누군가 당신의 목소리를 모방했을 때 이 소리 안에 어떤 결함이 숨어 있는지를 실시간 모니터링하는 방법을 연구하고 있다. 이렇게 발명해낸 '방패'는 그 목표 대상이 분명하다. 뿐만 아니라 우리는 한 걸음 더 나아가고 있다. 이 기술로 목소리를 판별해내고, 그 사람이 한 말의 내용을 이해하고 말의 논리를 분석하는 것이다. 이 기술을 통해 사기꾼의 속임수를 눈치 채고, 나아가 이것이 사기라고 판별되면 그 사람에게 즉시 경고를 하게 된다.

또 이 기술을 일상에 활용한다면, 밖에 나가 일하는 자녀와 그들의 부모가 좀 더 안전해지고 또 안심할 수 있게 된다. 나는 이것이야말로 과학기술이 우리의 삶을 따뜻하게 만드는 진정한 아름다움이라고 믿는다.

인간을 닮은
로봇을 만드는 이유

_____ 우리가 개발한 음성 인공지능(AI) 제품은 매우 다양하고 기능도 천차만별이지만 모두 인간의 삶을 더 효율적이고 재미있게 만들 목적으로 개발되었다.

알파에그 로봇은 교육용 인공지능(AI)으로, 교육 콘텐츠, 슈퍼TV, 영상통화, 스마트 스피커, 자연 언어 교환 등의 기능을 융합했다. 만약 알파에그 한 대를 들여놓으면 그곳에는 웃음꽃이 피고 짜증 나는 일은 대폭 줄어들게 될 거라고 믿는다. 휴머노이드(humanoid) 기능을 탑재한 알파에그는 자발적인 딥러닝을 기반으로 이해력, 표현력, IQ를 끊임없이 키워나간다. 그래서 가정의 3요소라고 할 수 있는 교육, 삶, 가족 간의 끈끈한 유대감을 실현하는 데 보조 역할을 할 수 있다.

현대인의 생활 리듬이 빨라지면서 가정교육도 심각한 문제로 떠오르고 있다. 알파에그의 쌍방향 교육, 파트너십 교육은 이런 문제 해결에 큰 도움을 줄 것이다. 아이들은 알파에그와 함께 동화, 동요, 동시, 영어, 수학 등을 배울 수 있다. 자녀와 알파에그의 쌍방향 교류를 통해 부모는 자녀의 장점과 특기를 발굴할 수 있다. 또한 알파에그는 자녀에게 좋은 습관을 길러주는 데 기여할 수 있다.

"7시다. 빨리 일어나!"

"벌써 30분이나 놀았어. 얼른 가서 숙제 해야지."

알파에그 로봇

"눈이 피곤하면 눈체조를 하고 더 공부할까?"

이렇게 아이들이 반감을 갖기 쉬운 말은 모두 로봇에게 떠맡기면
된다. 덕분에 자녀와 부모의 사이가 더 돈독해질 수 있다. 알파에그는
충실한 파트너로서 사람들이 내뱉는 마음속 이야기를 끈기 있게 다
들어주고, 그들과 기쁨을 함께 나누며, 그들이 무언가를 잃었을 때 위
로해주고, 마음의 상처를 다독여줄 수 있다. 그래서 인간과 함께 성장
하는 훌륭한 파트너다.

우리가 만든 제품들, 즉 샤오만, 알파에그, 딩동(叮咚) 등은 공통점
을 갖고 있다. 그들은 인간을 닮은 능력을 갖고 있을 뿐 아니라 외모
도 무척 귀엽다. 사실 이는 우리가 연구개발을 하면서 견지하는 자세
다. 인공지능(AI)은 차가운 기계가 아니라 따뜻한 이웃이다. 너무나
귀여운 이 제품들을 보고 있으면 가슴속에 따뜻한 행복이 느껴진다.

사명감이 위대한 기술을 낳는다

_____ 오늘날 인공지능(AI)의 열풍 속에서 많은 사람이 나에게 이런 이야기를 한다. "혹시 처음부터 인공지능(AI)이 세상을 바꿀 거라고 확신했나요?" "정말 점쟁이가 따로 없군요. 어떻게 그렇게 시대의 흐름을 딱딱 맞춰서 이렇게 잘나가는 겁니까?"

하지만 상황은 모두가 생각하는 것만큼 녹록하지도 또 화려하지도 않다.

어렸을 때의 기억 중 가장 강렬한 기억으로 남아 있는 것은 나는 언젠가 로봇을 만들겠다고 생각한 것이다. 심지어 어른이 되면 내 로봇을 운전해서 영웅이 되겠다고 생각했다. 하지만 대학에서 어느 정도 성과를 거두고 사회에 진출했을 때 나는 내가 할 수 있는 일이 아주 적다는 것과 나의 꿈과 실제 능력 사이에는 너무나 큰 괴리가 있다는 사실을 깨닫게 되었다.

내가 스물세 살 때, 즉 동료들과 함께 아이플라이텍을 막 창업하려고 했을 때, 사실은 깊이 있게 고민하지는 않았다. 당시 나는 세상에 대한 호기심이 가득했고 나만의 목표도 분명했다. 내가 창업할 초기에 중국 과학기술대학 학생들 대부분은 해외유학을 준비했고, 그때는 누구나 외국 것과 외국에서 연구하는 것이 최고라고 믿었다. 기술도 외국 것이 뛰어나고 회사도 외국 회사가 돈이 많다고 여겼다. 바로 그 시점에 나의 스승인 왕런화 교수와 선배인 류칭펑은 "너는 중국에서도 기술을 상용화할 수 있어"라고 말해주었다.

그 당시 나는 그 말을 진짜로 믿었고 열심히 노력했으며 또 무척 행복하다고 느꼈다. 그 당시 내 행복감의 원천은 사실 단순했다. 매월 받는 4,000위안의 월급으로도 행복을 느꼈다. 이유는 그 당시에 4,000위안이면 개인용 컴퓨터 한 대를 살 수 있었기 때문이다.

그만큼 창업 초기에는 어려움이 많았다. 당시 어떤 고객이 우리가 만든 소프트웨어를 마음에 들어 했는데 다만 안정성이 부족하다고 생각해서 그것을 보완하라고 3일이라는 시간을 주었다. 만약 그 부분을 보완하지 못하면 구입하지 않겠다고 했다. 우리는 그 3일 동안 숙식을 잊고 죽을힘을 다해 소프트웨어의 안정성을 보완했다. 결국 완성된 결과물을 그 고객에게 선보였고, 우리는 지쳐 쓰러져서 꼬박 하루 동안 잠을 잤다. 그 3일은 너무 힘들었지만 우리는 정말 행복했다. 우리는 단순히 돈 때문에 그 일을 하는 게 아니라고 진심으로 믿었고, 그 과정에서 굳은 신념과 의지를 확인하고 싶었는지도 모른다.

2015년 우리는 '휴머노이드 문제풀이 로봇' 연구개발 프로젝트를 시작했다. 당시 우리는 일본에서 대입시험 로봇을 만든 전문가를 중국으로 초빙했다. 하지만 그 일본 전문가는 중국을 방문하고 놀라움을 금치 못했다. 그는 귀국한 뒤 일본 정부에 '전혀 예상하지 못했던' 세 가지에 관해 보고서를 제출했다고 한다.

첫째는 중국 정부가 인공지능(AI) 개발에 이렇게 많이 투자하는지 몰랐다는 점, 둘째는 중국에 이렇게 많은 젊은 과학기술 연구원들이 있는지 몰랐다는 점, 셋째는 십여 년 전 일본에서 배워갔던 중국이 이제는 일본과 어깨를 나란히 하거나 심지어 이미 일본을 추월한지 미처 몰랐다는 점이다.

나에게는 그 말들이 특별하게 다가왔다. 과거 우리는 남들의 어깨 너머로 배우는 처지였지만, 점차 자신감을 갖게 되었고, 드디어 이런 자신감을 더 많은 젊은이에게 전수할 수 있게 되었다. 바로 이 점이 어떤 기술이나 제품을 개발하거나 프로젝트를 수행할 때보다 나에게 훨씬 더 큰 행복감을 안겨주었다.

동료들과 대화할 때, 나는 제품을 만드는 사람들에 대해 이야기할 때 가장 신이 난다. 제품을 개발하고 만드는 과정은 너무 힘들고 괴롭지만 그들의 눈에는 행복이 넘쳐난다. 물론 만든 제품이 실패할 때도 있지만 그들은 노력했고, 그들의 헌신은 소중한 자산으로 축적되었다. 이 과정이 그들의 진정한 행복의 원천이다. 믿음이 있기에 행복할 수 있다고 생각한다.

샤오빙의 TIP

'휴머노이드 문제풀이 로봇'은 중국 국가 과학기술연구발전계획(일명 863계획)의 정보기술 분야에서 '빅데이터에 기반을 둔 인간지능 핵심 기술 및 시스템' 프로젝트의 중점 연구 가운데 하나입니다.

나는 이런 사람들이 점점 더 많아지기를 바란다. 그러면 우리가 사는 세상은 더욱 풍요롭고 아름다워질 것이다. 나는 인공지능(AI)이 세상을 바꿀 거라고 굳게 믿는다. 과학기술의 혁신 능력을 이용해 미래의 젊은이들을 이끌어가고, 모든 사람이 가슴속에 간직한 꿈과 행복을 찾을 수 있기를 바란다. 나는 우리가 하는 일이 다름 아닌 과학기술을 이용해 그것을 찾도록 이끌어주는 사공의 역할이라고 생각한다.

생각만으로 사물을 제어하고 움직이게 하는 모습은 영화 속에서나 볼 수 있던 마법이지요. 그런데 실제로 두 팔을 잃고 27년을 산 장애인이 생각만으로 펜을 들어 글씨를 쓸 수 있게 한 사람이 있습니다. 바로 뇌-컴퓨터 인터페이스 기술로 마법을 현실로 만들고 있는 한비청(韓羈죠) 박사입니다. '두뇌제어' 기술은 더 이상 꿈의 기술이 아니라 각 분야에서 우리의 삶을 획기적으로 바꾸어놓을 것입니다.

THE FUTURE OF SCI-TECH

제9장

생각만으로 모든 사물을 제어하는 마법, 두뇌제어 기술

한비청 : 뇌-컴퓨터 인터페이스 회사 '브레인코'의 창업자

● 포브스가 선정한 엘리트, 하버드를 박차고 나오다 ●

한비청

2016년 CES(국제 소비자 전자제품 박람회)에서 브레인코(BrainCo)는 최초의 가정용 웨어러블 스마트 두뇌제어(brain-controlled) 설비인 Focus1을 선보여 업계의 큰 주목을 받았다. 더욱이 급성장 중인 이 신생기업의 대표는 1980년대생의 젊은이였다.

하버드 대학교 뇌과학센터 박사

출신인 한비청은 포브스지와 인터뷰를 가진 적이 있고, 2017년 〈포브스〉가 선정한 '중국의 30세 이하 엘리트 TOP 30'에 이름을 올렸다. 그는 여러 해에 걸쳐 하버드 대학 차이나포럼의 자문을 맡았다. 2017년에는 중국 하얼빈 야부리(亞布力)에서 개최된 중국기업가포럼(China Entrepreneurs Forum) 하계 최고경영자회의에 귀빈 자격으로 참석해 연설을 하기도 했다.

한비청 박사는 2015년 브레인코와 브레인 로보틱스(Brain-Robotics)를 창업해 지금까지 CEO를 맡고 있다. 그중 브레인코는 중국계로는 처음으로 하버드 대학교 공식 인큐베이터인 '하버드 이노베이션 랩(Harvard Innovation Lab)'에 선정되었고, '하버드 이노베이션 랩 VIP 팀'에 뽑히기도 했다.

두 회사는 출범 이후 수차례 수상의 영예를 안았다. 세계 교육과학 대회인 ISTE (International Society for Technology in Education) 최고혁신상, 세계 최대 스타트업 경진대회인 MassChallenge 금상, 국제 혁신창업대회(International Innovation & Entrepreneurship Competition) 대상, MIT 벤처투자클럽의 VIP팀 선정 등이다.

창업 후 불과 3년 만에 두 회사 모두 세계 10대 뇌-컴퓨터 인터페이스(BCI) 회사로 성장했다. 한비청 박사는 또 테슬라의 창업자 엘론 머스크와 함께 BCI 부문 최고 혁신가 5인에 선정되었다.

하버드 대학교 유학 시절 한비청은 두뇌 제어 컴퓨터(brain-controlled computer)에 관한 아이디어를 떠올렸다. 즉 소형 뇌파 측정기를 머리에 쓰면 이 기계를 통해 세상 만물을 제어할 수 있고, 인간과 세계의 상호 작용도 가능하다고 생각했다. 그래서 몇몇 하버드, MIT 동료들과 함께 자신의 집 지하실에 회사를 차렸다. 브레인코는 한비청의 주도 아래 하버드, MIT 출신의 최고 뇌과학 전문가와 하드웨어-소프트웨어 엔지니어를 영입했고, 그 결과 많은 분야에 걸쳐 다양한 제품을 출시할 수 있었다.

나의 핵심 연구 분야는 '뇌-컴퓨터 인터페이스'다. 이는 대뇌 활동을 계측해 대뇌의 기능을 이해하고, 대뇌 활동을 이용해 외부 설비를 제어하는 기술이다. 이미 1924년에 과학자들이 인간의 대뇌 피질에서 생체전기 신호(bioelectric signal)를 관찰했고, 다양한 뇌파는 우리 대뇌의 상태와 다양한 생각에 대응한다는 사실을 알아냈다.

내가 설립한 브레인코는 의료기기 수준의 뇌파 측정용 헤드밴드를 개발했다. 이 헤드밴드를 쓰면 뇌파 신호가 실시간 기록되기 때문에 사람들은 자신의 두뇌 활동을 파악할 수 있을 뿐만 아니라 무선인터넷과 블루투스 등 통신기술을 통해 외부장치와 연결되기 때문에 생각을 통해 설비를 제어할 수 있다. 가령 방 안에서 두뇌의 명령으로 문을 열고, 창문을 열고, 드론을 띄울 수 있다. 누구든지 이 기술을 이용해 생각만으로 우리 주변의 모든 것을 제어하는 체험을 할 수 있다. 또한 ADHD(주의력결핍 과잉행동장애), 우울증, 자폐증, 치매 등 뇌질환

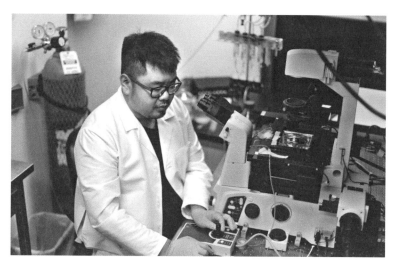
실험에 몰두하고 있는 한비청 박사

환자의 치료에도 도움을 줄 수 있다.

오늘날 세계 각국은 뇌과학의 중요성을 인식하고 있다. 2013년 EU
와 미국은 독자적인 두뇌 프로젝트를 개시했다. 중국 또한 두뇌 프로
젝트를 13차 5개년 계획(2016~2020년)에 포함시켰다. 아울러 테슬라
의 창업자 엘론 머스크와 페이스북 창업자 마크 저커버그도 2017년
에 독자적인 BCI 회사를 설립했다. 뇌과학 관련 연구가 진행되고 업
계의 노력이 더해지면서 BCI 기술은 크게 발전해 점차 우리의 일상
속으로 들어오고 있다. 앞으로 이 기술이 널리 쓰인다면 다양한 분야
에서 우리의 삶을 크게 바꿔놓을 것이다.

하버드 대학교 뇌과학센터에서 박사과정을 밟고 있을 때, 내 연구
의 주요 방향은 기억과 망각이었다. 우리는 신경의 가장 기본적인 상

사람들은 뇌파를 이용해 두뇌-컴퓨터 인터페이스(BCI)를 실현하려고 노력하고 있어요. 인간은 감각과 운동, 인지활동에 따라 뇌파가 다르게 활동합니다. 이 점을 이용해 해당 뇌파를 효과적으로 추출하고 분류하는 것이라고 합니다. 이것을 연구하면 무언가를 제어하는 목적에 활용할 수 있죠.

호 작용 모델을 연구했는데, 그때 선충(線蟲)류, 쥐, 초파리 등 다양한 생물을 이용해 뇌 신경회로의 메커니즘을 연구했고, 두뇌가 각각의 자극에 대해 어떤 선택을 하는지에 대해 연구했다. 하버드 뇌과학센터는 미국의 혁신신경기술 계획(BRAIN Initiative) 등의 자금 지원을 받아 실용적인 뇌과학기술 제품의 개발에 나섰다.

2013년 4월 2일, 버락 오바마 미국 전 대통령은 '혁신신경기술 계획'을 발표했다. 이 계획의 주요 목적은 인간의 대뇌 작동 메커니즘 연구, 대뇌 활동사진 작성, 현재로서는 치료가 불가능한 뇌질환의 치료법 개발이다. 또한 인간의 뇌지도 제작 프로젝트는 인공지능(AI) 분야의 기술을 한 단계 끌어올리게 될 것이다. 이 연구는 경제 발전과 인간의 인식 제고에 크게 기여할 것이다. 이 계획의 가치는 인간 게놈 프로젝트에 필적한다. 두뇌 프로젝트에서 중추적 역할을 담당하는 하버드 뇌과학센터는 그동안 많은 중요한 프로젝트를 수행해왔다. 이 센터의 박사과정을 밟고 있던 나는 다행히 많은 과학연구 성과를 접할 수 있었고, 덕분에 많은 것을 배우고 성장할 수 있었다.

2014년 9월부터 나는 뇌파 알고리즘 및 응용에 관한 연구에 몰두했고, 2015년 초에는 브레인코 사업자 등록을 마쳤다. 브레인코에서 Co는 글자 그대로 Corporation(회사)과 Control(제어)이라는 두 가지 의미를 담은 중의적 표현이다. 회사의 목표는 두뇌제어와 관련한 다양한 기술을 연구하고 완전히 새로운 인간-기계의 상호 교류를 실현하는 것이다.

머리에 포커스 1을 쓴 실험참가자

나는 뇌파 기술이 의료 분야에서는 이미 비교적 성숙했다고 생각한다. 하지만 의료용 뇌파 설비는 부피가 너무 크고 프로세스가 복잡하며, 머리에 쓰기가 불편하고 휴대하기도 어렵고 미관상 좋지 않다. 뇌파 기술을 일반인들이 일상에서 사용하도록 하기 위해서 나는 하버드 대학과 MIT에서 우수한 엔지니어들을 모셔왔다. 3년간의 연구 끝에 우리는 마침내 헤드밴드 모양의 뇌파 측정기 포커스 1(Focus1)을 개발하는 데 성공했다.

포커스 1은 두 가지 특징이 있다. 첫째, 헤드밴드는 뇌파 신호를 의료용 수준의 정밀도로 읽어낼 수 있으며, 머리에 쓰기 편하고 외관도

심플하다. 무게가 90그램도 안 되기 때문에 장시간 착용해도 불편함이 없다. 둘째, 우리는 미국 나사(NASA)의 '뇌파 집중력 알고리즘'을 토대로 많은 실험과 개량을 했다. 그 결과 포커스 1은 사용자의 집중력 수준을 실시간으로 정확하게 측정할 수 있다.

🕸 학생들의 집중도를 실시간으로 파악할 수 있는 헤드밴드

_____ 우리는 우선 교육 문제에 주목했다. 나도 고입, 대입 시험을 치렀고, 매일 아침 6시에 일어나 밤 11시까지 장시간 공부했던 경험이 있다. 이는 보통 사람들은 견디기 힘든 일이다. 하지만 이렇게 오랜 시간 공부한다고 해서 효과가 있는 것일까? 결코 그렇지 않다. 우리 대부분은 뇌를 올바르게 활용하는 습관을 기르지 못했기 때문이다. 그래서 우리는 오랫동안 이 문제를 집중적으로 연구했는데 학생들이 더 많은 자유 시간을 얻음으로써 과학의 재미에 눈을 뜨고 혁신을 즐기도록 하기 위해서였다.

'포커스(Focus) 교육판(版)'은 학교 수업의 효율성을 높이려는 목적으로 개발한 세계 최초의 실시간 집중력 측정 시스템이다. 포커스1 헤드밴드를 통해 학생이 수업 시간에 보이는 집중력을 측정해 수치화한 뒤 이를 계측용 단말기 인터페이스에 보여준다. 그러면 교실에서는 이 결과를 토대로 학생에게 필요한 피드백을 할 수 있다.

수업 시간에 교사는 각 학생의 집중력 변화 양상을 실시간 모니터링할 수 있다

한번 상상해 보자. 교사는 수업 시간에 눈앞의 스크린을 보면서 각 학생이 어느 정도의 집중력을 보이는지 한눈에 파악할 수 있다. 이를 통해 교사는 자신의 수업 방식이 학생들을 몰입하게 하는지의 여부를 알 수 있고, 그에 맞춰 수업 방식이나 내용도 조정할 수

교실에서
헤드밴드
응용하기

있다. 나아가 학생들의 집중도와 학습 효율도 높일 수 있다. 수업이 끝나면 학생들은 '수업 집중력 결과보고서'를 검색해 자신의 수업 상태를 알 수 있고, 교육관계자 역시 이 결과보고서를 취합해 교사의 수업 수준 등을 과학적으로 평가할 수 있다.

중국 교육계의 고질적 문제는 학생들의 수업 집중력 부족과 이에 따른 학력 저하다. 교사들 또한 이에 관한 체계적인 피드백을 받지 못하고 있어 학생들의 수업 참여도와 적극성을 높여줄 정확한 수업 방식을 개발하지 못하고 있다. 현재 중국의 초중고 학생은 약 1억 6,400만 명에 이르는데, 그중 80퍼센트는 집중력 부족으로 인해 학교에서 비효율적으로 공부하고 있다. 부모들은 과외나 학원을 통해 학교 공부의 효율성 저하 문제를 해결하려고 한다.

2013년 중국의 사교육 시장의 규모는 6,500억 위안(약 110조 원)에 달하며, 도시가정의 평균 교육비 지출은 전체 소득의 30.1퍼센트를 차지한다. 역설적으로 이 엄청난 수치는 현재 중국 교육체계의 결함을 잘 보여준다. 과도한 사교육비 지출은 가계 부담을 가중하고 학생들에게는 또 다른 스트레스가 된다. 따라서 학교 수업의 효율성을 높이는 것이야말로 학생들의 성적을 올리는 지름길이다.

한 연구에 따르면 수업의 집중력을 1퍼센트 높이면 읽기와 수학 성적이 각각 6퍼센트, 8퍼센트가 오른다고 한다. 우리 팀은 이 제품을 이용하면 기존의 과학기술 교육보조상품 시장에 일대 혁신을 불러오고, 더 나아가 교육계에 일대 개혁이 일어날 수 있다고 생각한다.

오늘날 학생들의 입시 스트레스는 심각하다 해도 과언이 아니다. 앞으로 나는 두뇌제어 헤드밴드에 감정인식 등 더 고급 교육보조 기능을 추가해 교사와 부모가 실시간 피드백을 받아 아이들의 심리 상태를 제때에 파악하고, 학생들이 좀 더 즐기면서 공부할 수 있게 되기를 희망한다.

두뇌제어 기기의 의료 분야 활용

───── 이 밖에 우리는 BCI 기술을 통해 사회의 소외 계층을 돕고 그들의 삶을 개선할 방안을 적극적으로 모색하고 있다. 현재 브레인코의 엔지니어팀은 ADHD 아동을 겨냥한 헤드밴드 '루시(Lucy)'를 개발하고 있다. 우리가 ADHD 아동을 대상으로 실시하는 집중력 훈련의 원리는 '뉴로 피드백(neurofeedback)' 훈련의 알고리즘을 차용한 것이다. 이 알고리즘은 사용자가 높은 집중력을 보이고 있을 때 칭찬을 해주고, 이를 통해 집중력과 연관된 뇌파 빈도를 훈련하는 방식이다. 그래서 사용자의 집중력과 업무 효율을 높이고, 대뇌의 잠재능력을 충분히 키울 수 있다.

전 세계 학령기 아동 가운데 11퍼센트 이상이 ADHD로 확진 판정을 받고 있으며, 이 비율은 매년 상승하고 있다. 2003~2011년, ADHD 확진률은 42퍼센트 증가했고, 연평균 5퍼센트씩 상승했다. 오늘날 치료 방법은 대개 약물치료인데, 이러한 방식은 환자가 흥분제가 포함된 처방약을 장기간 복용해야 한다. 하지만 약을 끊는 순간 증상이 재발한다. 또한 약을 복용하면 식욕 부진, 정서 불안, 초조 등 각종 부작용이 나타난다. 따라서 약물치료는 결코 ADHD를 치료하는 최선책이 아니다.

또 다른 주의력 결핍 장애 치료법은 기존의 '뉴로 피드백' 훈련이 주의력결핍 과잉행동장애(ADHD)는 중국에서 보통 '다동증(多動症)'이라고 부릅니다. 아동기에 흔히 볼 수 있는 일종의 심리 장애를 말합니다. 증상은 보통 나이대와 발육 수준에 걸맞지 않게 집중력이 너무 떨어지거나 집중 시간이 너무 짧고, 지나치게 부산스럽고 충동적입니다. 또 학습 곤란과 품행장애, 부적응이 동반됩니다.

다. 이 훈련은 약물 치료에 의한 부작용은 없지만 의료기관과 전문 진료소에서 조작 절차가 복잡한 의료기기의 보조를 받아야 한다. 1970년대에 발명된 이후 뉴로 피드백 훈련 기술은 미국 사회의 엘리트 계층에서 각광을 받았다. 우주인, 올림픽 선수, F1 포뮬러 레이싱 선수, 세계적 거대기업 경영인 등 두뇌활동이 많이 필요한 사람들은 이 훈련을 통해 자신의 뇌를 끊임없이 개발해 학습과 업무 효율을 높였다.

하지만 지금까지는 전문 의료기관에서 대형 정밀 의료기기를 통해 자신의 두뇌통제 능력을 파악하고 발굴할 수 있었다. 더욱이 ADHD 치료에 쓰이는 뉴로 피드백 훈련은 절차도 매우 복잡하고 비용도 많이 든다. 소기의 효과를 얻으려면 환자는 적어도 20~40시간의 훈련을 해야 하는데 총 비용은 4,000~8,000달러에 이른다.

이와 달리 루시는 의료용 기기 수준의 정밀도를 유지하는 동시에 휴대하기 편리하고 가정에서 사용할 수 있으며, 재미있고 다양한 뉴로 피드백 알고리즘을 갖추고 있다. 대표적인 예가 인지 훈련 게임이

사용자는 루시 헤드밴드를 착용하는 것만으로 다양한 재미있는 뉴로 피드백 훈련을 할 수 있고, 두뇌가 모든 것을 제어하는 체험도 할 수 있다. ADHD 아동들도 즐겁게 치료를 받을 수 있다.

다. 사용자들은 우리 회사가 개발한 두뇌제어 게임을 즐기는 동안, 또 뇌파가 규칙적으로 높은 집중도를 유지할 때, 게임에서 고득점이 활성화되어 고득점을 얻을 확률도 높아진다.

예를 들어 사용자는 헤드밴드를 쓰고 핸드폰 인터페이스에서 낚시 게임을 즐길 수 있는데, 낚은 물고기 숫자가 늘어날수록 게임 점수도 높아진다. 게임을 하는 동안 사용자의 집중력이 높아질수록 연못에 나타나는 물고기 숫자가 많아지므로 더 많은 물고기를 낚을 수 있고, 높은 점수를 얻게 되는 원리다.

이 밖에 우리가 선보인 뉴로 피드백 훈련은 스마트 홈의 통제 속에 이루어진다. 예를 들어 집 창문 열고 닫기, 실내조명 색상 조절하기다. 우리는 실내조명의 색상과 집중력 수치를 대응시킬 것이다. 파란색은 처음 시작하는 색깔로 심신이 이완된 상태를 나타내고, 빨간색은 집중도가 높은 상태를 가리킨다. 우리는 많은 사람을 대상으로 실험을 실시한 적이 있는데, 어떤 사람은 주의력이 내내 30점대를 유지했는데 조명 색상 역시 이에 대응하는 남보라색이었다. 또 어떤 사람은 주의력이 90점대에 도달했는데 조명 색상이 빨간색으로 변했다. 이 밖에도 파란색에서 빨간색으로 급속히 변한 사람도 있었는데, 이는 그가 아주 짧은 시간 안에 몰입할 수 있다는 의미다. 그리고 시종일관 파란색 또는 자홍색 (중간 구간에서 천천히 변하는 중인 색깔)에 머물러 있는 사람도 있었다. 이들은 집중하기 매우 어려운 사람들이므로 해당 훈련을 통해 집중력을 키울 필요가 있다.

〈나는 미래다〉 프로그램에 등장한 '두뇌제어 라이트세이버'의 원리도 이와 유사하다. 장기간의 복잡한 뉴로 피드백 훈련을 거치면 대뇌에는 어떤 변화가 생길까? 대뇌에서는 집중력과 관련된 뇌파가 대뇌에 좋은 습관을 만들어 나중에 공부나 일을 할 때 더 빨리 더 효율적으로 몰입하게 해준다. 이는 마치 헬스를 좋아하는 사람이 자신의 근육을 키워가는 과정과 비슷해서 대뇌 또한 훈련을 통해 끊임없이 자신의 기능을 키워갈 수 있다.

뇌파 설비 개발과 더불어 우리의 로봇팀인 '브레인 로보틱스'는 장애인용 스마트 의수의 개발에도 매진하고 있다. 이 프로젝트는 이미 수년째 진행 중이다. 2016년 1월, 우리는 미국 라스베이거스에서 열린 국제전자제품박람회(CES 2016)에 참가했다가 한 장애인을 만났다.

스마트 의수를 착용한 그는 우리 부스에 한참 동안 머물며 우리의 두 뇌제어 기계 의수 제품에 큰 관심을 보였다. 그는 우리에게 사용 중인 의수 비용이 7만 달러에 달한다고 말하며 장애인을 위한 더 싼 가격의 의수를 개발해 줄 수 있는지를 물었다. 우리는 그렇게 할 수 있다고 대답했다.

그것이 계기가 되어 우리는 공익 프로젝트의 일환으로 브레인 로보틱스를 출범했다. 브레인 로보틱스는 미국 매사추세츠주 정부의 자금 지원을 받았고, 그 목적은 장애인에게 고성능, 저비용 스마트 '근전도 센서 의수'를 개발하여 제공하는 것이다. 브레인 로보틱스의

장애인 선수 니민청(倪敏成)이 브레인 로보틱스의 의수를 착용하고 있다. 이 제품이 실험실을 벗어나 장애인과 직접 만난 것은 이번이 처음이었다.

의수는 장애인이 팔의 근전도 신호(myoelectric signal)를 통해 자신의 의수나 손가락을 제어하여 원하는 활동을 할 수 있도록 돕는다. 장애인들은 짧은 시간의 훈련으로 의수를 이용해 비장애인이 손으로 하는 활동 대부분을 따라할 수 있으므로 일상생활이 매우 편리해진다.

우리는 우리 제품을 통해 두 팔을 잃은 지 27년이나 된 운동선수의 소원을 이루어주었다. 그는 스마트 의수를 착용하고 불과 5분간의 훈련 뒤에 악수하기, 물 마시기, 붓으로 글씨 쓰기를 완벽하게 해냈다. 이 장면은 나에게 더없이 큰 감동을 선사했다. 그리고 과학기술을 통해 서민들과 소외 계층을 돕겠다는 초심을 더욱 굳건하게 해주었다.

최고들이 만나 최고의 제품을 만들다

나는 창업자보다는 과학자로 불리기를 더 원한다. 2015년 한 해 동안 4,000여 편의 논문을 읽었으니 하루 평균 10편씩 읽은 셈이다. 나는 매일 아침 6시에 일어나 변함없이 논문을 읽는다. 지금까지 70여 개의 시제품(prototype)과 구조설계(structure design)를 만들었다. 여기에는 50여 명의 하버드대 출신과 30여 명의 MIT 출신 그리고 여러 명의 교수가 연구개발 및 실험에 참여했다.

나는 기존의 어떤 산업을 완전히 흔들어놓고 싶다면 먼저 그 분야의 과학기술의 고지를 차지해야 한다고 생각한다. 우리는 회사 구성원 모두에게 하버드 박사 출신급의 과학연구 수준으로 제품을 개발할 것을 요구한다. 나는 팀원들과 함께 기존의 권위에 도전하고 과학의 한계에 도전하기를 즐긴다.

회사 창업 초기에는 자금이 없어 예전에 일을 해서 벌어놓은 돈으로 초기 연구비를 충당했다. 하지만 나는 회사를 크게 키울 자신이 있었다. 그 당시 우리는 지하실의 작은 방에서 살고 있었는데, 통풍이 전혀 안 되는 방이라서 선풍기의 신세를 많이 져야 했다. 우리는 침대용 매트리스를 몇 개 사서 낮에는 세워두고 밤이 되면 깔고 그 위에서 잤다. 그 당시 우리는 밤낮없이 일했는데 수많은 책을 읽고 수많은 실험을 했다. 처음에는 모든 실험의 대상이 자기 몸이었다. 그래도 우리는 피곤한 줄을 몰랐다. 이 기술이 앞으로 비전이 있다고 믿었기에 그것만으로 충분하다고 생각했다. 그 좁은 방 안에서 우리가 처음에 꿈꿨던 아이디어가 하나씩 실현될 때마다 우리는 더없이 기뻤다.

나중에 팀의 규모가 계속해서 커져서 레드닷 디자인 어워드(red dot design award)에서 수상한 디자이너, NASA 실무자, 하버드 출신 과학자, MIT 출신의 괴짜 천재 등이 우리 팀의 멤버가 되었다.

이렇게 능력과 아이디어가 뛰어난 사람들을 이끌어 경쟁력 있는 팀으로 만드는 것은 결코 쉽지 않았다. 각 팀원이 능력을 최대한 발휘하도록 북돋우면서 동시에 그들의 개인적 발전도 챙기고 계획해야 했기 때문이다. 그래서 우리는 내부 시합을 가급적 많이 개최해 이를 통해 서로 배우게 하고, 그 뒤에는 제품에 관해 함께 토론했다. 우리

한비청의 과학팀

회사의 모토는 '가장 좋은 팀을 만들려면 함께 싸워 이겨라'다. 우리 팀의 모든 멤버는 영입 첫날부터 단말기 제품 개발을 시작했다. 그 결과 기술 수준이 매우 높은 제품을 연이어 개발할 수 있었다. 우리 멤버들은 꾸준한 소통과 스킨십을 통해 암묵적 합의를 찾아냈고, 그런 노력이 있었기에 훌륭한 제품을 연이어 만들어낼 수 있었다.

도움이 절실한 사람들의 삶을 일으켜 세우는 착한 과학기술

_____ 2015년 하버드 대학 졸업식에서 드루 길핀 파우스트(Drew

Gilpin Faust) 총장은 "이기주의가 횡행하는 이 시대에 우리는 타인에 대한 책임과 의존을 잊지 말아야 합니다"라고 말했다.

그녀는 왜 오늘날을 이기주의의 시대라고 봤을까? 언젠가 과학센터에서 있었던 일이 떠올랐다. 우리는 많은 시간을 들여 알고리즘을 만들었는데, 그 알고리즘을 이용하면 뇌의식(brain consciousness)을 파악하는 속도와 정확도를 5배 이상 끌어올릴 수 있었다.

그 당시 모든 사람이 기쁨을 감추지 못했고 그것으로 무엇을 만들 수 있을지 토론하느라 여념이 없었다. 어떤 사람은 자기는 노래를 무척 좋아하는데 선곡하는 게 너무 귀찮다면서 실시간으로 인간의 뇌 상태를 읽어 그 기분에 따라 노래를 틀어주는 기능을 만들자고 말했다. 또 어떤 사람은 자기는 매우 게을러서 아침에 일어나 음식을 만드는 게 너무 싫다면서 두뇌가 배고픔을 느끼는지 여부를 식별한 뒤 요리사에게 아침식사를 만들어 오라고 명령하는 기능을 만들자고 제안했다.

그때 교수님은 우리를 하버드 부속병원인 매사추세츠 종합병원으로 데려가서, 그가 두 명의 루게릭병 환자와 함께 진행하고 있던 실험을 보여주었다. 그 두 환자는 사지를 움직이지 못했고, 말도 할 수 없어서 외부세계와 단절된 삶을 살고 있었다. 하지만 그들의 두뇌는 정보 대부분이 온전했고 비장애인과 똑같이 사고할 수 있었다. 교수님은 2년의 시간을 들여 그들에게 장비를 몸에 차는 법과 간단한 말을 하는 법을 훈련시켰다. 가령 "배고파", "목말라", "딸을 보고 싶어" 등이었다.

이 훈련은 오랫동안 진행되어 왔기 때문에 우리는 즉시 그 프로젝트에 합류하기로 했다. 우리는 뇌-컴퓨터 인터페이스 기술을 이용해한 환자가 학습과정에서 보이는 감정의 변화를 측정했고, 그의 뇌가새 어휘를 학습하는 과정을 모니터링했다.

나는 아직도 그때 그들에게 "물 마시고 싶어"라고 표현하는 것을가르쳤던 기억이 생생하다. 그들은 단 3일 만에 그것을 성공했다. 그환자가 "물 마시고 싶어"라고 표현하는 순간, 우리는 그의 뇌에서 기쁨 수치가 매우 강하게 나타나는 것을 보았다. 그 기쁨 수치는 정상인의 뇌에서는 본 적이 없었다.

대다수 사람에게 "물 마시고 싶어", "에어컨 틀고 싶어", "딸을 보고 싶어"라고 표현하는 것은 일종의 본능에 가깝기 때문에 이런 말을하는 것이 은총이라고 여기지 않는다. 하지만 루게릭병 환자에게 이것은 세상과 소통할 수 있는 유일한 창구다.

그 프로젝트를 수행하면서 나는 깨달음을 얻었다. 지금도 많은 사람이 "과학기술이 우리의 삶을 풍요롭게 한다"라고 말한다. 하지만대부분은 삶이 이미 풍요로운 사람들의 삶을 좀 더 풍요롭게 만드는데 집중할 뿐이다. 그래서 과학자와 사업가가 과학기술을 추구할 때모든 사람이 이 문제를 인식하고, 도움이 절실하게 필요한 사람들에게 관심을 기울이기를 희망한다.

암은 인류의 건강을 위협하는 가장 무서운 존재죠. 인간과 암, 그 오랜 전쟁에서 최후의 승자는 과연 누구일까요?
'암의 천적'이란 별명을 가진 위더차오(俞德超) 박사는 바이오제약 분야의 권위자로서 암 정복의 최전선에서 활약하고 있습니다. 그가 연구하고 개발하는 약들은 이전에는 치료가 어렵던 병들을 하나씩 정복해나가고 있습니다.

THE FUTURE
OF SCI-TECH

제10장

암을 퇴치할 대중을 위한 저비용 최첨단 약

위더차오 : 이노벤트 바이오제약 주식회사 창립자

● 암의 천적, 바이오제약의 선구자 ●

위더차오

위더차오는 중국 최초로 1급 신약을 개발해 2개국에서 출시한 과학자다. 그는 항암치료 신약인 '안커루이(安柯瑞, recombinant human adenovirus type 5 Injection)'를 개발해 바이러스를 이용한 종양 치료의 선구자로 불리고 있다.

그는 중국 최초로 전 세계 지적

재산권을 가진 단일 클론 항체 신약 '콘버셉트(Conbercept)'를 개발해 황반변성을 치료할 수 있는 길을 열었다.

그는 '암의 천적'이며 바이오제약 분야의 선구자다.

위더차오는 중국과학원 분자유전학 박사로 미국 캘리포니아 대학에서 포닥 과정을 밟았고, 중국공산당 중앙위원회 조직부가 해외 고급 인재 유치 프로젝트인 '천인계획'을 추진하기 위해 특별히 초빙한 전문가다.

2013년에는 국가 생명과학 분야의 영향력이 가장 큰 해외유학파 인재로, 2017년에는 '올해의 국가 과학기술 혁신인물'에 선정되었다.

2011년, 위더차오 박사는 이노벤트 바이오제약(쑤저우)(Innovent Biologics) 주식회사를 설립했다. 창립 6년 여 만에 중국 신약 개발 분야의 '유니콘 기업'으로 빠르게 성장한 이노벤트 바이오는 첨단 기술을 보유하고 국제 시장의 흐름을 꿰뚫어 세계적 경쟁력을 가진 자체 개발 제품을 만들어냄으로써 세계 바이오제약 분야에서 순수 중국 브랜드를 보유할 수 있게 되었다.

위더차오 박사는 이노벤트 바이오를 이끌며 글로벌화에 더욱 박차를 가하고 있으며, 생명과학의 대중 보급화에 큰 노력을 기울이고 있다. 특히 암 환자를 위해 첨단 바이오약품을 개발해 공급했으며, 고가의 바이오약품을 일반인도 이용할 수 있도록 가격을 크게 낮췄다.

인류의 역사는 질병과의 투쟁의 역사라고 해도 과언이 아니다. 특히 암은 현대인이 가장 정복하기를 원하는 의학계 최대의 난제라 할 수 있다. 암이란 무엇인가? 인간과 암은 어떤 투쟁의 역사를 거쳤는가? 항암제는 어떻게 암을 이겨내는가? 면역치료에서 혁신적인 발전은 무엇이었나? 과학자와 의사, 환자들의 노력과 용기를 통해 우리는 이 질문에 대한 해답을 찾아갈 수 있었다.

(1) 암의 형성 과정

인간은 왜 암에 걸릴까? 이는 매우 복잡한 문제로 우리는 2가지 차원에서 암의 발병 과정을 간략하게 살펴보도록 하자.

첫째, '미시적' 관점에서 살펴보자. 인체를 세포 운동과 유전자를 볼 수 있을 때까지 확대해 보면 우리는 암 발생의 가장 근본적인 원인을 명확하게 찾아낼 수 있다. 그것은 바로 유전자 변이다.

사람의 몸은 대략 2만 개 이상의 유전자로 구성되어 있는데, 그중 암과 직접 관련이 있다고 알려진 것은 대략 100개 정도다. 인간의 생명은 매 순간 수많은 세포의 분열과 갱신에 영향을 받으며, 세포가 분열할 때마다 유전자 변이가 발생할 수 있다. 그러나 대다수의 변이는 암을 일으키지 않는 핵심유전자에서 발생하기 때문에 모든 사람이 암에 걸리는 것은 아니다. 하지만 한 개 또는 몇 개의 핵심 발암유전자에서 변이가 일어난다면, 암이 발생할 확률이 크게 증가한다.

두 번째, '과정' 측면에서 살펴보자. 인체는 매우 복잡하고 정교한 균형체다. 만약 한쪽에서 암세포가 공격을 준비하면 또 한쪽에서는 면역세포가 단단히 방어를 한다. 암의 발생은 암세포와 면역세포가 짧게는 십몇 년 간, 길게는 수십 년간 투쟁한 결과다. 우리는 그 투쟁 과정을 다음 3단계로 구분할 수 있다.

첫 번째는 면역 우위 단계다. 이 단계에서는 면역체계가 매우 강력 해서 암세포가 하나 공격해오면 즉시 제거할 수 있다. 두 번째는 면역 의 균형 단계다. 암세포가 계속해서 나타나고 면역체계 역시 끊임없 이 그것을 없애지만 완전히 없애지는 못한다. 세 번째는 면역의 도주 단계다. 암세포의 교란 작전 또는 무차별 공격으로 인해 면역체계가 철저히 괴멸되고 면역에 실패함으로써 암세포는 통제에서 벗어나 집 단적으로 증식한다. 이때가 바로 우리가 흔히 알고 있는 암에 걸린 상 황이다.

(2) 항암제의 세 차례 혁명

암이 인간의 건강을 위협하면서부터 인간은 암과 치열한 전쟁을 벌여왔다. 오늘날 암 치료라고 하면 흔히 수술, 약물치료, 방사선치료 등을 떠올린다. 수술은 암 조직을 절제하는 방식이고, 화학치료는 항 암 효과가 있는 화학 약물을 투여해 치료하는 방식이다. 방사선치료 는 고성능 방사선을 직접 이용하는 방식으로, 방사선 또는 고에너지 입자를 쏘아 암세포를 죽이는 치료 수단이다.

임상에서 암 치료는 보통 여러 가지 치료법을 병행 실시하는 방식 으로 이루어지는데, 그중에서 항암 물질은 중요한 역할을 한다. 인간 의 암 정복 과정을 살펴보면, 항암 약물은 '화학치료 약물', '타깃 약

면역체계(immune system)란 인간 또는 동물의 체내에서 면역반응 및 면역 기능을 수행하는 중요한 체계입니다. 이는 면역기관, 면역세포, 면역분자로 구성되어 있어요. 면역체계는 항원성(抗原性) 이물질을 식별하여 제거하고, 체내의 다른 체계와 상호 작용을 해서 체내 환경을 안정시키고 생리적 균형을 유지하는 중요한 기능을 한답니다.

물', '면역치료 약물'의 세 차례 혁명을 거쳤다.

첫 번째 혁명은 1940년 이후 세포 독성 화학 약물의 개발이다. 오늘날 대부분의 임상에서 사용하는 화학 약물은 모두 이 종류에 속한다. 화학 약물은 빠르게 분열하는 세포를 죽이는 역할을 한다. 하지만 방사선치료와 마찬가지로 한 가지 단점이 있는데, 좋은 세포도 함께 죽인다는 점이다. 특히 성장 속도가 빠른 정상적인 인체세포를 죽인다. 그 결과 화학 약물 치료를 받는 암 환자는 머리카락이 빠지는 등 부작용이 나타난다.

두 번째 혁명은 1990년대 연구가 시작되어 2000년 후반에 임상에서 쓰이기 시작한 '타깃 약물'의 개발이다. 쉽게 말해 과학자들이 암 치료약물에 내비게이션 장치를 달아 약물이 암세포를 찾아가 죽일 수 있도록 설계했다고 이해하면 된다. 이 약물은 암세포만 공격해 죽이고 정상세포에게는 피해를 주지 않는다. 따라서 과거의 화학치료 약물보다 효

암세포란
무엇인가?

과가 더 뛰어나다. 오늘날 제약회사에서 개발하는 대다수 신약은 모두 타깃 약물이다.

세 번째 혁명은 최근 임상에서 성공 사례가 보고되고 있는 면역요법의 개발이다. 이 또한 암 정복의 역사에서 이룩한 가장 중요한 성과 가운데 하나다. 면역요법은 암 치료 효과를 크게 높였을 뿐만 아니라 암 치료의 패러다임 자체를 바꾸었다. 화학치료 약물, 타깃 약물과 비교해 면역요법은 암세포가 아닌 면역세포를 겨냥한 것으로, 인체 자체의 면역체계를 활성화시켜서 암을 치료하는 것이 목표다. 면역요법은 면역체계에 손상을 입히지 않으며, 오히려 면역체계를 한층 더 강화해서 활성화된 후의 면역체계는 다양한 종류의 암을 치료할 수 있기 때문에 여러 유형의 암 환자 치료에 효과적이다. 면역체계의 강화를 통해 암세포의 약물에 대한 내성을 억제할 수 있으며, 암의 재발률도 낮출 수 있다.

암세포와 머리싸움을 벌이는 단일 클론 항체 약물

_____ 인간과 암의 투쟁 과정에서 과학자들은 지속적으로 더 효과적인 항암 약물을 개발해냈다. 그러나 신기하게도 대자연은 일찍이 암을 물리칠 수 있는 가장 강력한 무기를 인간에게 부여했다. 그것은 바로 인체 자체의 면역체계다. 과학자들은 인간의 면역체계가 그

어떤 약물보다 항암 효과가 탁월하다는 사실을 입증했다. 그런데 왜 여전히 암에 걸리는 사람이 그렇게 많을까? 단일 클론 항체 약물이 암 치료에 효과가 있고, 심지어 완치하는 이유는 무엇일까? 이것을 알려면 먼저 인간의 면역체계에 대한 설명이 필요하다.

면역체계란 인체의 호위무사와 같아서 '활성체계'와 '억제체계' 두 가지가 존재한다. 세균과 바이러스가 인체에 침투하면 면역체계가 활성화되면서 인체가 세균과 바이러스를 제거하도록 돕는다. 하지만 이는 면역체계가 활성화될수록 좋다는 의미가 아니다. 면역체계 역시 활성체계와 억제체계가 균형을 유지하는 것이 바람직하다. 지나치게 활성화된 면역체계는 면역세포가 공격하지 말아야 할 정상세포도 공격하게 함으로써 홍반낭창 같은 질병의 원인이 된다. 따라서 면역체계의 활성과 억제를 자동차의 가속기와 브레이크에 비유한다면, '가속기를 밟아야 할 때 가속기를 밟고, 브레이크를 밟아야 할 때 브레이크를 밟는 것'이 면역체계에서는 가장 바람직하다.

PD-1 단일 클론 항체는 면역치료 약물 '면역 체크포인트 억제제 (immune checkpoint inhibitor)'의 한 종류다. 이 약물을 이해하기에 앞서 우리는 먼저 '면역 체크포인트'와 '면역 체크포인트 억제제' 두 가지 개념을 살펴보자.

'면역 체크포인트(immune checkpoint)'란 인체 내 매우 중요한 임계점이다. 바로 이 임계점에서 활성체계와 억제체계는 대결을 펼친다. 활성체계가 우위를 차지하면 인체의 면역반응이 활성화되며, 인체

내의 세균, 바이러스, 변이세포 등을 제거하여 정상적인 인체의 건강을 유지한다. 그러나 만약 억제체계가 우위를 차지하면 면역반응은 활성화되지 않는다. 암세포는 매우 '똑똑한' 존재다. 면역체계에 의해 제거되지 않기 위해 면역 체크포인트에서 힘껏 '급브레이크'를 밟는다. 그 결과 면역반응은 고도로 억제되고, 면역체계는 가동되지 않으며 아무런 일도 하지 않게 된다.

'면역 체크포인트 억제제'는 암세포로 하여금 '브레이크에서 발을 떼게 만드는' 일종의 신형 항암 약물이다. 암세포가 '급브레이크'를 밟을 때 면역세포는 마치 얼굴에 미소를 가득 띤 악당에 의해 목이 졸린 것 같은 상황이 되어 상황 판단도 하지 못하고 꼭 해야 할 역할도 못하게 된다. 면역 체크포인트 억제제는 마치 오색찬란한 구름을 타고 나타난 영웅처럼 암세포의 목을 사정없이 눌러 면역세포의 목을 조르고 있던 손을 풀게 만드는 역할을 한다. 이때서야 암세포의 정체를 알아채고 또 원기를 회복한 면역세포는 즉각 맹렬하게 반격을 가해 암세포를 무자비하게 죽인다. 그 결과 암은 억제되고 몸은 완전히 치유된다.

최첨단 항암 신약이 창조한 기적

_____ 면역치료는 오늘날 가장 선진적인 암 치료 수단이다. 2013년 면역치료는 세계 유수의 학술잡지 여러 곳에서 '올해의 혁신적 과

학성과(breakthrough of the year)'로 선정되었다. 이노벤트 바이오가 현재 개발 중인 'PD-1 단일 클론 항체'라는 이름의 항암 신약은 면역치료 중에서도 최첨단 약물이다. 이 약물은 항암치료제 가운데 가장 최근에 개발되었지만 임상에서 이미 놀라운 치료 효과를 거두고 있다.

(1) 카터 대통령의 암세포가 사라지다

2015년 8월 20일 미국 조지아주 애틀랜타의 카터센터에서 개최된 기자회견에서 91세 고령의 지미 카터 전 미국 대통령은 자신이 이미 흑색종 말기이며, 뇌의 종양 4개는 약 2밀리미터 크기라고 밝혔다. 이 소식을 알린 카터 전 대통령의 표정은 담담했고 낙관적인 모습을 잃지 않았다. 그는 "아마도 살 수 있는 날이 몇 주밖에 안 남은 깃 같습니다. 하지만 저는 지금 놀랄 만큼 편안하고 새로운 모험을 맞을 준비를 하려고 합니다"라고 말했다.

하지만 카터 전 대통령을 기다리고 있던 것은 '새로운 모험'이 아니라 생명의 기적이었다. PD-1 항체치료를 한 지 불과 4개월 여 만인 2015년 12월 6일 그는 "최근 MRI 스캔 결과 암세포가 완전히 사

샤오빙의 TIP

면역치료란 면역체계를 통해 암을 물리치는 힘을 갖도록 만든 치료법을 말하는데요, 바이오치료의 일종이랍니다. 이상세포를 식별해서 죽이는 일은 면역체계의 원래 속성이에요. 하지만 암세포는 면역체계를 뚫고 도망가는 능력이 있으니 만만치 않죠.

라졌습니다"라고 발표했다.

(2) 반년의 시한부 환자가 새 생명을 얻다

26세의 리커얼은 중국 산둥성 출신의 여성이다. 2013년 호지킨 림프종 결절경화증 4기 진단을 받았다. 화학치료, 방사선치료, 자가골수이식 등을 거쳐 2016년 건강한 모습으로 퇴원할 수 있었다. 하지만 불과 8개월 만에 암이 재발했다. 그녀의 주치의는 그녀가 길어야 반년 정도 더 살 수 있을 거라 판단했다. 그녀는 베이징에서 PD-1 단일클론 항체 임상 시험에 참여했고, 2017년 4월 29일 처음으로 약을 투여했다. 두 차례 투약 후 리커얼은 2017년 5월 21일 임상 시험 검사에 참여했고, 검사 결과는 리커얼의 체내에서 암세포가 완전히 사라졌음을 보여주었다. 그녀의 암은 완치된 것이다. 지금 리커얼은 결혼 준비 중에 있는데 그녀는 "만약 가능하다면 모든 환자가 이 신기한 약의 도움으로 새 생명을 얻게 되었으면 좋겠어요"라고 말했다.

(3) 암의 재발을 완화하다

메리는 결절 경화형 호지킨 림프종 환자로, 화학치료, 방사선치료, 자가이식 후에도 암이 재발했다. 그녀는 바이오 신약 임상 시험 치료에 참여한 뒤 병세가 크게 완화되었다. 지금 메리는 여전히 임상 시험 치료에 참여하고 있는데, 치료 기간 동안 21일에 한 번씩 약물을 주입하기만 하면 된다. 방사선치료나 화학치료와는 전혀 다른 치료 방식이어서 메리는 더욱 강하고 낙관적인 모습을 보이고 있다. 그녀는 떠난 지 2년이 넘은 대학 캠퍼스로 돌아가 다채로운 대학 생활을 보내고 있다.

(4) 희망이 없던 간암, 폐암 환자가 정상적인 생활로 돌아가다

이노벤트 바이오에서 진행된 임상 시험에서는 수술을 받을 수 없던 환자들이 PD-1 항체 치료를 통해 큰 효과를 보았다. 그중 가장 대표적인 두 가지 사례를 소개하겠다. 첫 번째는 간암 환자였다. 첫 번째 치료에서 의사는 환자의 간을 절반 정도 절제하는 수술을 했다. 하지만 1년이 지난 후 간암이 재발했는데, 절반만 남은 간에서 '미만성 간암 병변'이 발생한 것이다. 수술을 할 수 없는 상황이었기 때문에 환자는 PD-1 항체 임상 시험 치료를 받기로 했다. 그런데 주사 한 대를 맞고 병변이 사라졌고, 그 환자는 정상적인 생활로 돌아갔다.

두 번째는 82세의 폐암 환자였다. 검진 당시 폐에 이미 상당히 큰 여러 개의 폐암 종양이 발견되었다. 환자가 고령인데다 체력도 좋지 않아서 수술을 할 수 없는 상황이었다. 이노벤트 바이오의 PD-1 항체 임상 시험 치료를 받은 뒤, 이 환자의 폐암 병변은 빠르게 작아졌고 지금도 치료를 계속 받고 있다. 앞으로 그는 폐암과 평화롭게 '공존'하면서 전에는 상상할 수 없었던 삶을 누릴 수 있게 되었다.

각국이 각축을 다투는 전략 고지 생물약

_____ PD-1 단일 클론 항체는 일종의 생물약이다. 생물약을 전

문적인 용어로 정의하자면 다음과 같다.

'미생물학, 생물학, 의학, 생물화학 등의 연구 성과를 기반으로 하고, 생물체, 생물조직, 세포, 체액 등을 운용하며, 유전공학과 분자생물학 등 과학의 원리와 방법을 이용해 만드는 예방과 치료에 사용되는 생물 제품을 말한다.

생물약의 복잡한 개념을 다음 몇 가지 비교를 통해 알기 쉽게 설명해 보겠다. 화학약이 저분자 약이라면 생물약은 고분자 약에 비유할 수 있다. 화학약의 생산이 자전거 제조라고 한다면 생물약의 생산은 비행기 제조라 할 수 있다. 생물약 가운데 단일 클론 항체 약물을 개발하는 것은 마치 비행기 가운데서도 첨단 전투기를 개발하는 것과 같다.

생물약은 생명과학의 최신 연구 성과가 집약된 것으로, 한 국가의 혁신력과 산업의 발전에 연관되며, 또한 모든 사람의 건강과 직결된다. 따라서 생물약은 각국이 선점하기 위해 치열한 경쟁을 펼치고 있는 분야다. 14억 인구를 보유하고 있는 중국도 생물약의 전략적 중요성은 말할 필요가 없지만, 종합적인 혁신능력의 격차로 인해 생물약 개발 수준은 세계 최첨단기술에 한참 뒤처져 있다.

최신 통계자료에 따르면, 2016년 전 세계 베스트셀러 약물 10종 가운데 8종이 생물약이고, 가장 많이 팔린 100종 약물 가운데 57종이 생물약이라고 한다. 하지만 중국에서 판매액 상위 10종의 약물 가운

생물약이란
무엇인가?

데 생물약은 하나도 없다. 미국 제약회사 애보트 래보라토리스(Abbott Laboratories)의 휴미라(Humira)는 전 세계 판매액 1위인 생물약이다. 2017년 판매액은 180억 달러로 추산되는데, 이 약이 1년에 벌어들이는 수익은 중국의 모든 약물의 1년 수익과 맞먹는다.

🌐 미래에는 생물약이 서민들이 이용하는 보통약이 된다

_____ 단일 클론 항체류(類)의 약물은 오늘날 최첨단 암 치료 약물로서 치료 효과가 탁월하지만 가격이 너무 비싸다. 폐암을 치료하는 단일 항체 생물약의 경우, 미국에서 환자 한 명당 연간 치료비가 약 20만 달러, 한화로 약 2억 원 정도 된다.

누군가 나에게 왜 창업을 선택했냐고 물었을 때 나는 "서민들도 구매할 수 있는 값싼 고품질 약을 개발하는 것이 제가 귀국해서 창업할 때 세운 목표입니다"라고 대답했다.

우리가 개발한 신약이 출시되었을 때 나는 중국의 암 환자가 중국 국산 생물약을 쓸 수 있고, 또 미국 환자에 비해 몇 분의 일 정도의 싼 비용으로 똑같은 치료 효과를 얻을 수 있기를 바랐다.

이는 이노벤트 바이오의 목표이며, 내가 창업을 선택하게 된 개인적인 원동력이다. 나는 1964년에 중국 저장성 텐타이현의 외진 산촌에서 태어났다. 중국과학원에서 박사학위를 받은 후 미국 캘리포니아 대학에서 약물화학 전공의 포닥 과정을 밟았다. 그 후 최초로 편모충의 유전자 지도를 만들어 미국 학계의 큰 주목을 받았다. 또 그 덕분에 하버드 대학의 교수직도 제안 받았다.

당시 미국 제약업계는 저분자 화학약에서 고분자 생물약으로 옮겨가는 전환기로, 생물약 연구가 막 활발해지던 시점이었다. 바로 그 분야의 지식을 활용하기 위해 나는 하버드 대학 교수직을 거절하고 대신 바이오 제약회사에 들어가 연구개발에 힘썼다. 되돌아보면 나의 선택은 결코 틀리지 않았다. 미국 생물약 제약회사에서 수년간 책임자로 일하면서 풍부한 연구개발 경험을 쌓을 수 있었고, 업계의 인정을 받은 연구개발 성과도 낼 수 있었기 때문이다. 이로써 '중국의 바이오 제약산업을 일으키자'라는 나의 목표에 한 걸음 더 가까워졌다. 2006년 1월, 나는 마침내 고국으로 돌아와 창업의 여정을 시작했다.

우리는 모두 한 가지 공통된 소망을 갖고 있다고 생각한다. 바로 인간이 언젠가 불치병에서 완전히 해방되는 것이다. 사실 과학기술이 발전함에 따라 과거에는 치료가 불가능했던 질병도 오늘날에는 치료할 수 있는 약물이나 치료법이 개발되고 있다. 중국의 12차 5개년 계획(2011~2015년)과 13차 5개년 계획(2016~2020년)에서 바이오 의약은 중국의 중점 발전전략의 하나다. 현재 중국 국가 식품의약 감독관리 총국은 대대적인 개혁을 통해 중국의 신약 개발 수준을 국제적 수준으로 끌어올리기 위해 노력하고 있다. 나는 그 일을 수행하는 수많은 과학자 가운데 한 명으로서 우리의 끊임없는 노력을 통해 지금은 치료하지 못하는 질병일지라도 언젠가 치료법을 개발할 수 있다고 믿는다. 지금 나와 동료들은 서민들도 구입할 수 있는 값싼 생물약 개발을 위해 힘쓰고 있다. 이것은 나의 작은 목표이고 나의 '소확행(小確幸)'이다. 하지만 진정한 나의 큰 이상은 우리가 개발한 약을 어느 누구도 영원히 사용하지 않는 것이다. 이는 우리처럼 약을 만드는 사람들이 가진 가장 큰 소망일 것이다.

그래서 나는 여러분들께 다음 세 가지를 당부하고 싶다. 첫째, 나는 모든 사람이, 특히 젊은이들이 밤을 새우지 말고 일찍 자고 일찍 일어나는 습관을 기르기를 바란다. 우리의 면역체계는 수면과 밀접한 관련이 있기 때문이다. 우리는 인체 내의 유전자 변이로 인해 매일 수많은 이상세포가 생긴다는 사실을 알고 있다. 이 세포가 인체 내에 쌓이면 어떤 일이 벌어지는지 모두들 잘 알 것이다. 정상적인 상황이라면 우리의 면역체계가 이 이상세포를 죽여 없앨 수 있다. 하지만 늘 잠을 제대로 못 자거나 수면의 질이 좋지 않다면, 우리 몸의 면역력이 떨어지게 되고 당연히 병변세포를 제거하는 능력도 약해진다.

2017년 세 명의 미국 과학자가 공동으로 노벨 의학상을 수상했다. 그들의 연구 성과를 한마디로 요약하면 '절대로 밤새우지 말라'는 것이다. 영국 의학과학원 역시 종양 환자의 상당수가 어렸을 때 밤을 새우는 습관이 있었다는 연구결과를 발표하기도 했다. 따라서 나의 첫 번째 제안은 반드시 매일 밤 12시 이전에 잠을 잘 것, 매주 자정 이전의 수면시간 합계가 10시간 이상이 되도록 할 것이다.

두 번째는 너무 많이 먹지 말기 바란다. 누군가는 인생에서 맛있는 음식과 사랑만큼은 헛된 것이 아니라고 말한다. 하지만 이성적인 과학은 우리에게 체내 종양세포의 발생이 유전자와 밀접한 관계에 있다는 사실을 알려준다. 유전자 변이는 우리의 환경과 생활습관 때문에 생기고, 그중에서 매우 중요한 영향을 미치는 요소가 바로 식습관이다. 성인의 하루 권장 열량은 약 2,000킬로칼로리인데, 먹어서는 안 될 음식을 먹거나, 인체에 필요한 이상의 음식을 먹으면 인체에 큰 부담을 준다. 많은 잉여 음식물이 체내에 서서히 쌓이기 시작하고 이는 비만으로 이어진다. 사실 비만은 종양이 생기게 하는 가장 큰 원인이자 수많은 만성질환을 일으킨다. 따라서 나의 두 번째 제안은 가급적 적게 먹자는 것이다. 80퍼센트 정도만 먹어도 충분하다.

세 번째로 운동을 많이 하길 권한다. 11년에 걸쳐 144만 명을 대상으로 실시한 한 장기간 연구 결과, 운동을 많이 한 사람은 암에 걸릴 확률이 운동을 하지 않는 사람보다 훨씬 낮았다. 그렇다면 왜 운동이 암 발생률을 낮추는 것일까?

예를 들어 체내 성호르몬을 살펴보자. 여성의 에스트로겐 수치는 운동과 직접적인 관계가 있다. 즉, 운동 후에는 에스트로겐 수치가 떨어지기 때문에 암 발생을 억제할 수 있다. 또 우리가 운동을 하면 염증인자의 생성을 줄일 수 있다. 염증반응은 이미 널리 알려진 암 발생 원인이다. 따라서 우리의 생명은 운동에 달려 있다.

그렇다면 우리는 매일 어느 정도 운동을 해야 할까? 일주일에 5일

전 세계의 제약 R&D 흐름을 살펴보면, 생물약의 비중이 점점 높아지고 있고 특히 항(抗)종양 약물의 개발에 집중되고 있어요. 많은 제약회사가 생물약 R&D 파이프라인을 경쟁적으로 깔고 있으며, 이미 초기 성과를 거두고 있답니다. 생물약 분야는 급속한 발전 추세를 보이고 있는데요, 매해 승인 후 시장에 출시될 생물약 숫자가 최고치를 경신하고 있다고 합니다. 중국의 제약회사 R&D 투자액도 빠르게 늘어나고 있지만 국제 수준과는 여전히 큰 격차가 있어요. 현재 생물약 분야의 신생 기업이 우후죽순처럼 생겨나고 있는 상황입니다. 이들은 제약업계의 혁신을 주도할 무시할 수 없는 존재들입니다. 이들이 개발한 생물약은 더 많은 환자들에게, 특히 암환자들에게 혜택을 주게 될 겁니다.

은 해야 하고, 합계 운동시간은 150분 이상이어야 한다. 걷기로 환산하면 매일 6,000보 이상은 걸어야 한다. 요즘 현대인은 사무실 의자에 앉으면 몇 시간씩 일어나지 않는데 이는 매우 나쁜 습관이다. 따라서 30분 또는 1시간에 한 번씩 일어나 움직이는 것이 필수적이다.

이상 세 가지는 내가 여러분들께 꼭 당부하고 싶은 제안으로, 꼭 지키기를 희망한다. 열심히 일하고 건강하게 생활하자. 비록 질병을 피할 수는 없어도 생명과학의 힘이 우리의 미래를 더욱 밝게 만들어 줄 것이라고 믿어 의심치 않는다.

로봇이 더 이상 장난감이 아니라 공업 분야에서 인간보다 더 뛰어난 조수 역할을 한다면 어떨까요? 많은 사람이 로봇이 인간을 대체할거라고 앞날을 걱정합니다. 쿠카(KUKA) 시스템의 중국지역 CEO 왕장빙(王江兵) 대표는 그렇지 않다고 말합니다.

"지금은 인간과 기계가 협업하는 시대입니다. 기계는 인간의 친구이자 파트너예요. 그러나 우리가 만든 친구이니 우리가 주관자가 되어야 합니다."

THE FUTURE OF SCI-TECH

제11장

산업 현장의 슈퍼 노동자 산업용 로봇팔

왕장빙 : 쿠카 시스템 중국지역 CEO

● 로봇팔의 책임자 ●

왕장빙

세계 산업용 로봇 업계의 4대 기업 중 하나로 꼽히는 쿠카 (KUKA)는 독일 산업자동화의 초석을 다졌으며, 독일의 국보급 기업이라 할 수 있다. 쿠카 로봇과 쿠카 시스템은 전 세계 각지, 각 업계에서 복잡한 업무를 처리하고 있다. 예를 들면 자동차 부품 용접, 식기세척기의 나사 조이기, 전자제품의 부품 테스트, 의료기관에서 엑스레이 필름 처리, 방사선 치료, 위험한 환경에서 핵폐기물 선별하기 등이다. 이 과정에서 산업용 로봇팔은 핵심적인 역할을 수행한다.

중국에는 쿠카 로봇, 쿠카 시스템, 쿠카 공업, 스위스로그(Swisslog)의 4대 분야가 있다. 그중 쿠카 로봇의 주요 업무는 산업용 로봇이고, 쿠카 시스템의 주요 업무는 자동차 조립공장 및 항공우주기업에 자동화생산 솔루션을 제공하는 것이다. 다시 말해 고객사가 빈 작업공간을 제공하면, 쿠카 시스템이 책임지고 이 작업공간을 고객이 만족할 만한 진정한 의미의 공장으로 바꾸어놓는다.

왕장빙은 쿠카 시스템의 중국 지역 CEO다. 세계 최고의 산업용 로봇 생산업체의 중국지역 책임자인 그는 중국의 제조업을 '4차 산업혁명(industry 4.0, 정보기술과 제조산업을 결합해 스마트한 생산방식을 추구)' 시대로 올려놓는 데 앞장서고 있다. 그는 다양한 분야에서 근무한 경험 덕분에 글로벌 마인드와 현지화 전략을 완벽하게 체화했다. 독일에서 귀국한 뒤 줄곧 공업 분야에서 일했으며, 중국의 30년 공업 과학기술 발전사를 지켜본 산증인이다.

1898년 창립한 쿠카는 처음에는 거리와 가정에서 사용하는 조명기구를 생산하는 회사였다. 창사 7년 만에 회사는 업무 범위를 천연가스 생산으로 확대했고, 새로운 용접기술인 '기체 용접법'을 도입했

6축 로봇팔을 가진 쿠카의 로봇은 물류 운반, 가공, 적치, 스폿용접, 아크용접 등의 업무에 널리 쓰여요. 또 자동화, 금속 가공, 식품, 플라스틱 등 업계에서도 활약하고 있답니다.

다. 그때부터 쿠카는 지속적으로 세계 용접기술을 주도했고 여러 중요한 혁신도 이루어냈다. 1956년 냉장고 및 세탁기의 자동화 용접시스템을 세계 최초로 만들었다. 1971년에는 다임러-벤츠(Daimler-Benz AG)사에 유럽 최초로 로봇이 배치된 용접 드래그 체인 시스템을 구축했다. 이 시스템은 다임러-벤츠의 생산성을 크게 높이면서 생산 비용은 크게 낮췄다. 하지만 이 시스템에 배치된 로봇의 안정성과 신뢰성은 그다지 높지 않았다. 당연한 말이지만 자동차 제조 공정에서 기계가 한번 멈추면 회사에 막대한 손실을 입힌다. 이미 수많은 경험을 축적한 쿠카는 이 기회를 놓치지 않고 대담한 결정을 내렸다. 산업용 로봇을 자체 개발하겠다는 것이었다.

1973년 쿠카는 산업용 로봇 파물러스(Famulus)를 개발하면서 로봇의 역사를 새롭게 썼다. 그 당시 다른 로봇들과 달리 파물러스는 최초로 6개의 메카트로닉 구동축을 가진 산업용 로봇이었다.

하지만 쿠카는 여기에 안주하지 않고 끊임없는 기술 개발을 통해 로봇기술의 신시대를 열었다. 1996년 쿠카는 개방형 PC 제어기를 삽

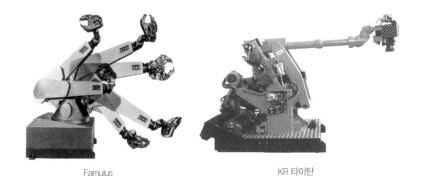

Famulus   KR 타이탄

입한 로봇을 개발했다. 2007년에는 KR 타이탄 시리즈를 출시했는데,
가반하중은 1,000킬로그램, 작업 범위는 3.2미터로 세계에서 가장 크
고 강력한 6축 산업용 로봇으로 '기네스북'에 등재되기도 했다. 2013
년에는 차세대 로봇인 'LBR 이바(LBR iiwa)'를 출시함으로써 인간과
의 협업이 가능한 협동로봇(collaborative robot, 약칭 cobot, 생산 공장 등에
서 인간과 협력해 일하는 로봇)의 시대를 열었다.

산업 현장의 해결사 6축 관절로봇
아길러스

_____ 먼저 KR 타이탄 시리즈에 관해서 이야기해 보자. 아길러스
(Agilus)는 최고 작업 속도에 맞춰 개발한 쿠카의 소형 6축 관절로봇이
다. 민첩하고, 작업 범위가 넓으며, 설치 위치가 자유롭기 때문에 다
양한 환경에서 고속 정밀 작업이 가능하다. 아길러스는 지면, 천장 심

지어 벽면에도 설치가 가능하다. 내장된 케이블 드래그 체인 시스템과 KR C4 콤팩트 제어시스템이 최소한의 공간에서 최고 수준의 정밀도를 실현하게 했다.

관절로봇은 많은 장점을 갖고 있다. 첫째 생산성이 높다. 테슬라 자동차 한 대를 조립하려면 십여 명의 인력이 한 달 이상을 작업해야 하지만, 관절로봇은 5일이면 충분하고 또한 피로를 느끼지 않으므로 생산성이 매우 높다. 둘째 초정밀성이다. 관절로봇의 정밀도는 인간보다 훨씬 높기 때문에 제조 과정에서 발생하는 하자가 훨씬 적다. 셋째 노동자의 상해를 줄일 수 있다. 자동차 제조 과정에서 사람은 체력적 한계가 있고 부상의 위험도 있다. 하지만 관절로봇은 마치 영화의 '아이언 맨'처럼 공장에서 인간 노동자를 보호하는 역할도 할 수 있다.

샤오빙의 TIP

현재 쿠카의 6축 관절로봇 기술은 이미 상당한 수준에 올라 있고 현실에서 광범위하게 응용되고 있습니다. 이 기술의 핵심은 '축(axis)'에 있다고 해요. 축은 하중을 지탱하는 지점으로, 그것을 기반으로 로봇팔이 움직이게 됩니다. 이론적으로 운동 속도가 가장 빠르고 정밀도도 가장 높은 것은 1축 로봇입니다. 하지만 지면의 달걀 줍기 같은 복잡한 동작을 수행하려면 3~4개의 축이 필요합니다. 한편 축이 많아질수록 비용은 높아지고 정밀도는 떨어져요. 그래서 다양한 요소를 고려할 때 현재 대다수 관절로봇은 6축을 채택하고 있는 거랍니다.

쿠카의
아길러스 앱

촉감을 갖춘 7축 관절로봇 'LBR 이바'

_____ 'LBR 이바'는 쿠카가 출시한 민감성 협동로봇으로, 미래의 CPS(사이버 물리 시스템, cyber-physical systems) 생산방식에서 요구되는 센서 기능을 갖추고 있다. 센서 시스템이 내장된 이 로봇은 BMW의 차동기어(differential gear) 조립처럼 고민감도가 요구되는 조립 공정을 수행할 수 있다. 서로 다른 기어를 조립하는 일은 편차(偏差)에 대한 고도의 기술을 필요로 한다. 하나의 기어는 또 다른 하나의 기어에 조심스럽게 맞물려야 하는데, 만약 경미한 손상이라도 발생한다면 심각한 결과를 초래할 수 있다. 더욱이 기어는 매우 무겁기 때문에 인간 노동자는 작업하기가 매우 힘들다. LBR 이바를 공정에 투입한 결과 생산업무가 매우 수월해졌다.

LBR 이바는 노동자들을 대신해 무거운 기어를 들어서 손쉽게 조립한다. 노동자와 로봇이 뜻하지 않게 접촉하는 경우, 이 로봇은 노동자에게 부상을 입히지 않도록 속도를 줄인다. LBR은 독일어 'Leichtbauroboter'의 약자로 '작은 로봇'을 뜻하고, 'iiwa'는 '스마트한 산업용 비서'라는 뜻이며, 인간과 기계의 협업(HRC, human-robot collaboration)을 위해 개발되었다. 2009년 LBR 이바는 먼저 BMW의 공장에서 사용되었고, 곧이어 메르세데스-벤츠의 C급, E급, S급 후륜 구동 조립 공정에 투입되었다. 테스트를 성공적으로 마친 LBR 이바

는 더 많은 공장에 배치되어 노동자들의 위험하고 힘든 일을 대신해
왔다.

LBR 이바는 인간의 팔 운동을 토대로 연구 개발되었는데, 7개의
축에는 모두 민감성 관절 토크센서가 내장되어 있다. 이 센서들 덕분
에 로봇은 다른 설비와의 접촉이든 인간 동료와의 접촉이든 관계없
이 아무리 미세한 접촉이라도 모두 감지할 수 있다. 이는 인간과 로봇
이 함께 안전하게 작업할 수 있으며, 기존의 안전보호 조치를 취할 필
요가 없음을 의미한다.

인간과 함께 작업하기 위해서는 로봇은 안전한 설비를 사용할 필
요가 있다. LBR 이바는 작업을 할 때 고정장치나 전동스패너 같은 도
구를 장착해야 구체적인 동작을 완수할 수 있다. 바꿔 말해 이 고정장

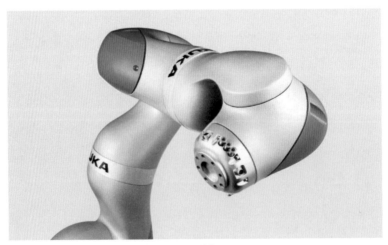

LBR 이바

치는 LBR 이바의 손가락에, LBR 이바는 인간의 팔에 각각 비유할 수 있다. 팔은 촉감을 갖고 있어 무언가에 접촉했을 때 동작을 멈출 수 있지만, 만약 손가락에 촉감이 없다면 노동자들과 안전하게 협업하기 어렵다. 더욱이 로봇에 공구가 장착되어 있는 경우라면(가령 날카로운 칼 종류) 인간 노동자에게 부상을 입힐 수 있고, 로봇의 축에 내장된 모든 센서는 무용지물이 되고 말 것이다. 바로 이런 이유 때문에 쿠카는 특수한 로봇 엔드 이펙터(end-effector)를 제공하고 있다.

유연성을 높이기 위해 LBR 이바는 모바일 플랫폼에 연동시킬 수 있다. 그것이 바로 '쿠카 플렉스 펠로우(KUKA flexFELLOW)'로, 통합된 제어기와 그것이 설치된 로봇을 갖춘 모바일 플랫폼이다.

쿠카 플렉스 펠로우는 수동 작업장으로 이동하여 즉시 작업을 시

쿠카 플렉스 펠로우

작할 수 있다. 이 솔루션은 전자제품, 소비재, 의료보건, 서비스 로봇 등 다양한 업계에서 활용할 수 있다. 오늘날 우리 사회에는 자동화 수준이 현저히 낮거나 순수 수작업 방식의 작업장이 여전히 매우 많다. 쿠카의 자동화 솔루션은 고객, 기술 협력파트너, 연구원, 대기업과 다양한 협력을 통해 인간이 노동에서 해방되는 데 기여할 수 있다.

기계는 인간의 지배를 받는 조수이자 파트너

_____ 인간의 욕구는 끊임없이 커지고 또 변화한다. 차를 산 경험이 있는 사람이라면 깊이 공감할 것이다. 차를 살 때 고객에게는 다양한 선택권이 주어지는데, 바로 이 다양한 선택이 산업에 새로운 도전과 기회를 가져왔다. 이런 관점에서 보자면 현대사회는 지속적인 스마트화를 추구하며 발전하고 있다. 하지만 한 가지 더 고려해야 할 요소가 있다. 자원은 유한하지만 인간의 욕구는 무한하다는 점이다.

그럼 어떻게 해야 자원을 더 효과적으로 이용할 수 있을까? 이는 미래의 산업이 우리에게 던지는 큰 숙제다. 미래의 산업은 스마트화와 함께 인간친화적인 방향으로 발전해야 한다. 다시 말해 빅데이터를 활용해 모든 자원을 최적의 순간에 최적의 장소로 옮겨야 하며, 유연한 생산방식을 통해 사회가 꼭 필요로 하는 만큼의 양과 제품만 생산한 후 각지로 분배해야 한다.

예전에 내 아들이 고등학생이었을 때 각자 희망하는 직업 몇 가지를 골라 제출하는 숙제를 한 적이 있었다. 아들은 내게 조언을 구했고 나는 몇 개의 회사와 공장을 골라 현장 견학을 가서 그곳의 직원들과 대화를 나눈 뒤 직접 결론을 내려 볼 것을 제안했다. 일주일 뒤 아들은 신나서 뛰어들어와 내게 앞으로 로봇을 연구하겠다고 말했다. 로봇이 정말 멋져 보인다는 이유에서였다. 아들 입장에서 보면 로봇은 정말 매력적이다. 반면 30년 동안 전문경영인으로 살아온 내 관점에서 보자면 산업제조기술의 매력과 기술혁신 및 연구개발을 통해 얻은 성취감이야말로 내가 이 분야에 오랫동안 몸담을 수 있었던 가장 큰 원동력이다. 그래서 나 또한 이런 매력이 오늘날의 젊은이들과 어린 친구들을 사로잡을 수 있기를 바란다.

많은 사람이 내게 "로봇이 인간의 일자리를 빼앗지 않을까요?"라고 묻는다. 그러면 나는 늘 "그렇지 않습니다"라고 대답한다.

오늘날은 인간과 기계가 협업하는 시대로 기계는 아직 인간의 조수에 불과하다. 미래에는 기계가 수많은 가정의 일상생활로 파고들 것이며, 인간에게 도움을 주는 파트너가 될 것이다. 그들은 우리의 친구이고, 당신의 영향력 범위 안에서 당신의 지배를 받는다. 나는 이 점을 확신한다.

로봇은 사실 인간이 만든 인간의 복제품이다. 로봇을 제어하는 것은 인간의 두뇌이며, 로봇의 몸은 인간의 육체이며, 또 자유자재로 움직이는 로봇팔은 인간의 팔이다. 우리 인간의 유연한 손은 바늘구멍에 실을 꿸 수도 있고, 수십 킬로그램 무게의 묵직한 아령을 들 수도 있다. 인공지능 알파고(AlpahGo)가 세계 바둑 챔피언을 꺾은 사실은 어느 분야에서는 로봇의 지능이 인간보다 뛰어날 수 있음을 의미한다. 또 앞서 우리가 만나본 민첩하고 기민한 로봇은 육체적 능력 면에서 인간을 완전히 압도할 수 있음을 보여준다.

사실 인간과 동물의 가장 큰 차이점은 인간이 도구를 사용할 수 있다는 점이다. 선사 시대 때 인간은 돌과 뼈 등을 이용해 도구를 만들어 생활했다. 현대 사회에 사용되는 다양한 도구는 우리 삶의 질을 높여준다. 로봇도 사실 하나의 도구이지만, 다만 다양한 기능을 갖고 있고, 심지어 지능을 가진 도구다. 따라서 로봇은 인간의 친구다. 로봇이 힘들고 지루하고 심지어 위험한 작업환경에서 인간을 대신해 일함으로써 인간의 노동 강도를 줄여주고 생산성은 높여주어 인간은 안전과 건강을 보장받을 수 있다.

지난 30여 년간, 나는 산업, 기술, 과학연구가 가져온 매력이 다음 세대에 이어질 수 있기를 간절히 바랐다. 마치 우리 아버지가 당신의 소망을 나에게 전해주셨고 나 또한 내 소망을 아들에게 전해준 것과 마찬가지다. 나는 우리 사회의 모든 사람이 이렇게 각자의 소망을 대대로 전승해줄 수 있기를 바란다. 그래야만 우리의 과학기술은 끊임없이 새로운 발전을 거듭해나갈 수 있기 때문이다.

오늘날 중국의 산업은 매우 빠르게 발전하고 있고, 일부 분야는 이미 최첨단을 달리고 있다. 하지만 여전히 걸음마 단계에 머물러 있는 분야도 있다. 중국 국내에는 로봇 제조업체가 수백 개에 이르지만, 서보모터(servomotor, 회전 방향이나 회전 횟수를 전기적으로 제어할 수 있는 모터)용 감속기 같은 핵심부품의 기술력은 여전히 세계 최고 제조업체 수준을 따라가지 못하고 있다. 이런 상황을 개선하려면 대규모 R&D 투자가 필요하고, 장기간의 경험이 축적되어야 한다.

　나는 젊은 세대가 강력한 의지를 갖고 더 나은 세상을 만들기 위한 여정에 계속해서 동참하기를 희망한다.

고속으로 달리는 열차에는 반드시 경험이 풍부한 기관사가 타고 있죠. 그분들은 열차의 운행 상태를 점검해서 탈선을 예방하죠.

인간의 신체도 열차처럼 건강 안전을 위해 일종의 기관사가 필요합니다. 중국 과학원 시안(西安) 광학 정밀기계연구소의 주루이(朱銳) 박사는 우리 몸에 특수한 기관사를 붙여주었습니다. 그것은 바로 내시경이랍니다. 그것은 혈관 속에서 자유자재로 움직이며 한 쌍의 '매의 눈'을 이용해 인체 내 숨은 '적'을 발견해서 시시각각 사람들의 건강 안전을 지켜줍니다. 이것은 주루이 박사가 11년이란 시간을 들여 달성한 의학 분야의 위대한 성과물입니다.

THE FUTURE OF SCI-TECH

제12장

혈관에 들어가 질병을 치료하는
혈관 앤트맨, 심혈관 내시경

주루이 : 중국 과학원 시안 광학 정밀기계 연구소 연구원

● 심혈관 내시경의 창시자 ●

중국 속담에 "장인이 일을 잘 하려면 먼저 도구를 잘 갈아두어야 한다"라는 말이 있다. 의료기계의 발전은 인간의 수명 연장을 이끌었다. 중국은 연구 개발을 통해 세계에서 가장 작은 심혈관 내시경 제작에 성공했고, 그 주인공은 바로 주루이 박사다.

주루이는 중국 과학원 시안 광학 정밀기계 연구소의 생물 광자학 공학센터 주임이며, 비보라이트(微光醫療, Vivolight)의 CEO다. 그는 세계에서 가장 작은 내시경을 만든 사람이다. 창업한 지 불과 4년 만에 주루이는 언론의 집중 조명을 받았다. 저녁 메인뉴스인 '신원 렌보(新聞聯播)'에 두 번, 시사고발 프로인 '자오뎬팡탄(焦點訪談)'에

주루이

한 번, 중국 CCTV의 다큐 채널과 국제 채널에 한 번씩 출연했다. 그는 중국의 명문 칭화 대학교 물리학과에서 학사와 석사학위를 받았고, 홍콩 대학교 전자공학과에서 박사학위를 받았다. 대학원 시절 주루이는 빛 간섭 단층 촬영(optical coherence tomography, OCT) 기술 연구에 매진했다. 2009년 그의 어머니가 큰 병으로 입원하게 되었는데, 의료진단 영상이 너무 흐릿해서 의사조차 무슨 병인지 즉각 진단하지 못했다. 그때 그는 '왜 OCT기술과 광섬유기술을 결합해 내시경을 만들 생각을 하지 못할까? 그러면 질병 진단의 정확성을 높일 수 있을 텐데?'라고 생각했다.

이러한 생각을 현실화하겠다고 결심한 주루이는 오랫동안 광학 분야에서 쌓은 경험을 바탕으로 도전에 나섰다. 그는 팀을 이끌어 중국 최초의 상업용 내시경 OCT 조영 시스템을 개발했고, 그 결과 2011년 선전 '창업의 별(創業之星)' 대회에서 스타트업 분야 우승을 차지했다. 우승 이후 벤처투자가 이어졌고 협력파트너도 생겼다.

박사학위 취득까지 1년을 남겨두고 있던 주루이는 인생의 중대 기로에 서게 되었다. 계속 학업을 이어가느냐 아니면 자퇴 후 창업을 하느냐의 갈림길이 놓여 있었다.

그는 고민 끝에 '나는 학술연구보다 모두가 사용할 수 있는 제품 만드는 일을 더 좋아한다'는 결론을 내렸다.

그래서 그는 자퇴를 선택했다.

2012년 봄, 29세의 주루이는 혈혈단신으로 홍콩에서 선전으로 가서 창업의 여정을 시작했다. 하지만 현실은 처음 생각처럼 녹록하지 않았다. 가장 어려웠던 시기는 창업 초기였다. OCT 기술 프로젝트는 하나의 시스템 공학으로 광학, 기계, 전기, 소프트웨어가 결합되어야 하고, 실험실에서 만든 시제품을 상품성 있는 제품으로 만들어야 한다. 이를 위해 자금과 기술도 뒷받침되어야 하고 다양한 배경의 우수한 인재풀도 갖춰야 한다.

그가 이런 문제로 고민하고 있을 무렵, 중국 과학원 시안 광학 정밀 기계 연구소에서 손을 내밀었다. 그래서 주루이는 팀을 이끌고 시안으로 달려갔다. 기술, 인력, 자금, 공동 실험실이 충분히 갖춰진 상태에서 주루이의 회사는 빠르게 발전했다. 2013년 중국 최초로 지름이 1밀리미터인 3차원(3D) 내시경 OCT 스캐너를 자체 개발하는 데 성공한 것이다. 이는 과학연구 성과를 산업화로 연결한 첫 번째 사례로, OCT 기술의 지속적인 발전에 밑거름이 되었다.

OCT 기술을 임상 시험할 최적의 방안을 찾는 것이 주루이팀에게는 급선무였다. 끊임없는 임상 시험을 거쳐 주루이는 OCT 기술을 활용하기에 가장 적합한 대상은 심혈관이라는 사실을 깨달았다. 만약 초정밀 3차원(3D) 심혈관 스캔이 가능한 OCT 기술을 개발한다면, 심혈관 정밀의료 분야의 새로운 장이 열리는 것이다. 연구 방향을 확실히 정한 주루이는 팀을 이끌고 광학기술과 심혈관 진료를 결합하는 방안을 모색하기 시작했다.

세계에서 가장 성능이 뛰어난 심혈관 OCT 설비를 개발하기 위해 그들은 내시경 카테터(catheter, 도관)의 광섬유 구조를 끊임없이 개량해 마침내 카테터의 지름을 1밀리미터에서 0.86밀리미터로 줄이는 데 성공했다. 이는 미국 동종 제품의 0.92밀리미터 기록을 경신한 것이다. 별것 아닌 듯 보이는 이 0.14밀리미터를 위해 주루이와 동료들은 엄청난 노력을 기울였다. 수년에 걸쳐 그들은 시행착오를 거듭했고, 끊임없이 개량을 거듭하며 오로지 광학구조를 들여다보며 고치고 또 고쳤다. 0.15밀리미터 광섬유 위에 용접한 여러 개의 렌즈와 프리즘의 결과값이 일치하도록 만들기 위해 개량작업에만 꼬박 1년이 걸렸다.

가느다란 광섬유로 만든 실 모양의 내시경은 인체 혈관에 삽입할 수 있다. 이를 통해 불안정성 동맥경화반(unstable plaque)을 발견함으로써 급성 심근경색을 효과적으로 줄일 수 있고, 심혈관 스텐트의 남용도 방지할 수 있다.

세계에서 가장 작은 내시경 개발은 주루이와 그의 팀원들이 의학계에 몸담게 된 중요한 계기였다. 오늘날 비보라이트는 이미 하버드 의과대학과 전략적 파트너십을 구축했고, 차세대 '복합 심장 카테터 영상화' 기술을 공동 개발하기로 했다. 이는 비보라이트의 제품이 국제 의료시장에 진출하는 데 중요한 초석이 되

심혈관
영상화 기기 :
혈관 내부를
직접 들여다보다

었다. 또 수입 설비보다 더 지능화하고 더 사용하기 편리한 시스템을 만들기 위해 비보라이트는 시안 광학 정밀기계 연구소 및 중국 인민해방군 종합병원의 영상 전문가 팀을 초빙해 세계 최초로 임상을 겨냥한 인공지능 OCT 영상 데이터베이스를 공동 개발했다. 이는 의사들이 수술 중에 영상을 바탕으로 수술 전략을 세우는 데 큰 도움을 줄 수 있다.

인체는 마치 하나의 복잡한 정밀기계와 같다. 하지만 현대에도 우리 인간은 인체에 대해 알지 못하는 부분이 매우 많다.

중국 인민해방군 301병원 심장외과 수술실에서 50대 남성 환자 한 명이 수술대 위에서 심장 관상동맥 삽입 수술을 기다리고 있었다. 심장혈관조영기의 모니터에는 환자의 심장 실루엣이 보이고 의사는 세 개의 혈관 모두가 너무 좁아져 있는 것을 발견했는데, 한 혈관의 협착도는 심지어 95퍼센트에 이르렀다. 이 환자는 지난 5년간 약물을 이용한 전통적인 치료법에 의존해왔지만 병세는 계속 악화될 뿐이었

혈관 앤트맨

다. 그렇다면 약물치료를 계속해야 할까, 아니면 스텐트 시술로 바꿔야 할까? 이는 의사가 가장 고민하는 문제다. 심사숙고 끝에 의사는 신형 광학 내시경 영상화 기기를 이용해 환자의 심혈관 내부 상황을 면밀히 관찰한 후 다시 생각해 보자고 결론을 내렸다.

수술에서 사용된 신형 심혈관 내시경은 의학계에서는 '빛 간섭 단층 촬영(OCT)' 기기라고 부르는데, 이는 인체 내부의 정보를 얻을 수 있는 '최소 절개' 또는 '무 절개' 의료설비다. 여기에는 아주 작은 스캐너 헤드가 달려 있는데, 마치 '앤트맨'처럼 인체의 체강 내부로 들

샤오빙의 TIP

내시경은 전통적인 광학, 인체공학, 정밀기계, 현대 전자학, 수학, 소프트웨어 등을 하나로 융합한 측정 장비입니다.

의학 역사상 최초의 내시경인 '리히트라이터 (Lichtleiter)'	인체에 사용된 내시경	최초로 광학을 응용한 내시경	최초의 섬유 내시경	최초의 전자 내시경	중국 최초의 심혈관 내시경

최초로 내시경을 발명한 사람은 독일의 필립 보치니(Philip Bozzini)다. 그는 1806년에 촛불을 광원(光源)으로 하는 장치를 제작했는데, 그것은 꽃병 모양의 광원, 촛불, 여러 개의 거울 조각으로 구성되었다. 동물의 방광, 직장 내부 구조를 관찰하는 데 사용되었다.

내시경을 최초로 인체에 적용한 사람은 프랑스의 의사 데소르뫼(Antonie Jean Desormeaux)다. 그가 제작한 내시경은 등유 또는 테레빈유 등(燈)을 광원으로 하여 렌즈를 이용해 빛을 한데 모아 밝기를 증폭했다. 이 내시경은 비뇨기 계통의 관찰에는 사용할 수 있었지만, 빛이 너무 어둡고 화상에 의한 합병증이 발생할 가능성이 높았다. 데소르뫼는 '내시경의 아버지'로 불린다.

최초로 광학을 응용한 내시경은 1879년 독일의 비뇨기과 의사인 니체(M. Nitze)가 발명했다. 그가 만든 장치의 앞부분에는 프리즘이 달려 있는데, 전류를 이용해 백금 필라멘트가 빛을 내게 한 후 이를 광원으로 썼다. 그리고 방광 내에 찬물을 순환시켜 화상을 방지했다. 이 내시경은 비교적 깨끗한 사진을 얻을 수 있었기 때문에 니체는 이를 이용해 관련 사진을 촬영하기도 했다.

1957년 바질 헬슈위츠(Basil I. Hirschowitz)와 그의 연구팀은 최초로 위, 십이지장을 검사하는 광섬유 내시경 모델을 제작했다. 유리섬유 다발을 이용해 휘어지는 '연성 내시경'을 만든 것이다. 이로써 섬유 내시경의 시대가 막을 열었다. 바로 뒤이어 일본의 한 회사가 핑심유 위(胃)내시경에 생체조직검사 장치 및 카메라를 부착한 내시경을 개발했다. 이로써 촬영 문제를 효과적으로 해결할 수 있었다.

1983년 미국 웰치 앨린(Welch Allyn)사는 CCD(charge coupled device, DSLR 등 고성능 카메라에 사용하는 카메라 센서를 말함)를 이용해 기존의 광섬유 내시경을 대체했다. 이로써 전자 내시경 시대가 열렸다. 이는 내시경 발전사에서 또 하나의 획기적인 진전으로 평가된다. 이 기술은 기관지, 십이지장, 직장, 흉복강, 비뇨기 계통 등에도 활용되었다.

2013년 중국 광둥성 선전시 중국과학원 비보라이트 의료기기 기술 주식회사는 카테터(의료용 얇은 관)의 지름이 0.86밀리미터인 내시경을 최초로 개발했다. 이는 미국의 동종 제품인 지름 0.92밀리미터 내시경보다도 작다. 이로써 관상동맥성 심질환에 대한 정밀 진료가 가능해졌다.

| 1806년 | 1835년 | 1879년 | 1957년 | 1983년 | 2013년 |

의학 내시경의 발전사

일본 올림푸스(Olympus Corporation)사의 내시경
(지름 10밀리미터)

올림푸스 내시경 vs 심혈관 내시경

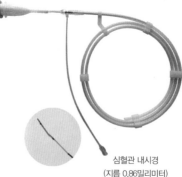

심혈관 내시경
(지름 0.86밀리미터)

어가 3차원(3D) 스캐너로 미세한 구석구석을 또렷하게 보여준다. 이로써 가장 시급한 임상의학 문제도 해결할 수 있었고, 기존에는 접근하기 어려웠던 체강 내부에 대한 정밀 진료도 현실화되었다.

심혈관 내시경은 현대의학이 이룩한 내시경의 기술혁명이다. 인체의 비밀을 탐구하려는 인간의 욕구는 대자연의 비밀을 탐색하려는 욕구에 결코 뒤지지 않는다. 내시경은 인체 장기를 관찰하는 중요한 도구로, 인체를 정확히 탐구할 수 있는 토대가 되었다. 현대의 내시경은 유럽에서 처음 시작되었는데, 내시경을 최초로 발명한 사람은 독일인 필립 보치니(Philip Bozzini)다. 그는 1806년 촛불을 비춰 내부를 들여다볼 수 있는 장치를 만들었다. 꽃병 모양의 빛, 촛불과 거울 조각으로 구성된 이 장치는 동물의 방광과 직장 내부의 구조를 관찰하는 데 사용되었다. 이 장치의 이름은 리히트라이터(Lichtleiter)다.

마이크로전자 기술과 컴퓨터 기술이 발전하면서 내시경 역시 다양화, 지능화, 정밀화되었다. 오늘날 임상에서는 주로 광섬유 내시경, 전자 내시경, 초음파 내시경이 사용되는데, 이들의 기능은 각각 다르다. 하지만 이들의 해상도는 마이크로미터 크기의 세포를 효과적으로 관찰할 수 없고, 병변을 정확히 진단하는 데 활용될 수도 없었다. 2013년이 되어서야 해상도가 더 높고, 더 넓은 구간에서 이동하며 관찰할 수 있는 심혈관 내시경이 개발되어 극히 작은 크기의 병변도 진단할 수 있게 되었다. 과거에는 내시경을 이용해 검사와 진단밖에 할 수 없었지만 이제는 이를 이용해 치료와 수술이 가능한 시대로 바뀌었다.

내시경이 현대의학을 한 단계 발전시킨 것이다.

앞으로 최소절개술은 심혈관 질병 치료의 대세가 될 것이다. 관상동맥성 심장질환은 물론, 선천성 심장병, 심장판막증, 부정맥 등 수많은 심혈관계 질병도 최소절개술을 통한 카테터 삽입 기술로 치료가 가능해졌다. 심혈관 삽입 치료 기술이 이처럼 빠르게 발전할 수 있었던 이유는 의료기기의 발전 덕분이다. 이는 외과의 개흉수술을 견딜 수 없는 환자들에게 생존 가능성을 높여 주었다. 미래에는 심혈관 치료에 있어서 심장내과 의사와 외과 의사가 긴밀히 협력하고 함께 치료하는 추세로 나아갈 것이다.

내시경 삽입 촬영은 새로운 영상기술이다. 미래에는 스캐너 헤드가 점차 소형화, 유연화하고, 다른 영상기술과 결합함으로써 영상검진, 수술 지도 등 임상에서의 응용이 더욱 확대되어 과거에는 해결할 수 없었던 많은 문제를 해결할 수 있게 될 것이다. 가령 종양의 조기 발견, 천식의 정밀한 진단, 유방암의 예방 및 치료, 개방성 뇌질환의 진료 등이다.

정밀 치료의 혁신을 이끄는 심혈관 내시경

_____ 19세 소녀 리나(李娜)는 대동맥염으로 인한 관상동맥성 심장질환에 걸렸다. 심장에는 모두 3개의 혈관이 있는데 리나의 경우

왼쪽 두 가닥의 관상혈관이 완전히 막혔고, 피를 공급할 수 있는 오른쪽 관상혈관마저 90퍼센트 이상이 막혔다. 머리카락 굵기보다 가는 이 혈관 통로는 리나의 온몸에 혈액을 공급하는, 그야말로 생명줄이라 할 수 있다. 리나는 다발성 동맥염을 앓고 있기 때문에 만약 관상동맥 우회로이식술을 실시한다면 우회술을 시행한 혈관의 수명과 혈류율(rate of blood flow)이 일반 환자보다 훨씬 줄어든다. 더욱이 우회술을 시행한 혈관에 또다시 문제가 발생한다면 그때는 그 어떤 명의라 하더라도 손쓸 방법이 없다. 따라서 카테터 삽입 수술이 리나의 생명을 구할 유일한 희망이었다.

하지만 이 수술은 리스크가 굉장히 높다. 리나의 몸에 피를 공급하는 유일한 혈관인 우측 관상혈관마저 90퍼센트가 막힌 상태이기 때문에 수술은 지름이 0.1밀리미터에 불과한 이 혈관 속에서 진행될 수밖에 없었다. 이 0.1밀리미터의 혈관은 수술기계가 통과할 수 있는 유일한 통로일 뿐만 아니라 심장이 혈액을 공급할 수 있는 유일한 통로이기에 아주 작은 실수가 있어도 목숨을 잃을 수 있다. 비록 수술의 위험성이 매우 컸지만, 의사는 카테터의 유도에 따라 반복해서 시도한 끝에 병변혈관의 말단부에 스텐트를 설치하는 데 성공했다.

수술이 성공한 뒤 리나는 더 이상 가슴에 통증을 느끼지 않았고 침대에 누워 있을 필요도 없이 일상생활로 복귀할 수 있었다. 이는 삽입시술이 가져온 변화이며, 의료기기의 지속적인 개선을 통해 이룩한 변화다.

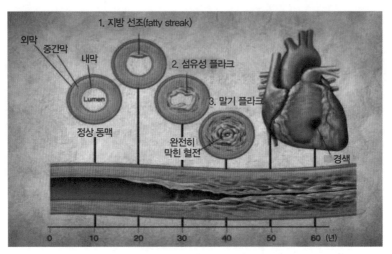

심혈관 질환의 시간별 변화 과정

    심혈관 질환은 전 세계 사망률 1위를 차지하는 고위험 질병이다. 미국 등 선진국의 경우에도 관상동맥성 심장질환은 사망률 1위로, 발병률은 약 5퍼센트 정도다. 즉 20명당 1명이 이 질병을 앓고 있다. 중국의 경우, 관상동맥성 심장질환의 발병률은 그다지 높지 않지만 1990년대 이후 증가 추세를 보이고 있다. 오늘날 이 질병과 관련한 중국인 사망자 수는 연간 100만 명을 넘어섰다.

    관상동맥성 심장질환의 치료 방법은 3가지가 주를 이루는데, 약물치료, 삽입 시술(PTCA 및 혈관 내 스텐트), 우회로이식술이 그것이다. 오늘날 심혈관 의학계는 관상동맥성 심장질환의 치료에 있어서 다음과 같은 신조를 갖고 있다. 가급적 약물치료를 하고 절개를 해야 하는 삽입 시술은 하지 않으며, 삽입 시술을 할 수 있다면 일반적으로 우회로

이식술을 실시하지 않는다.

2016년 통계자료에 따르면, 중국의 심장 뇌혈관 질병 환자 수는 2억 5,000만 명을 넘어섰다고 한다. 만약 모든 병변에 대해 삽입 시술을 실시한다면 과잉진료가 될 것이다. 하지만 이미 병변이 발생한 혈관은 마치 우리 주변에 숨어 있는 적과 같아서 별 문제 없어 보이는 혈관이 뜻밖의 또는 돌연사를 일으키는 원인이 되기도 한다. 임상 진단에서 때로는 의사들이 기존의 지식만으로 심혈관이 협착하여 치명적인 위험이 도사리고 있는지의 여부를 정밀하게 판단하는 것은 매우 어렵다. 가느다란 광섬유로 제작한 선형 내시경은 혈관 내부에 삽입할 수 있어 혈관 내부에 들어가서 혈관을 관찰하는 것이기 때문에 혈관 영상을 2차원에서 3차원 입체 영상으로 바꿀 수 있으며, 더 나아가 '숨어 있는 적'을 가장 효과적으로 적발할 수 있다.

10마이크로미터 크기의 해상도는 관상동맥 경화반의 성격을 분명하게 분별할 수 있고, 급성 관상동맥 증후군 또는 심근경색의 발병 메커니즘을 규명할 수 있기 때문에 의사가 관상동맥 병변에 대해 상세한 진단을 내릴 수 있도록 도울 수 있다. 나아가 다양한 성질의 경화반에 대해 맞춤형 치료 또는 예방 조치를 취할 수 있으므로 스텐트 시술의 남용도 피할 수 있다.

심장 카테터 시술은 절개를 적게 하고 회복은 빨라서 관상동맥 협착증을 빠르게 해결해 심근의 혈액 부족을 완화하고 협심증 환자의 흉통을 개선해 삶의 질을 높인다. 빈혈이 심한 환자의 경우 심장 기능

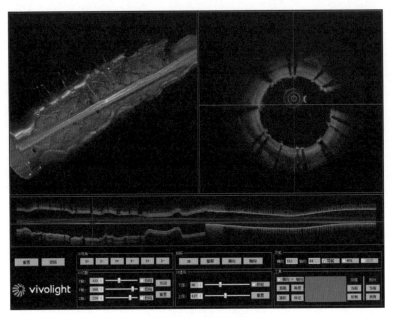

심혈관 내시경 3차원(3D) 영상

을 개선하고 사망률을 줄여준다. 급성 관상동맥 증후군의 경우 삽입 시술은 예후(豫後) 개선에 매우 효과적이다. 오늘날에는 팔의 요골동맥을 통해 카테터를 삽입해 관상동맥성 심장질환을 치료하는 방식이 대세가 되었다. 이 방식은 합병증이 적고 수술 후 지혈이 수월해서 환자들은 수술 직후 수술실을 떠날 수 있다.

삽입 시술이 보편화되면서 스텐트의 고정 상태 불량 또는 스텐트가 다시 좁아지는 현상 등으로 인한 수술 부작용이 자주 발생하고 있다. 어떻게 최적의 스텐트와 풍선 카테터(balloon catheter)를 선택할 것인가, 스텐트를 삽입한 후 수술 효과를 어떻게 평가할 것인가가 의사들의 새로운 과제로 떠올랐다. 이때 심혈관 내시경을 활용하면 이 문제를 효과적으로 해결할 수 있다. 심혈관 내시경이 혈관강을 측정하면 오차가 거의 없이 참값에 매우 근접한 값을 얻을 수 있기 때문에 삽입 시술에서 심혈관 내시경은 의사가 최적의 스텐트와 풍선 카테터를 선택하도록 유도할 수 있다. 나아가 스텐트 삽입 시술의 성공률과 효과를 높이고, 스텐트의 고정 상태 불량 등으로 인한 부작용을 최소화할 수 있다.

또 심혈관 내시경은 이미 설치된 스텐트를 장기간 직접 관찰할 수 있다. 스텐트에 새로 내막이 덮였는지의 여부를 관찰해 수술 후의 항응고 약물 치료를 결정할 수 있다. 또 스텐트 내에 새로 경화반이 생겼거나 재협착했는지의 여부를 관찰해서 추후 조치를 결정할 수 있다. 또 '녹는 스텐트'의 흡수 정도를 관찰해 스텐트 수술의 효과를 검증할 수 있다. 특히 최근에는 '생체 흡수형 스텐트(bioresorbable vascular scaffold, BVS)'라는 녹는 스텐트가 일반화됨에 따라 '녹는 스텐트'의 정확한 효과 검증 면에서도 심혈관 내시경은 관상동맥 조영술이나 혈관 내 초음파(IVUS)보다 훨씬 더 우수하다.

미래에 우리가 나아가야 할 방향

———— 청년 과학자의 한 사람으로서 나는 내가 가야 할 길이 아

직도 멀다고 생각한다. 지난 11년간 나는 꾸준히 똑같은 일을 해왔고 최대한 잘 하려고 노력했지만, 앞으로도 20년, 30년, 그 이상의 긴 시간이 나를 기다리고 있다. 향후 수십 년 동안 내가 이루고자 하는 소망 3가지를 여러분들과 함께 나누고 싶다.

첫째, 본격적인 이야기에 앞서 한 가지 일화를 먼저 들려주고 싶다. 미국의 유명한 장군이며 훗날 대통령이 된 아이젠하워를 모르는 사람은 없을 것이다. 아이젠하워는 여러 차례 심장병으로 고생했고, 1969년에 결국 심장병으로 세상을 떠났다. 비록 그는 세계 최고 수준의 의료 혜택을 받았지만, 그 당시 의료수준으로는 사람을 살릴 수 없었다. 그 후 불과 8년 뒤에 38세의 평범한 미국 청년이 아이젠하워와 똑같은 병에 걸렸다. 하지만 그는 단 한 차례의 수술을 받고 40년이 지난 오늘까지도 건강하게 살아 있다. 이것이 바로 의학의 힘이다. 특히 심장 스텐트 삽입 시술이 가져온 혁신이다.

나는 항상 미래를 낙관적으로 바라본다. 그리고 여러분도 나처럼 낙관적이기를 희망한다. 우리는 오늘날의 과학과 기술이 계속해서 발전하고 있다는 것을 몸으로 체험하고 있다. 예전에는 결코 뛰어넘을 수 없던 장벽도 오늘날에는 넘을 수 있는 희망이 생겼다. 따라서 나는 나부터 먼저 실천할 생각이다. 향후 20년간 내가 할 수 있는 첫 번째 일이 바로 나의 전문분야인 심혈관 질병의 예방 및 치료 수준을 한 단계 더 끌어올리는 것이다. 오늘날 관상동맥 심장질환과 고혈압 등은 사실상 치료가 가능해졌다. 그렇다면 심장병의 마지막 관문은 무엇일까? 그로 인한 합병증인 뇌졸중, 중풍, 심부전, 하반신 마비 등은 더욱 심각하다. 이들 질병이 얼마나 고통스러운지, 나아가 가족과 사회에 얼마나 큰 부담을 초래하는지 우리 모두 잘 알고 있다.

중국에는 2,500만 명의 심혈관 질병 환자가 있는데 그중 20퍼센트인 500만 명은 '만성 폐쇄성 질환'을 앓고 있다. 환자가 500만 명이라면 이는 500만 가구가 이 질병으로 인해 함께 고통 받고 있다는 의미가 된다. 현 단계에서 이 질병은 고칠 수 있을까? 많은 의사가 한 번 수술실에 들어가면 6~7시간 서 있는 것은 기본으로, 철로 된 실을 한 가닥씩 혈관에 집어넣고 심장에 도달할 때까지 혈관을 따라 계속해서 찔러 넣는다. 운이 좋으면 한 번에 도달하지만 대부분의 경우 그렇게 운이 좋지 않다. 나는 수술대 옆에서 의사와 환자의 절망적인 눈빛을 보았을 때 한 명의 과학자로서 마음이 무너져 내렸다. 이것이 바로 내가 그토록 이 문제들을 해결할 수 있기를 희망하고, 조속히 실험실에서 나와 대중 속으로 들어가 유용한 것을 만들기를 바라는 이유다. 이것이 내가 향후 내 인생에서 이루고자 하는 첫 번째 소망이다.

두 번째 소망은 심혈관 분야 이외에 다른 질병 분야에도 무엇인가 기여하는 것이다. 암은 매우 무서운 질병으로 치료 이외에 선택할 수 있는 방법은 조기 검진 및 발견이다. 삽입 시술이 발전하면서 미래에는 첨단 도구를 이용해 암 병변이 암으로 발전하기 전에 발견해서 제거할 수 있다. 그러면 환자들은 극심한 고통으로부터 해방된다. 따라서 나는 영상유도 치료라는 삽입 최소절개 기술이 수술에서 널리 보급되도록 그것을 최대한 작고 사용하기 편리하게, 최대한 저렴하게 만들 것이다. 그래서 모든 병원과 가정에서, 심지어 작은 동네병원과 진료소에서도 사용할 수 있도록 하고 싶다. 이렇게 암과 심혈관 질환을 정복하기 위해 작은 힘이나마 보태고 싶다.

세 번째 소망은 의료기기 분야에서 똑같은 기적을 일으키는 일이다. 어린 시절 노벨상 수상자 발표 시즌이 되면 신문마다 '중국은 언제쯤 노벨상을 받을 수 있을까?'라는 제목이 커다랗게 실리는 걸 본 기억이 난다. 10년이 지난 오늘날 중국인 또는 중국계 노벨상 수상자는 이미 여러 명 배출되었다. 10년 전 내가 아직 학생이었을 때만 해도 양자역학, 양자 통신, 교과서에 등장하는 공식을 보면서 이것이 과연 쓰일 때가 있을까 라고 생각했었다. 하지만 10년이 지난 오늘날, 세계 최초의 양자 통신 위성의 발사에 성공했고, 더욱이 이는 중국이 자체 개발한 위성이다. 이처럼 중국의 원천기술은 하나둘씩 세계수준을 뛰어넘으며 선두를 향해 달리고 있다. 비록 중국의 의료수준은 아직 이런 약진을 보여주지 못하고 있지만, 중국의 많은 인구와 거대한 수요를 고려할 때 미래의 의약산업 분야에서 세계 정상급 기업이 반드시 출현할 것이라고 확신한다.

그러나 나의 이 세 가지 소망을 가로막는 장애물들이 존재한다. 지금 이 순간 나와 내 팀원들처럼 차가운 걸상에 앉아 십수 년간 남들이 알아주지 않는 분야에 몰두하며 연구하고 있는 사람이 과연 몇이나 될까? 오늘날처럼 복잡하고 혼란스러운 시대에 수많은 사람이 빨리 이름을 날리고 하루아침에 벼락부자가 되기를 꿈꾼다. 그래서 이 사회에 가장 필요한 것이 무엇인지 진지하게 생각해 보는 사람은 그다지 많지 않다. 이 사회에 가장 필요한 것은 바로 생명과 건강이다. 이것이 바로 젊은이들이 일생을 바쳐 노력하고 헌신하고 투자할 가치가 충분한 목표이자 방향이다.

나부터 솔선수범해 보겠다. 그리고 젊은 친구들이 나와 함께 자연 과학, 하드 & 코어 테크놀로지(hard & core technology, 인공지능, 우주항공, 바이오, 반도체, 정보, 신재료, 신재생에너지, 스마트 제조 등의 최첨단 기술), 의료기술에 헌신할 수 있기를 희망한다.

나는 독일과 일본의 첨단기술을 흠모하지만, 로마가 하루아침에 이루어지지 않은 것처럼 이는 꾸준한 노력이 뒷받침되어야 가능하다. 무엇이 성공인가? 성공이란 끊임없는 인내다.

무엇이 미래인가? 우리가 아니라 바로 여러분이다.

유비테크(UBTech Robotics)의 창업자 저우젠(周劍)은 미래 세계의 모습을 이렇게 말합니다.
"미래에는 세 종류의 인간이 있습니다. 하나는 보통 사람, 또 하나는 인체 내에 칩을 이식한 후 초능력을 갖게 된 사람, 마지막 하나는 로봇입니다."
미래에는 휴머노이드 로봇(인간의 외모를 닮은 로봇)이 각 가정에서 인간과 함께 생활하면서, 인간과 똑같이 공부하고 일하는 모습이 일상이 된다고 합니다.

THE FUTURE
OF SCI-TECH

제13장

인간을 닮은 반려 로봇,
휴머노이드 로봇

저우젠 : 유비테크 과학기술 주식회사 창업자 겸 CEO

● 휴머노이드 로봇의 아버지 ●

저우젠

인간-기계 상호 교류 방식의 변화에 따라 로봇이 스스로 얻는 정보량도 증가하고 있다. 로봇이 데이터를 구조화하고 인간을 위해 제공함에 따라 미래 세계의 모습 역시 지금과는 크게 달라질 것이다. 로봇은 인간의 훌륭한 동반자가 되고, 우리의 삶 곳곳에 들어와 함께 일하고 공부하게 될 것이다. 이런 변화된 미래를 우리 눈앞에 가져온 사람이 바로 '휴머노이드 로봇의 아버지'라고 불리는 저우젠이다.

저우젠은 대학 시절 현재 국제올림픽위원회(IOC) 의장인 토마스 바흐(Thomas Bath)가 수여하는 제1회 독일 미하엘 바이니히(Michael Weinig) 최고 장학금을 받았다. 졸업 후 독일 미하엘 바이니히 기계 그룹 아시아태평양 지역의 기술고문을 맡았다. 2012년 저우젠은 광둥성 선전시에서 유비테크 과학기술 주식회사를 설립했다. 유비테크는 2017년 1월 CB Insights가 뽑은 '인공지능(AI) 100' 글로벌 리스트에 선정되었고, 같은 해 3월에는 〈포춘(Fortune)〉지 '가장 전도유망한 인공지능(AI) 스타트업 TOP 50'에 선정되었다. 오늘날 세계에서 인공지능(AI) 및 휴머노이드 인공지능 로봇 분야에서 기업가치가 가장 높은 기업으로 꼽히는데 약 40억 달러로 추산되고 있다.

아주 어렸을 때부터 나는 로봇과 깊은 인연을 맺었다. 나는 영화 〈트랜스포머〉를 매우 좋아한다. 나는 어린 시절부터 미래에는 사람을 닮은 로봇, 바퀴 달린 로봇, 무한궤도가 달린 로봇 등 다양한 로봇이 우리 주변에서 활동할 거라고 상상하곤 했는데, 그중에서 사람을 닮은 휴머노이드 로봇을 제일 좋아했다.

내 아버지는 대학교 강사셨는데 손재주가 정말 뛰어난 분이었다.

어린 시절 우리 집에는 가전제품이 굉장히 많았는데 가령 텔레비전 같은 경우 아버지가 부품을 사와서 직접 조립한 것이었다. 당시 나는 그것을 보면서 우리 집에 있는 모든 물건은 내 손으로 만들 수 있다고 생각했다. 이런 집안 분위기 속에서 나는 어렸을 때부터 물건을 뜯어 보고 조립하는 일에 재미를 붙였고, 집에 있던 구식 라디오와 컬러 텔레비전을 뜯어서 다시 조립한 적도 있다. 나는 트랜스포머 장난감이 성에 차지 않았다. 그것은 움직이지도 못했고 겨우 팔다리를 떼었다 붙였다만 할 수 있었기 때문이다. 그때부터 내 마음속에는 '로봇'에 대한 강한 욕구가 꿈틀대기 시작했다.

2008년 나는 팀을 이끌고 서보모터(servo motor) 개발에 착수했다. 하지만 수천만 위안을 쏟아부었음에도 여전히 기술적인 난관을 극복하지 못했다. 2012년 드디어 전기장치, 기어 설계, 제어 알고리즘 등 일련의 문제를 해결했고, 마침내 자체 기술로 서보모터를 개발하는 데 성공했다. 우리가 만든 제품은 대형 토크가 달려 있고, 정밀도가 높으며, 부피가 작기 때문에 기존보다 더 강력한 로봇을 만들 수 있었고 가격도 시장의 몇십 분의 일밖에 되지 않았다. 이를 바탕으로 휴머노이드 로봇 'Alpha 1S'를 출시했는데, 소프트웨어를 통해 걷기, 발차기, 춤추기 등 동작을 자체정의(self defining)할 수 있는 로봇이었다. Alpha 1S는 획기적인 혁신제품으로 인정받아 중국 CCTV의 설날 특집 프로그램인 '춘완(春晩)' 무대에 서게 되었다.

우리가 만든 휴머노이드 로봇의 특징은 다음 3가지다. 첫째, 서

2016년 춘완 프로그램에서 540대의 Alpha 1S 로봇이 무대에서 합동공연을 펼치고 있다.

보모터 시스템이다. 이는 전기회로기판(ECB), 코어리스 모터(coreless motor, 기존 코일이 감긴 철심을 제거하여 관성을 없앰으로써 더 정밀하게 제어 가능한 로봇용 모터), 감속기어, 위치탐지기 등의 부품을 집적한 서보모듈이다. 휴머노이드 로봇의 모든 관절의 움직임 뒤에는 복잡한 작동 원리가 숨어 있다. 먼저 센서가 신호를 감지하면 칩을 통해 판단한 뒤 방향을 전환하고, 이어서 코어리스 모터를 구동하여 움직이는데 감속기어를 통해 동력을 스윙암(swing arm)에 전달한다. 이와 동시에 위치탐지기가 신호를 칩에 되돌려주고, 지정된 위치에 도달했는지 여부를 판단한다.

서보모터는 휴머노이드 로봇에서 가장 핵심적인 부품 가운데 하나로, 인간의 관절에 해당한다. 가격은 로봇 전체 비용의 60퍼센트를 차지하는데, 이것이 바로 휴머노이드 로봇의 가격이 떨어지지 않는 중요한 원인 가운데 하나다.

둘째, 머신비전(machine vision)이다. 즉, 인간의 눈을 기계가 대신해 측정하고 판단한다. 머신비전 시스템은 다음과 같다. 머신비전 제품을 통해 촬영된 목표물(피사체)을 영상신호로 변환한 뒤 전문적인 그래픽처리 시스템에 전송한다. 여기에서 얻은 피사체의 형태 신호를 화소의 분포와 밝기, 색상 등 정보를 바탕으로 다시 디지털 신호로 변환한다. 그래픽 시스템은 이 신호를 대상으로 각종 연산을 수행하여 목표물의 특징을 추출하고, 이 판별 결과를 바탕으로 현장에서 장비의 움직임을 제어한다. 머신비전은 로봇이 이 세상을 읽고 해석할 수 있게 해준다.

초창기 로봇에 필요한 시각능력은 다양한 물체를 탐지 및 식별하고 주변 환경을 감지하는 것이었다. 가령 떨어진 거리를 파악하거나 입체 지도를 구현하는 것 등이었다. 중반기 로봇의 경우, 인간의 행동과 같은 복잡한 사물을 식별하는 능력이 요구되었다. 후반기 로봇의 경우, 사물의 연관성, 인과관계 등을 분석하는 능력이 요구된다. 예를 들어 인간의 기호, 감정, 의도 등이다.

우리는 이런 다양한 조건을 충족할 수 있는 만반의 준비를 이미 해

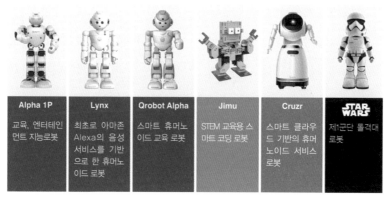

Alpha 1P	Lynx	Qrobot Alpha	Jimu	Cruzr	STAR WARS
교육, 엔터테인 먼트 지능로봇	최초로 아마존 Alexa의 음성 서비스를 기반 으로 한 휴머노 이드 로봇	스마트 휴머노 이드 교육 로봇	STEM 교육용 스 마트 코딩 로봇	스마트 클라우 드 기반의 휴머 노이드 서비스 로봇	제1군단 돌격대 로봇

유비테크의 로봇 가족

두었다.

마지막 세 번째는 움직임의 제어다. 이는 휴머노이드 로봇이(심지어 일반 로봇도) 보통의 모바일 지능형 단말 기기(mobile intelligent terminal) 와 구별되는 가장 핵심적인 기술이다. 로봇은 인간을 닮았고, 인간은 태어날 때부터 관절과 몸통이 있다. 하지만 몸통이 있다고 해서 반드 시 강력한 운동능력을 갖고 있는 것은 아니다. 따라서 로봇의 운동제 어 시스템에는 성능이 우수한 플랫폼이 반드시 필요하기 때문에 서 보모터 문제도 해결해야 하고, 그에 상응하는 시스템과 소프트웨어 도 함께 발전시켜야 한다. 우리는 서보모터의 개발과 상업화에 성 공했기 때문에 이런 플랫폼도 제공할 수 있었고, 나아가 이 토대 위 에 우수한 알고리즘도 제공할 수 있었다. 아울러 머신비전, 시멘틱 (semantic, 구문 의미 분석) 기술 등도 병행 발전시킬 수 있었다.

과학기술 혁신경제 시대에 특허, 상표, 판권 등 지적재산권은 기업의 핵심적인 무형자산이며, 기업이 시장경쟁력을 유지하고 지속적으로 고도성장하기 위한 발판이다. 우리는 연구개발 초기부터 지적재산권 보호를 매우 중요하게 생각해 중국 국내외에 신청한 특허도 매년 증가했는데 2017년 말까지 총 1,000건을 넘어섰다. 신제품 및 신기술의 특허 보호의 경우 우리는 서보모터의 핵심기술 분야에서 지속적으로 특허를 늘려갔고, 내비게이션, 운동제어, 머신비전, 인간-기계 협업(HRC), 시멘틱(구문 의미 분석) 등 중요한 기술 분야에서 전략적 포지셔닝을 통해 동종 업계에서 우위를 유지하고 있다. 아울러 우리가 출원한 특허의 품질은 이미 특허청의 인정을 받았다. 가령 Alpha 1 로봇으로 외관 디자인 특허권을 획득했는데, 그 결과 2017년도 선전시 특허 우수상을 수상했다.

인간의 생활 전방위에서 활약하고 있는 휴머노이드 로봇

_____ 휴머노이드 로봇의 활용 범위는 매우 넓다. 2016년 우리가 출시한 STEM 교육용 스마트 코딩 로봇인 지무(Jimu)는 단계식 과학기술 프로그래밍 교육을 통해 청소년의 논리력과 상상력, 창의성을 키워주는 로봇이다. 사용자는 지무 앱(Jimu App)에서 제공하는 3차원(3D) 강좌를 이용해 코딩을 배울 수 있고, 이 과정을 통해 과학, 기술,

공학, 수학 등의 과목과 범학문적 지식을 배울 수 있다.

STEM은 과학(science), 기술(technology), 공학(engineering), 수학(mathematics)의 머리글자를 합한 말로 미국에서 처음 생긴 개념인데, 오늘날 전 세계에 가장 영향력 있는 교육이념으로 자리 잡았다. 아이들에게 자신이 흥미 있고 자신의 삶과 관련 있는 프로젝트를 스스로 완성하도록 유도하는 교육방식으로, 이를 통해 창의성과 범학문적 지식을 결합한 문제해결 능력을 키울 수 있다.

코딩 교육은 STEM 교육에서 중요한 내용으로 점점 더 많은 국가에서 중요하게 다루고 있다. 버락 오바마 전 미국 대통령도 코딩교육을 문자교육과 마찬가지로 초등교육의 일부로 가르쳐야 한다고 주장했다. 그는 미국의 어린이들이 나중에 성장해서 어떤 직업을 갖든 코딩교육을 통해 키운 사유능력은 그들의 삶에 큰 영향을 미칠 것이라고 생각했기 때문이다. 오바마는 심지어 '일주일에 한 시간 코딩하기'(Hour of code)' 캠페인도 제안했는데, 이는 미국의 모든 초등학생에게 코딩을 가르치자는 취지였다. 최근에는 일부 중국 부모들도 코딩교육의 중요성을 인식하기 시작했다. 이를 위해 지무 로봇은 청소년을 대상으로 한 코딩교육 솔루션을 다각도로 모색했다. 대표적인 것이 3단계 레벨의 코딩교육 프로그램으로, 각 레벨은 'PRP'(pose, record, play), 'Blockly'(오픈소스를 이용한 도형화 코딩 툴), 'Swift'다.

지무는 오락을 교육에 접목하는 방식으로 어린이의 코딩 학습과 사유능력 향상을 위해 노력해왔다. 2016년에 우리는 애플의 STEM

교육 확산을 위한 협력파트너가 되었다. 지무 로봇의 많은 시리즈 제품은 이미 500개의 애플 스토어에 정식으로 진출해 전 세계 청소년이 지무 로봇을 통해 어린 나이 때부터 코딩교육을 접할 수 있게 되었다.

스마트홈 분야의 경우 우리는 스마트 로봇(특히 휴머노이드 로봇)이 외모나 인공지능(AI)을 활용한 연산 등에서 볼 때 인간의 사고에 가깝고 인간의 명령과 욕구를 가장 잘 이해한다고 생각한다. 그래서 사물인터넷(IoT)과 스마트홈을 실현하기 위한 '마중물'로 삼기에 가장 적합하다고 판단했다. 로봇은 클라우드 터미널, 커넥팅 기술, 와이파이, 블루투스 등을 이용해 스마트홈 환경의 다양한 하드웨어를 관리하는데, 이는 오늘날 이미 상용화되어 있다.

유비테크는 2017년 아마존과 제휴하여 아마존의 음성인식 비서인 알렉사(Alexa)를 내장한 휴머노이드 로봇 링스(Lynx)를 출시했다. 이용자는 링스를 이용해 일상생활의 다양한 업무를 처리할 수 있다. 예를 들어 알람 설정하기, 음악 듣기, 내일 날씨 알려주기, 영상 채팅, 텔레쇼핑 등이다.

유비테크의 링스 로봇

유비테크의 Alpha 2 로봇

유비테크의 크루즈 로봇

기계팔
직포기(織布機)

241

유비테크의 로봇이 기타를 조립 제작하고 있다

    홈 스마트 단말 기기의 발전 방향, 그리고 인간-기계 상호 교류를 실현하기 위한 '마중물' 기술은 꾸준히 변모하고 진화했다. 과거에는 개인용 PC가, 그 후에는 스마트폰이 마중물 역할을 담당했다. 요즘 아마존이 출시한 스마트 오디오 설비인 에코(Echo)가 널리 사랑받고 있다. 우리가 텐센트와 공동 조사한 바에 따르면, 에코를 사용하는 북미 지역 가정에서 매일 저녁 평균 핸드폰 사용 시간이 40퍼센트 이상 줄었다고 한다. 에코는 단순히 상호 교류 방식에 약간의 변화를 주었을 뿐인데 이렇게 커다란 영향력을 발휘하고 있다. 만약 휴머노이드 로봇이 스마트 스피커 역할도 수행한다면, 사용자와 더 많은 상호 교류가 가능해지고 사람들은 더욱더 로봇과 교류하게 될 것이다.

아마존 역시 휴머노이드 로봇이 미래 스마트 단말 기기의 마중물이 될 것이란 점에 동의한다. 그들은 스마트 스피커는 단지 과도기 상품에 불과하며, 가성비가 적당해졌을 때 사람들은 스피커가 아니라 로봇과 소통하고 싶어 할 것이라고 전망했다. 그런 이유로 아마존은 우리와 손잡고 링스 로봇을 개발해 출시했다.

또한 플랫폼급 스마트 서비스 로봇 Alpha 2도 스마트홈 단말 기기로서 조명, 에어컨, 블라인드와 같은 가전제품을 제어할 수 있다. 또 일기예보, 사진 찍기, 동영상 촬영, 이야기 들려주기, 인간의 동작 따라 하기 등도 가능하다.

이 밖에 유비테크는 대형 가구업체 이지홈(Easyhome)과 전략적 파트너십을 체결했다. 이지홈 매장에 진출한 우리의 크루즈(Cruzr) 로봇은 고객에게 안내 및 가이드 서비스 등 스마트홈 원스톱 서비스를 제공하게 될 것이다.

2017년 국제 로봇대회에서 우리는 신형 스마트 클라우드 기반의 상용 서비스 로봇 크루즈를 선보였다. 같은 해 3월, 크루즈 로봇은 중국 광저우시의 바이윈 공항과 제휴했다. 구름 덩이로 변신한 크루즈 로봇은 상대방의 음성과 얼굴을 식별하고, 영어와 중국어도 알아듣고, 또 고객에게 탑승 안내, 셀프 탑승수속 안내, 영상 고객서비스, 쌍방향 엔터테인먼트 등 다양한 서비스를 제공했다. 출발, 탑승수속, 탑승, 안내, 도착 등 전 과정에서 크루즈 로봇은 자신만의 경쟁력을 충분히 발휘했다. 공항뿐만 아니라 고속철도역, 기차역 등 다양한 장소에서 크루즈 로봇은 완벽한 솔루션을 제공했다.

나는 크루즈와 같은 제품이 사람들에게 로봇이 가져다주는 편리함을 향유하게 하여 미래 세상은 인간과 기계가 공존하는 멋진 세상이 되기를 희망한다.

인간의 생각을 읽고 상호 교류하는 휴머노이드 로봇의 미래

_____ 인간-기계 상호 교류 방식이 변화함에 따라 로봇이 스스로 얻는 정보량도 증가하고 있다. 로봇이 데이터를 구조화하고 인간을 위해 제공함에 따라 미래 세계의 모습 역시 지금과는 크게 달라질 것이다. 앞으로 언젠가 로봇이 우리의 삶 속으로 들어와 함께 일하고 공부한다면, 로봇은 우리를 완벽하게 이해하게 될 것이다.

나는 미래 세계에는 세 종류의 인간이 존재할 것이라고 생각한다. 하나는 보통 사람, 또 하나는 골격 등 인체 내에 칩을 이식한 후 감지 능력이 강화되고 약간의 초능력을 갖게 되어 1초 동안의 계산능력이 보통 사람의 1년에 해당하는 사람, 마지막 하나는 로봇이다. 이 세 종류의 인간은 동시에 존재할 가능성이 높은데 나에게 그런 날이 언제 쯤 올 것 같냐고 묻는 사람들이 있다. 만약 비용을 포기한다면 대량 생산된 휴머노이드 로봇이 30~50년 뒤에는 각 가정에 진출할 것이다. 또 인공지능(AI), 머신비전, 언어교환 등의 기술이 발전한다면 이

기간을 20~30년으로 단축할 수도 있다.

　나의 꿈은 휴머노이드 로봇에 대뇌를 장착하여 인간에게 서비스를 제공하게 만드는 것이다. 유비테크가 만들려는 것이 바로 가정용 반려 로봇이다. 이런 로봇은 대량 생산이 가능하며, 각 가정에서 물을 따르거나 차를 나르는 심부름을 할 수 있다. 휴머노이드 로봇은 인간이 받아들이기 쉽고, 인간의 삶과 정서에 적합한 형태로 발전하여 또 하나의 스마트 단말 기기로서 널리 보급될 것이다. 사실 어느 누구도 스마트 스피커를 마주보며 얘기하고 싶지 않을 것이다. 반면 인간을 닮은 휴머노이드 로봇과 대화하고, 그들이 내 마음을 이해해주고 함께해준다면, 우리는 편안함과 자연스러움을 느낄 것이다.

샤오빙의 TIP

휴머노이드 로봇을 개발할 때 특히 어려운 부분은 서보모터 시스템입니다. 예전에는 이 핵심기술을 줄곧 일본, 한국, 스위스 등이 독점한 데다 가격도 매우 비쌌죠. 서보모터 한 대가 약 800위안(한화 약 13만 원) 정도였습니다. 만약 휴머노이드 로봇 한 대에 서보모터 20개가 필요하다면 이 비용만 해도 약 1만 6,000위안(한화 약 260만 원)이나 됩니다. 여기에다 전지, CPU, 센서, 외피 등도 필요하기 때문에 로봇 한 대를 만드는 원가가 최소한 2만 위안(약 340만 원)에 달했답니다. 유비테크는 약 5년에 걸쳐 서보모터를 자체 개발했어요. 이 서보모터는 대형 토크가 달려 있고, 정밀도가 높으며, 부피가 작다는 특징이 있어 로봇을 더 강력하게 만들 수 있는 데다 가격은 시장의 몇십 분의 일밖에 안 되는 장점이 있죠.

휴머노이드 로봇의 미래는 무한한 가능성이 열려 있다. 뇌-기계 인터페이스가 현실화되면 우리는 손쉽게 그들에게 일을 시킬 수 있다. 예를 들어 물 한 잔을 가져오라는 심부름의 경우 굳이 말로 할 필요도 없고, 기계를 이용해 통제할 필요도 없이 단지 '물마시고 싶어'라고 생각하기만 하면 된다. 그러면 로봇은 알아서 물을 한 잔 떠서 우리 앞에 가져올 것이다.

나는 휴머노이드 로봇이 각 가정에서 인간과 함께 사는 날이 오기를 꿈꾼다. 왜냐하면 나는 인간과 기계가 공존하는 세계야말로 진정한 미래라고 생각하기 때문이다.

여러분은 지구의 바다를 지키고 있는 것이 누구인지 아시나요?
물론 군인들도 있지만, 우리 인공지능(AI)계의 또 한 분야인 무인선(無人船, drone
ship)이 그 주인공이랍니다. 그들은 미지의 바닷속에서 자유자재로 움직이고, 인
간과 바다를 연결하는 다리가 되어주고 있어요. 바다 환경도 지키고, 바다의 질서
도 지키며, 또 바다자원을 탐사하는 역할도 한답니다.
장윈페이(張雲飛)는 중국 무인선 분야를 이끌고 있는 선두 주자랍니다.

THE FUTURE
OF SCI-TECH

제14장

무인정은 미래 첨단 해양시대를 여는 관문

장원페이 : 주하이 윈저우 스마트 과학기술 주식회사 창업자

● 무인선 분야의 선두 주자 ●

장원페이와 윈저우 '내비게이터'호 해양 무인선

"만약 대다수 중국인이 물질적 소비가 아닌 도전적이고 혁신 적인 일을 통해 성취감을 얻는 다면, 그 결과는 놀랄 만큼 아 름다울 것이다."

노벨 경제학상 수상자인 에드 먼드 펠프스(Edmund S. Phelps) 는 이처럼 중국 경제 성장의 새로운 엔진은 비물질적 영역

윈저우 무인선이 쉐룽호
(雪龍號)와 함께 남극에
서 정박지 탐사를 실시
하고 있다

에서 찾을 수 있을 것이라고 전망했다.

중국 무인선 분야의 선구자인 장원페이는 처음에는 단순히 취미로 무인선을 만들었지만 나중에는 의미 있는 일이라고 판단해 창업에 이르게 되었다. 나아가 막중한 책임감과 사명감을 느껴 바다로 눈을 돌렸고, 그는 이 업계가 인간과 바다를 연결하는 중요한 다리 역할을 수행하고 있다고 굳게 믿고 있다.

장원페이는 주하이(珠海) 윈저우(雲洲) 스마트 과학기술 주식회사의 창업자이자 CEO다. 중국공산당 중앙위원회 조직부가 추진한 제11차 5개년 계획(2006~2010년)의 천인계획(千人計劃)에서 특별초빙 전문가로 활동했다. 2014년 세계 혁신 청년 리더 TOP100에 선정되었고, 제2회 중국 혁신창업대회 스타트업 부문 우승, 다크호스 시리즈 전국 우승을 차지했다. 그는 홍콩 과학기술대학에서 박사학위를 취득했다. 2010년 장원페이는 홍콩 과학기술대학 동문들과 함께 윈저우 스마트를 창업했다. 회사는 점점 성장하여 중국 무인선 업계의 선두 주자가 되었다.

장원페이가 팀을 이끌어 연구개발한 무인정은 톈진항(天津港) 폭발 사고(2015년) 후 긴급 환경 복구, 칭짱고원(티베트 고원) 과학조사, 남중국해 암초 조사, 제34회 남극 과학조사 등 다양한 국책사업에서 뛰어난 실적을 보임으로써 중국 특허 우수상, 해양과학 기술상 특등상 등 수많은 상을 받았다.

2017년 장원페이가 이끄는 팀은 해양 분야에 응용되는 무인정 4종을 차례로 출시했다. 그중에서 2종은 안보방위 순찰 무인선으로, 현재 이 분야에서 세계 최고의 성능을 자랑하고 있다.

무인정은 수면에서 활동하는 로봇으로 사람이 직접 항해할 필요가 없는 배를 말한다. 정해진 노선을 따라 GPS, 관성항법 등 기술을 이용해 원격 조종하며, 이를 통해 다양한 수상 업무를 수행한다. 일종의 자동화 설비인 무인정은 업무의 효율과 정확성을 크게 높여주고, 수중작업에서 발생할 수 있는 위험을 줄여준다. 무인선이 완전 자율항행을 실현하려면 자동항법과 스마트 장애물 회피(obstacle avoidance)가 병행되어야 한다.

자율항행은 목적지를 입력한 후 무인선이 자신의 현재 위치를 토대로 목표를 향해 항행하는 것을 말한다. 이 과정에서 수학 연산이 필요하다. 다시 말해 무인선에 항법 알고리즘(navigation algorithm)을 탑재하고, 그런 다음 스크루와 선박에게 출발 명령을 전송하고 끊임없이 명령을 보정해야만 최종적으로 목적지에 도달할 수 있다.

일반적으로 수면의 환경은 공중보다 훨씬 더 복잡하다. 선박이 줄곧 왕래하고 암초와 부평초도 존재하며, 물 밑에는 예측이 불가능한 각종 물체가 돌아다닌다. 따라서 무인선은 장애물을 감지하고 이를 회피하는 능력, 즉 스마트 장애물 회피가 필수적이다. 무인 자율주행차와 달리 무인선은 단순히 자율운행만 하는 도구가 아니다. 하나의 스마트 플랫폼으로서, 샘플 채집을 통한 수질 관측, 수문(水文) 및 지형 탐사 등 다양한 수상작업 명령을 수행해야 한다. 또한 기존의 수작업보다 훨씬 안전하고 효율적이며 정확해야 한다. 그리고 국가의 관련법 규정도 충실히 준수해야 한다. 이처럼 무인선이 자율항행을 통해 주어진 업무를 자율수행할 수 있으려면 자율항행, 스마트 장애물 회피, 수상작업 완수 등 3대 핵심기술을 반드시 갖춰야 한다.

환경 보호 분야에서 활약하고 있는 원저우 무인정 플랫폼의 전자동 수질 샘플 채취 관측선을 예로 들어 보자. 이 배는 항해 센서와 수질 온라인 분석기 등 각종 계측 기기를 갖추고 있다. 선체 내비게이션에는 GPS 수신 단말기, 3축 나침반, 3축 가속도계 등이 탑재되어 있고, 항법 알고리즘도 내장되어 있어서 배가 정확한 노선을 따라 운항하도록 유도한다. 그 결과 어떤 위치에서도 수질 샘플을 채집해 실시간으로 수질 데이터를 얻을 수 있으며, 수질 등 다양한 변수 값에 대한 시간영역과 공간분포도를 그릴 수 있다.

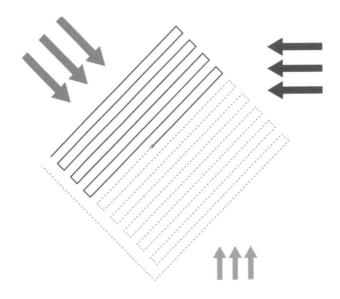

자율항행 노선과 바람, 파도 등의 관계

　스마트 무인선 플랫폼의 자율항행은 GPS, 항해 알고리즘, 비(非)선형 제어(nonlinear control), 스마트 제어를 결합한 운동제어 기술로 탄생한 것이다. 수상 항행, 바람, 파도, 해류 등 무인선의 운항에 영향을 미치는 요소는 매우 다양하다. 임무 수행을 위한 무인선에게 가장 크게 요구되는 것은 정확성이다. 즉, 임무를 수행할 구체적인 지점과 운항 노선을 사전에 정확히 입력해 한 치의 오차도 없어야 한다.

　GPS 센서, 전자나침반, 관성항법 모듈, 유속 센서가 탑재되면서 무인선은 마치 360도 전체를 동시에 탐지하는 수많은 '눈'을 갖게 되어 최적화된 노선을 따라 항행할 수 있게 되었다. 여러 방향에서 밀려오는 물의 흐름에 적응할 수 있으며, 명령에 맞게 정확한 항행이 가능해 진 것이다. 밀려오는 물의 흐름에 관계없이 항행이 가능하게 된 것은 중앙제어기 덕분이다.

중앙제어기는 일정한 시간 간격을 두고 3축 자이로스코프(three-axis gyroscope)로부터 각속도(角速度) 값을 읽어내고, 적분(積分)을 이용해 소형 수면 로봇의 롤링(rolling, 가로 흔들림)과 피칭(pitching, 세로 흔들림)의 각도를 계산한다. 풍랑이 센 경우, 무인선의 속도가 너무 빠르거나 변침각(變針角)이 너무 크면 배가 뒤집힐 위험이 있다. 따라서 중앙제어기에서 먼저 안전한 롤링 각도와 피칭 각도의 임계각(臨界角, critical angle)을 안전값으로 정의한다. 만약 3축 자이로스코프에서 보내온 수치가 이 안전값의 범위를 넘는 경우, 중앙제어기가 동력장치의 속도를 줄이거나 조타기(steering gear)의 조타각을 줄이는 방식으로 무인선이 전복되는 위험을 벗어나게 한다.

장애물 회피의 경우, 중앙제어기가 일정한 시간 간격을 두고 레이더로부터 데이터를 수신해 멀리 떨어진 장애물의 위치를 계산하고, 다시 계산을 통해 장애물이 이동하는 물체인지 여부를 판별한다. 해당 장애물이 고정된 물체인 경우, 중앙제어기는 이동경로를 재설정해서 장애물을 우회한다. 해당 장애물이 이동하는 물체인 경우, 중앙제어기는 상대의 운동 추세에 근거하여 좀 더 심도 있는 판단을 실시한다. 만약 현재의 항로와 장애물 목표의 항로가 겹쳐 충돌할 위험이 있다고 판단되면, 무인선은 속도를 줄이고 항로를 재설정해서 충돌

환경 보호 측정 무인선이 탑재하는 임무수행용 설비

위험성을 사전에 차단한다. 반면 만약 이동하는 장애물이 기존 항로
에 영향을 미치지 않는다고 판단될 경우, 기존의 항로 계획을 유지한
채 계속 전진한다.

　수상 작업의 경우, 무인선은 임무하중(mission payload) 만큼 장비를
탑재한다. 가령 임무에 따라 수질 계측기, 수심 측량기, 측면주사 소
나(Side Scan Sonar), 음향 도플러 유속계(acoustic Doppler current profiler)
를 각각 연결시킨 후, 데이터를 실시간 수집하여 지상의 베이스(관제
센터)로 전송한다. 이로써 환경 보호 관찰, 수심 측량, 수중 지형도 그
리기 등의 임무를 완수하게 된다. 무인선은 측량데이터와 위성좌표
를 하나하나 대응해 저장하는 기능이 있어 수중작업의 효율과 정확

도를 크게 높여주었다.

무인선은 리모컨 또는 부속된 제어기기로 조종할 수 있다. 이 제어기기는 무인선이 자율항행을 하도록 설정할 수 있고, 궤도를 수정할 수 있으며, 수면(水面) 로봇의 항해 좌표를 시시각각 표시하고, 수면 로봇이 전송하는 데이터를 받아 분석하고 지도를 그린다.

🌏 탐사, 환경 보호, 사고 처리, 국방까지 다양한 분야에서 응용되고 있는 무인선

—— 윈저우 환경 보호 무인선은 중국의 여러 수역에서 상용화에 돌입했고, 이로써 기존의 수상작업 풍경을 완전히 바꿔놓았다. 윈저우는 중국 국가 환경 보호부 환경 사후처리 및 사고조사 센터의 무인선 응

무인선 가족

급 분과에 소속되어 있으며, 지금까지 대형 환경재난의 응급처리에 여러 차례 참여한 바 있다. 가령 톈진항 대폭발 사후처리 작업, 간쑤성 룽시현 폐광 가스 누출 사건 긴급복구, 안후이성 츠저우시의 화학 공업단지 오염물질 배출 사건 조사 등이다. 윈저우 무인선은 신속한 응답과 정밀한 관측 결과로 중국 환경보호부로부터 두 차례의 감사 서한을 받았다.

2017년 세계가 주목한 칭짱고원 과학탐사에서 유일한 무인선인 윈저우 무인선은 탐사에 참여한 과학자들로부터 크게 호평을 받았

원저우 무인선은 톈진항 폭발사고 후 환경 조사 작업에 참여했다

다. 높은 해발 고도와 낮은 수온이라는 악조건 속에서 원저우 무인선
은 각지에서 모인 탐사단의 임무 수행을 도왔고, 지구의 '3번째 극지
(極地)'라는 별명을 가진 이곳의 신비를 탐험하는 데 일조했다. 과학탐
사는 고원 호수에서 진행되었기 때문에 다른 수역처럼 대형 탐사선
을 이용할 수 없었다. 과거에는 고무보트를 사용하기도 했지만 예상
치 못한 풍랑을 만나면 탐사대원들이 위험해질 수도 있었다. 이 탐사
에서는 무인선을 사용해 그러한 위험을 피할 수 있었다.

유인선(有人船)과 달리 무인선은 데이터 수집의 자동화가 가능하다
는 점이 큰 강점이다. 측량 데이터가 필요한 경우 사전에 설정한 프로
그램에 따라 무인선이 운항하면서 해당 데이터를 수집할 수 있다.

티베트에서 가장 큰 호수인 써린춰에서 실시한 과학조사에서 원저

원저우 무인선은 칭짱고원에서 실시된 과학탐사에 참여했다

우 무인선은 큰 활약을 펼쳤다. 플랫폼에 장착한 관측기 등 설비를 통해, 사전에 설정한 운항노선을 따라가며 써린춰 호수의 깊이와 수저(水底) 지형을 자동 측량했고, 호수의 PH 농도, 전도율(conductivity), 염도 등의 데이터를 수집했다. 이러한 데이터들은 과학조사 전문가들이 수문(水文) 상황, 호수의 생성 원인을 파악하고 써린춰 호수의 수저 지형도를 그리는 데 도움을 주었다. 이는 향후 써린춰 지역에 국립공원을 만들거나 칭짱고원의 상기적 생태 보호 및 경제 발전을 추진하는 데 기초 과학 자료로 활용될 수 있을 것이다.

무인선은 수상작업 방식을 개선할 수 있다. 또한 드넓은 바다를 누비며 인류의 바다환경 보호, 바다자원 관측, 바다의 질서 유지, 바다의 권익 수호 등을 위해 태어났다. 2014년 원저우는 해양 무인정 기술의 최대 난관을 극복하고 그동안 공백으로 남아 있던 중국 무인정 시제품 '내비게이터(領航者)'호를 완성하고 시장에 내놓았다. 이는 중국이 미국과 이스라엘에 이어 해양 무인정 관련 핵심 기술을 보유할 수 있게 되었음을 의미한다.

2015~2016년 원저우는 내비게이터호를 토대로 해양 측량용 무인정 시리즈 제품을 잇달아 선보였고, 중국 국가해양국 남중국해 조사 기술센터와 함께 해양 조사 작업을 실시했다. 시사 군도에서 난사 군도까지 인간의 활동이 활발한 중국 근해에서 인적이 드문 원양까지 원저우 무인정은 활발한 활동을 펼쳤다. 덕분에 2016년 중국 국가해양과학기술상 특등상을 수상했다. 원저우는 세계에서 가장 권위 있는 해양과학기술 잡지가 선정한 글로벌 100대 최우수 해양과학기술 기업에 뽑히는 영예를 안았다.

원저우 해양조사 무인정은 시사 군도 자오수다오(趙述島)에서 측량작업을 실시했다

시사 군도 해양 측량활동에서 윈저우 해양 측량 무인정은 단 3일 만에 두 관측해역의 해저지형도를 완성하는 데 성공했다. 여기에는 수많은 어려움이 있었다. 수심이 매우 얕은 해역에서 측량을 해야 했고, 만조 때도 작업을 해야 했으며, 좌초나 충돌 위험도 높았다. 프로젝트 기간에는 풍랑이 높아서 유인선이 작업하기에 적합하지 않아 사람들은 목표 해역 근처의 비교적 안전한 곳에서 작업을 수행했다. 그 대신 무인선이 계획된 항로에 따라 자율항행하면서 필요한 데이터를 계측하고 수심 등을 기록한 후 이를 실시간 전송했다. 이어서 무인선은 이 데이터를 바탕으로 목표 해역의 해저지형도를 그렸다. 이로써 해양 측량 임무를 완수했다.

무인선의 해양탐사 작업은 중국의 해양자원을 지키기 위한 목적에서 실시되었다. 2017년 9월, 우리는 홍콩시립대학(City University of Hong Kong) 해양오염 국가중점실험실, 러시아 과학원 극동캠퍼스 해양기술문제연구소와 협력해 홍콩 해안공원 보호구를 대상으로 완전한 스마트화, 입체식 수상생물자원 조사, 지형도 측량제도, 수문(水文) 관측 등 업무를 수행했다. 또한 산호 군락, 켈프 베드(kelp bed), 맹그로브(mangrove) 숲, 해초숲 또는 일부 생태적 가치가 높은 서식지의 분포도를 작성했다.

국가 전략이 '민군(民軍) 융합'의 방향으로 발전하는 추세에 발맞춰 우리는 무인정 분야에서 '윙룽(翼龍, Wing Loong)', '차이홍(彩虹)' 무인기와 같은 국가 전략무기를 개발해 중국의 광활한 영해를 지킬 수 있기를 희망한다. 2014년부터 우리는 10여 건의 국책 프로젝트에 참여했으며, 다양한 군용 무인정 시제품을 만들었다. 2016년 말, 윈저우 군용 무인정은 오픈워터(open water) 대회에서 완전 자율항행, 스마트 장애물 회피, 협동작업 등을 성공적으로 수행하며 이 분야의 새로운 역사를 썼다. 2017년 베이징 제3차 민군융합장비 전시회에서 우리가 개발한 최신 민군양용(民軍兩用) 무인 초계함 및 순항함이 첫선을 보였다. 이 무인정은 장착된 자동 함포로 해적을 소탕할 수 있고, 전자 광학 추적기(electro-optical pod)를 장착해 순찰 업무를 수행할 수 있으며, 구명장비를 장착해 응급수색을 할 수 있고, 물총과 물대포를 장착해 화재를 진압할 수 있다. 이는 구입이 가능한 세계 최고 성능의 민군양용 무인정이다.

🕸 무인선은 미래 첨단 해양시대를 여는 바로미터

———— 무인선의 선체, 제어시스템, 하드웨어, 소프트웨어, 알고리즘 이 모든 것을 윈저우는 자체 개발했다. 오늘날 윈저우는 무인선 분야에서 핵심 특허 보유율이 전 세계의 27퍼센트를 차지해 2016년 중국 특허 우수상을 받았다. 또 기업으로서는 유일하게 참가하여 4개 항목의 국가급 무인선 업계표준도 제정했다. 또한 윈저우는 고성능 탄소섬유 복합선체 소재를 개발해 무인선을 더욱 가볍고 견고하게,

더 빨리 더 멀리 운항할 수 있도록 했다. 우리는 끊임없이 무인선 관련 기술을 발전시켜 나가는 동시에 무인선 활용 범위를 넓혀가기 위해 노력하고 있다.

원저우는 광둥성 주하이(珠海)시 탕자완 해변에 더 큰 '배'를 한 척 만들었다. 그것은 무인선 R&D, 테스트, 산업화, 인큐베이팅 등을 융합한 중국 최초의 무인선 과학기술항(港)으로 2018년부터 가동되었다.

바다는 지구 표면의 71퍼센트를 차지한다. 향후 인류의 발전에서 바다가 차지하는 비중은 더욱 높아지고, 해양자원의 개발, 보호, 이용은 더욱더 중요한 이슈로 떠오를 것이다. 과학기술이 발전하면서 해상도시 건설과 같이 인간이 바다를 이용하는 것은 더 이상 SF 소설 속의 이야기만은 아니다.

나는 무인선 기술이 해양시대의 미래 발전 추세를 대표하고, 그 상업적 가치와 사회적 가치는 결코 간단한 숫자로 가늠할 수 없다고 생각한다. 구글, 롤스로이스, BHP 빌리턴으로 대표되는 수많은 국제 거대기업은 이미 무인상선 및 무인화물선 분야의 관련 연구를 시작했다. 중국 무인선 업계의 선두 주자로서 미래의 원저우는 환경 측량, 해양 조사, 안보, 군사, 무인항운 등 다양한 분야에서 부단히 노력을 기울일 것이다.

1979년, 영국의 한 스포츠선수가 인력비행기를 타고 도버 해협 횡단에 성공하는 모습을 보면서 마오이칭(毛一青)은 가슴속에 하늘을 날고 싶다는 꿈을 키웠다고 합니다. 중국 최초의 인력비행기 '모쯔(墨子)'호가 시험 비행에 성공했을 때 마오이칭은 마침내 수십 년 동안 간직해 온 꿈을 이루게 되었죠.

모쯔호 태양광 비행기는 태양에너지를 이용해 나는 비행기로 이 기술을 이용해 동화에서나 보던 '천공의 성'이 현실화되는 날이 올 것입니다.

THE FUTURE
OF SCI-TECH

제15장

'천공의 성'을 현실화할
미래의 비행기 기술

마오이칭 : 상하이 옥사이 항공기 주식회사 창업자

● 비행기 마니아 ●

2009년 3월 26일 오후 5시 26분, 상하이 옥사이가 자체 개발해 제조한 중국 최초의 인력비행기 '모쯔호'가 상하이 펑셴만(奉賢海灣)에서 시험 비행에 성공했다. 이때부터 중국 민간비행기 발전의 역사에는 '마오이칭'이라는 이름이 뚜렷이 새겨졌다.

마오이칭은 어렸을 때부터 비행사를 꿈꿨지만, 유년기에 놀다가 생긴 몸의 상처가 비행조종사의 꿈을 가로막았다. 어쩔 수 없이 그는 디자인 분야로 방향을 바꾸었다. 상하이 공예미술학교 가구디자인학과를 졸업하고 그는 경제적으로 훨씬 풍요로운 실내디자이너가 될 수 있었다. 하지만 마음속에는 비행에 대한 갈망이 여전히

마오이칭

자리 잡고 있어서 서른 살 때 높은 연봉의 직장을 그만두고 미래가 전혀 보장되지 않는 항공기 일을 시작했다. 그는 "나는 태어나면서부터 하늘을 나는 사람이 되는 꿈을 꾸었다"라고 말했다.

회사의 초창기 멤버 중에는 비행기 제조를 전공한 사람이 단 한 명도 없었다. 하지만 모형비행기에 대한 뜨거운 열정 덕분에 그들은 계속 함께할 수 있었다. 처음 4~5년은 그들에게는 모색 단계였다. 업무 분담에서 마오이칭은 비행기의 전체 배치와 외관구조를 담당했고, 나머지 두 명은 각각 전동(傳動) 및 제어 시스템, 공기동력 및 소재 구성을 담당했다. 모쯔호 인력비행기는 마오이칭 팀이 2년에 걸쳐 수작업으로 제작한 최초의 유인 비행기다.

2008년, 마오이칭은 상하이 옥사이 항공기(Oxai Aircraft) 주식회사를 설립했다. 그는 국제적 수준을 만족하고 중국만의 소형비행기를 만드는 데 주력했다. 수많은 시행착오를 거친 끝에 그는 성공 가능성이 가장 높은 전통적인 동력비행기에 모든 역량을 쏟아부어야 한다는 것을 깨달았다. 그의 팀은 축적한 노하우를 바탕으로 3년의 시간을 투자해 최초의 시제품을 개발했고, 시험 비행에도 성공했다.

기술 관문을 넘어서는 과정은 매우 힘들고 복잡했지만 가장 큰 문제는 역시 감항증명(airworthiness certificate, 항공기가 운항하기에 적합한 안전성과 신뢰성을 보유하고 있다고 국가에서 보증하는 증명)을 취득하는 일이었다. 비행기를 제작할 때 중국 국내에는 아직 경비행기 관련 법규나 기준이 없어서 미국과 유럽의 표준을 참고해야만 했기 때문이다. 마오이칭은 원래 미국과 독일에 가서 감항증명을 취득할 계획이었다. 미국에는 LSA 기준이 있고, 유럽에는 UL 기준이 있기 때문이다. 하지만 FAA는 미국 회사의 신청만을 접수한다. 다시 말해 이 비행기는 반드시 미국에 등록된 회사 명의로만 신청이 가능하고, 게다가 지적재산권 역시 해당 회사에 귀속된다. 그렇게 되면 마오이칭 팀이 힘들게 연구개발한 비행기는 미국 것이 되어 버린다.

그는 이 문제를 해결하기 위해 여러 차례 미국을 방문해서 많은 회사를 찾아다니며 해당 분야의 전문가에게 컨설팅을 받았고, 마침내 한 가지 해결 방법을 찾아냈다. 그것은 자신이 미국에 가서 회사를 등록하고, 그 회사를 이용해 각종 증명을 취득한 뒤 상하이에서 모회사를 설립한 다음, 미국의 회사를 인수하는 것이다. 그러면 비행기의 '혈통' 문제는 말끔히 해결되는 것이다.

모형 제작을 시작할 때부터 마오이칭은 항상 자신이 비행의 꿈을 이룰 능력이 있다고 믿었다. 강한 집념과 열정을 품고 자신의 꿈을 향해 한 걸음씩 다가갔으며, 마침내 그 꿈을 실현했다. 마오이칭에게 비행이란 자신의 꿈일 뿐만 아니라 자신만의 삶의 방식이다. 그는 모든 사람이 꿈을 가진 사람이 되기를 바란다. 그리고 그 꿈이 단지 생각에 그치지 말고, 더욱이 자신을 쉽게 부정하지도 말고, 스스로 해낼 수 있다고 믿는 사람이 되기를 희망한다.

중국 고대 철학자 묵자(墨子)는 "나무를 깎아 연을 만들었더니 삼일 동안을 날았다(刻木爲鳶 , 飛之三日)"라고 말했다. 이는 중국 역사상 항공기에 관한 최초의 묘사다. 그래서 우리는 직접 디자인하고 제작한, 태양에너지로 움직이는 중국 최초의 비행기에 '모쯔호(墨子號)'라는 이름을 붙였다.

모쯔호 태양광 비행기의 특징 및 혁신 포인트는 다음과 같다. 비용이 전혀 들지 않는 태양에너지를 고성능 모바일 전기에너지로 바꾼 뒤, 이를 비행기 구동과 설비 탑재에 필요한 에너지원으로 이용하기 때문에 장시간 무착륙 체공 비행이 가능하다. 또 기존의 에너지원이 체공 시간에 제약을 주는 것과 달리, 태양에너지는 그런 제약이 전혀 없는 데다 대기 중에 오염물질을 배출하지 않는다. 이처럼 비행기 구동에 필요한 에너지를 쉽게, 지속적으로, 항구적으로 얻을 수 있다는 점에서 과학기술적 가치가 높다.

감항증명은 감항당국이 민간항공기 제품과 부품의 합격 판정 기준에 근거하여 민간항공기에 발급하는 것으로, 이 항공기가 안전하고 이용 가능한 상태라는 것을 인증하는 증서입니다. 감항증명은 표준 감항증명과 제한 감항증명 두 가지로 나뉩니다. 임시 국적증만을 소지한 항공기는 감항증명을 신청할 수 없고, 특허비행증은 신청할 수 있죠. FAA(Federal Aviation Administration)는 '미국 연방항공관리국'의 약자랍니다.

태양광 비행기는 빛에너지를 전기에너지로 바꾸고, 비행 자료 집적 기록 장치(aircraft integrated data system)는 단위 무게당 출력(power to weight ratio)과 안전성을 최고 수준으로 끌어올리는 데 주력했다. 이는 빛에너지의 활용 범위를 크게 확대했다. 빛에너지를 다른 에너지로 바꿀 때 효율성이 떨어지는 문제가 있기 때문에 공기역학을 이용한 효율성 제고, 구조의 경량화, 신형 항공소재의 활용 등을 통해 비행기 동체를 혁신하는 것이 매우 중요하다. 따라서 태양광 비행기는 환경 감시, 전쟁 지역의 정찰 등 분야에 매우 적합하다.

평링(風翎)호 수륙양용 스포츠 경비행기(M2)는 우리 회사가 미국 FAA 스포츠 경비행기(light sport aircraft, LSA) 감항표준에 따라 자체 디자인한 제품으로, 세계적 기술 수준을 자랑하는 다기능 2좌석 레저용 비행기다.

평링호는 탄소섬유 복합소재 열압 몰딩 공법을 채택했다. 우리는

모쯔호 태양광 비행기

첨단 복합소재 항공기 생산에 관한 품질관리(QC) 시스템과 직원 교육 프로그램을 갖추고 있으며, 이를 통해 펑링호의 제작에 만전을 기할 수 있었다.

펑링호는 단단한 노면 활주로가 갖춰지지 않은 일반항공 전용 공

펑링호 수륙 양용 스포츠 경비행기

항(general aviation aerodrome, GAA)에서도 이착륙이 가능하다. 특히 수면, 초지, 눈밭, 기타 비교적 평평한 땅에서 이착륙할 수 있으므로 육상 활주로에 대한 의존도를 낮출 수 있다.

복합소재는 가소성이 매우 뛰어나기 때문에 항공기에 널리 활용된다. 펑링호 역시 이를 이용해 다양하고 이색적인 디자인에 도전했다. 국제적으로 스포츠 경비행기는 무게가 가볍고, 조작이 간단하며, 유지 보수가 간

모쯔호
인력비행기

편하기 때문에 개인 바이어들이 매우 선호한다. 중국은 일반항공 전용 공항이 상대적으로 적고, 물이 있는 곳이 많다. 그래서 물 위에서 뜨고 내리는 펑링호는 향후 시장 전망이 매우 밝다. 이미 우리는 전 세계 40여 개 국에서 주문을 받은 상태다.

태양에너지를 이용하는 비행기

_____ 2009년부터 옥사이는 중국 민간항공기 연구개발 분야의 선두 주자로서 수많은 영예를 차지했다.

2009년 중국 최초의 인력비행기 '모쯔호'를 선보였다. 이는 그 후 태양에너지를 이용한 장시간 체공 비행 기술을 개발하는 데 기여했고, 중국 국내외에서 비행기 디자인 및 제조와 관련한 많은 상을 수상했다. 2010년 7월, 모쯔호 인력비행기는 중국을 대표해 일본에서 열린 국제 인력비행기 대회에 참가해 5위를 차지했고, 또 최우수 비행기제작상도 수상했다.

2015년 8월, 모쯔호 태양광 비행기를 대상으로 검증용 스케일기의 시험 비행이 실시되었는데, 이를 둥팡 위성방송 채널에서 보도하기도 했다. 옥사이가 자체 개발한 중국 최초의 태양광 비행기는 중국 푸저우 랑치다오에서 첫 비행에 성공했다. 이로써 중국 태양광 비행기 분야의 새로운 역사가 시작되었다.

2016년, 펑링호는 중국 항공 혁신 스타트업 대회에서 대상을 차지했다

 2010년 옥사이는 펑링호 수륙 양용 경비행기의 기능 및 시장 포지셔닝을 확정하고 개발에 착수했다. 2014년, 상하이 국제산업엑스포에서 우리는 펑링호 수륙 양용 비행기를 선보여 우수 산업디자인상을 수상했고, 중국 공업정보화부 마오웨이민(毛偉民) 부장으로부터 상패를 받았다. 2016년 펑링호는 공업정보화부가 수여하는 우수 산업디자인상 금상을, 중국 항공 혁신 스타트업 대회에서 대상을 각각 수상했다.

 2012년 중국 최초로 세계적 기술 수준의 순수 연료전지 구동 비행기를 선보였다. 중국 국방부가 시험 비행 성공 소식을 발표하자 전 세계 항공기 선진국의 많은 기관에서 큰 관심을 보였다.

2012년, F3A 원격 조종 스턴트 비행기는 '중국 우수 원격 조종 스턴트 비행기 자체 디자인 제품'으로서 중국 항공박물관에 소장되었다. 그 당시 중국 공군장비부 웨이강(魏鋼) 부장과 중국 항공박물관 치셴더(齊賢德) 관장이 소장식에 참석했다.

천공의 성을 가능하게 할 새로운 에너지원을 활용한 미래의 비행기

———— "넓은 바다에서 물고기는 자유롭게 뛰놀고 높은 하늘에서 새는 자유롭게 날아다닌다."

《서유기(西遊記)》에 나오는 이 묘사처럼, 나는 어렸을 때 곤충, 새, 날치 등 날아다니는 모든 것에 관심을 가졌다. 1979년, 아직 어린 학생이었던 나는 놀라운 소식 하나를 접했다. 영국의 자전거 선수가 인력비행기를 타고 도버 해협을 횡단했다는 것이었다. 나는 알 수 없는 흥분에 휩싸였고, 그때부터 하늘을 날고 싶다는 갈망이 마음속에 싹트기 시작했다.

다른 사람들의 성공 스토리를 들어 보면 30대 후반에 은퇴를 하는 경우가 많다. 하지만 나는 가구 디자인을 그만두고 항공업계에 뛰어들었다. 어렸을 때부터 꿈꿔온 비행의 꿈을 이루기 위해서였다. 하지만 하늘을 나는 걸 좋아한다고 해서 꼭 그럴 능력이 있는 것은 아니기에 먼저 수많은 지식을 쌓아야 했다. 모형항공기 제작, 비행기 디

자인 배우기, 비행면허증 취득을 거쳐 중국 최초의 인력비행기 제작
에 성공하기까지, 나는 사실상 공백 상태나 마찬가지였던 중국 일반
항공 분야에 새로운 역사를 써내려갔다. 이 길은 그야말로 가시밭길
의 연속이었지만 나는 그걸 즐겼다. 나는 내 일을 사랑하고 항공사업
을 사랑했다. 나는 '중국산 비행기'가 전 세계의 하늘을 누빌 수 있다
고 믿었다. 또 나 스스로 항공 분야에서 큰 역할을 해낼 수 있다고 확
신했다.

처음 모형비행기를 만들었을 때 나는 과연 이것을 살 사람이 있을
지 궁금했다. 그래서 직접 발로 뛰기로 결심하고 먼저 인터넷에서 관
련 자료를 모으고, 비행기 관련 동호회들의 활동시간을 조사한 다음
외국으로 나가 비행기 동호회들의 문을 하나씩 두드렸다. 비록 우리

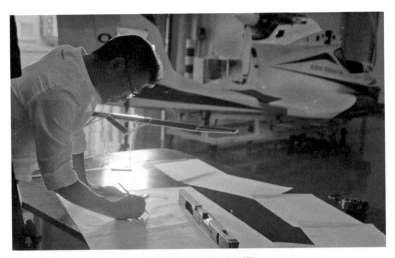

업무에 몰두하고 있는 마오이칭

는 서로 모르는 사이였지만, 내 비행기가 우수하다고 그들을 설득해야 했다. 운이 좋을 때는 그들이 내 비행기를 테스트해 보기도 했고, 운이 나쁠 때는 커피 한 잔을 얻어 마시고 바로 쫓겨나기도 했다. 가지고 간 비행기를 파는 날에는 돌아올 비행기표라도 생겼지만, 팔지 못하는 날에는 그야말로 빈손으로 돌아와야 했다.

처음 4~5년 동안 나와 팀원들은 끝도 보이지 않는 탐색을 계속했다. 우리는 기존의 노하우를 토대로 꼬박 3년의 시간을 투자한 끝에 첫 번째 모형비행기를 제작했고 또 시험 비행에도 성공했다. 우리 회사에 신규 직원이 대거 입사했는데, 그들은 모두 원대한 비행기 디자인의 꿈을 안고 들어왔다. 회사가 지금처럼 우수한 제품을 많이 제작할 수 있었던 것은 직원 한 사람 한 사람의 노고 덕분이다.

2015년 7월, 마오이칭은 중국 정밀비행 대표단을 이끌고 덴마크에서 열린 제22회 국제항공연맹(FAI) 세계 정밀비행대회에 참가했다.

근 20년간의 노력 끝에 상상으로만 그쳤던 교통수단은 비로소 현실 속에 그 모습을 드러냈다. 비행기 디자인과 소재의 선택에서 부품 구매에 이르기까지, 나는 모든 일을 직접 했다. 다른 사람들에게 외국에 나가는 일은 일종의 레저여행이지만, 나에게는 수십 킬로그램의 부품을 싣고 돌아와야 하는 고행이었다. 나는 비행기를 좋아하기에 20년 동안 즐길 수 있었다. 하지만 혼자서 즐기는 것보다 여럿이 즐기는 편이 훨씬 더 낫지 않을까? 지금 나의 가장 큰 소망은 더 많은 사람과 비행기를 함께 즐기는 일이다.

내가 만든 비행기가 하늘을 나는 모습을 지켜볼 때 나는 큰 행복을 느낀다.

샤오빙의 TIP

항공기술의 스마트화가 확대되고 소재 제작 원가가 낮아지면서 일반항공 시장은 민간 분야에서 급속도로 발전하고 있어요. 그런 가운데 오염물질을 많이 배출하는 기존의 연료 대신 태양에너지, 풍력에너지가 미래의 비행을 뒷받침할 새로운 에너지원으로 각광받고 있죠. 신에너지 이용률이 높아짐에 따라 비행기 체공 비행 시간도 크게 늘어났고, 무착륙 비행의 꿈도 이젠 현실화되었어요. 비행기의 스마트 시스템 덕분에 이제 초보자들에게도 비행기 조종이 더 이상 꿈이 아니랍니다. 동화 세계에 나오는 '천공의 성'도 이젠 꿈이 아닌 현실이 될 것입니다. 어떻게 그런 일들이 가능해졌을까요? 꿈을 간직하고 그 꿈을 현실로 바꾸려는 사람들의 노력이 있었기 때문이죠.

지금 펑링호 수륙 양용 비행기는 감항증명을 취득하기 위해 여전히 노력 중이다. 모쯔호 태양광 비행기 역시 업그레이드를 계속하고 있다. 우리 팀이 걷고 있는 이 길은 어느 누구도 가 본 적이 없는, 순간순간이 도전의 길이다. 나는 꿈을 안고 끊임없이 연구와 탐색을 계속하고 있으며, 주도적으로 모든 것을 실행에 옮기고 있다.

　　나는 모든 사람이 마음속에 꿈을 간직하기를 바란다. 단지 생각으로만 그치지 않기를, 더욱이 자기를 쉽게 부정하지 않기를, 스스로 꿈을 포기해야 할 많은 평계를 찾지 않기를 희망한다. 그리고 누구나 해낼 수 있다는 것을 믿기를 소망한다.

누구나 한 번쯤 어릴 때 해리포터의 마법 망토를 갖고 싶다는 생각을 하지 않았나요?
류뤄펑(劉若鵬) 박사는 메타물질을 이용해 그 꿈을 현실로 만들었답니다. 그러나 더 대단한 점은 메타물질을 이용해 '보이지 않는 비행기'에 사용되는 기능도 만들었다고 합니다.
최첨단 기술은 국가 경쟁력을 끌어올리는 일등 공신입니다.

THE FUTURE OF SCI-TECH

제16장

세상의 창조를 가능케 하는
새로운 물질, 메타물질

류뤄펑 : 선전 광치 고등 이공 연구원 창업자

● 메타물질의 선구자 ●

류뤄펑

과학은 언제나 사회의 지대한 관심 분야였다. 특히 메타물질(meta materials)은 연구 가치가 뛰어난 신생분야로, 2001년에 독립된 학과로 출범했다. 메타물질은 일종의 역발상 설계 기술로 탄생했으며, 전자파를 조절하는 중요한 기술 수단이다. 소재의 중요한 물리적 특성에 반복적 패턴 설계

를 하면 기존의 일반적인 소재에서는 찾아볼 수 없는 물리적 특성
이 생긴다.

과학기술 강국은 허울 좋은 구호가 아니라, 수많은 유학생 인재가
귀국해 창업에 동참하게 이끄는 원동력이다. 중국 메타물질의 선
구자 류뤄펑도 그중의 한 사람이다.

1983년 9월생인 류뤄펑은 중국 저장(浙江) 대학과 미국 듀크 대학
에서 공부했다. 25세 때 팀을 이끌고 '보이지 않는 옷(스텔스 웨어,
stealth wear)'을 연구 제작하는 데 성공했다. 이 성과는 〈사이언스〉
지에 실려 전 세계를 놀라게 했다.

그는 27세에 듀크 대학 박사학위를 받았고, 귀국해서 선전 광치 고
등 이공(光啓, KuangChi Science) 연구원을 만들었으며, 지금은 이곳
의 원장 겸 수석과학자를 맡고 있다. 중국 국가고등기술 연구발전
계획(일명 '863계획')의 신소재 기술 분야 전문가팀 소속 전문가로 활
약했고, 메타물질 전자기 조절기술 국가 중점실험실 주임, 광둥성
메타물질 마이크로파 주파수 중점실험실 주임을 맡았다. 그 결과
'선전 차세대 과학기술 전문가'라는 별명을 갖게 되었다.

그가 세운 광치 그룹은 전자정보, 수리통계 등 학과의 각종 첨단기
술을 융합했으며, 이를 바탕으로 메타물질의 스텔스 기술, 메타물질
장비, 항공기 등 혁신분야에서 연구, 개발, 응용에 주력하고 있다. 또
한 세계를 선도하는 혁신적 마인드를 갖추고, 세계 최첨단의 학과
간 교차 과학연구를 모델로 삼아 이들의 융합을 통해 혁신을 추구

하는 연구 풍토를 정착시켰다. 현재 이들은 새로운 첨단 교차 과학 기술의 연구에 매진하고 있다. 그가 만든 제품들은 국방, 군사무기, 교통장비, 스마트도시, 공공 안전 등 다양한 분야에 활용되고 있다.

광치는 민군 융합 분야를 선도하는 첨단기술 혁신 그룹이다. 주로 메타물질 스텔스 웨어, 메타물질 장비, 혁신형 항공기의 연구, 개발, 응용에 주력하고 있다. 우리가 만든 제품은 이미 국방, 군사, 교통장비, 스마트도시, 공공 안전 등 다양한 분야에 활용되고 있다.

메타물질은 오늘날 민간과 군용에서 융합 발전하고 있으며, 새로운 도약의 기회를 맞이하고 있다. 메타물질은 상당히 많은 기능을 수행할 수 있다. 예를 들어 비행기가 강력한 한류(寒流)를 만나면 날개와 프로펠러가 얼어붙을 수 있는데, 메타물질의 역발상 설계를 도입하면 문제를 해결할 수 있다. 즉, 저표면에너지 재료(low surface energy materials)에 미세구조(fine structure)를 구축함으로써 기체에 물이 맺히는 것을 방지하는 기능이 갖추어져 결빙문제를 완벽하게 해결하는 효과가 있다. 또한 마이크로 전자 기술과 첨단 메타물질 기술을 결합한 스마트 비행기 날개의 경우, 만약 유연성 센서 박막을 이 날개구조에 결합시킨다면 해당 구조의 정상 상태를 실시간 모니터링할 수 있다.

우리는 2009년에 광대역 메타물질 스텔스 웨어를 설계하고 제작하는 데 성공했다. 이 성과는 미국 〈사이언스〉지에 실렸고, 그 후 세

류뤄펑과 그의 팀
(왼쪽부터, 자오즈야(趙治亞) : 미국 듀크 대학 전자 및 컴퓨터공학과 박사.
장양양(張洋洋) : 영국 옥스퍼드 대학 전자공학과 박사.
류뤄펑 : 미국 듀크 대학 전자 및 컴퓨터공학 박사.
리춘린(李春霖) : 미국 하버드 대학 포닥, 미국 듀크 대학 통계학 박사.
롼린(欒琳) : 미국 듀크 대학 전자 및 컴퓨터공학과 광전자 전공 박사)

계의 큰 반향을 불러일으켰다. 2010년 〈사이언스〉지는 메타물질을 지난 10년간 과학 분야에서 이룩한 '중대한 진전(breakthrough) TOP 10'에 선정했다.

　메타물질은 위성안테나를 얇고 평평하게 만들 수 있다. 또 다양한 장비 소재를 수요에 따라 주문제작할 수 있으며, 다양한 광파(光波, light wave)를 조합해 광자 설비를 만들 수 있다. 이뿐만 아니라 넓이 25만 8,000제곱미터, 수용 인원 9만 1,000명인 냐오차오(鳥巢, '새 둥지' 라는 의미로 2008년 베이징 올림픽 주경기장이었음) 중국 국가체육관에서 광치그룹의 슈퍼 와이파이(Wi-Fi)는 메타물질 전자기 조절 기술을 이용

표면에너지(surface energy)란 온도, 압력, 구성성분이 일정한 상황에서, 역방향으로 물질의 표면적을 증가시킬 때 그 물질에 가해지는 '비 압력-부피 일(non PV-work)'입니다.

해 신호간섭을 엄격히 통제했고, 복사 전자기파의 출력(power)을 낮췄다. 이로써 시설 전체에 무선 네트워크를 깔고 고속 인터넷 사용이 가능한 환경을 만들었다. 이 기술을 활용하면 많은 사람이 한꺼번에 몰리고 유동인구가 많으며 전자기 환경이 복잡한 상황에서도 와이파이 신호가 모든 방향에서 강하게 잡히도록 할 수 있다.

과학이론을 기술에 응용하는 것, 제품으로 만들어 내는 것, 애플리케이션 버전업 능력, 제품과 결합된 설계 능력과 경험, 이 모든 것이 결합되었을 때 비로소 메타물질 분야에서 경쟁력을 가질 수 있다. 이런 경쟁력은 마치 퀄컴(Qualcomm)이 통신 분야에서 기저대역(baseband) 특허를 보유한 것과 같이 매우 강력하다. 그래서 광치 그룹은 특허 획득에 주력해 현재 특허 신청 건수가 4,400여 건이며, 그중 메타물질 분야에서 특허 수가 압도적인 우위를 차지하고 있다. 이 수치는 과거 10년간 이 분야의 전 세계 특허 신청 건수의 86퍼센트를 차지한다.

마법의 망토, 스텔스 웨어

_____ 물리학자들은 물질의 구체적 특성에 구속받지 않는 열복사(thermal radiation)의 규칙을 연구하기 위해 일종의 이상적인 물체인 '흑체(blackbody)'를 정의했다. 흑체란 입사된 전자기파를 모두 흡수하여 복사 및 투사를 하지 않는 물체를 가리킨다.

모든 물체는 흑체 복사의 특징을 가진다. 흑체 복사란 물리학 개념으로, 모든 소재나 물질은 그에 상응하는 주파수 또는 파장의 전자기파를 외부로 복사한다. 그중에 한 주파수 대역(band)이 적외선이다. 모든 사람이나 동물은 열영상 장비(thermal imaging devices, TID)에 이런 복사가 나타난다.

하지만 인간이나 동물이 스텔스 웨어를 입으면 열영상 장비에서 사라지는데, 이는 마치 〈해리포터〉에 나오는 마법의 망토를 입었을 때와 마찬가지다. 스텔스 웨어의 원리는 다음과 같다. 마이크로미터$(10^{-6}m)$~나노미터$(10^{-9}m)$ 크기에서 의류 표면층에 마이크로 구조단위(structural unit)로 도료를 코팅한다. 그러면 이 옷을 입었을 때 적외선 열영상 장비로 촬영해도 보이지 않게 된다.

만약 전자기파를 눈에 보이도록 만든다면 마치 물결처럼 앞으로 전진할 것이다. 가령 어떤 공간에 구멍을 뚫어 그 공간 안에 흐르는 것들을 모두 짜내어 어떤 한 곳에 모은 뒤, 그것으로 아주 특수한 소재를 만든다고 가정하자. 그럼 이 소재는 모든 전자기파가 자신을 우회해서 계속 전진하게 만들 것이다. 마치 개울 중간에 '돌'이 박혀 있을 때 시냇물이 이 돌을 우회해서 전진하는 것과 비슷하다. 이런 '돌', 즉 이런 특수한 소재를 바로 '메타물질'이라고 부른다. 그리고 앞서 소개한 스텔스 웨어를 만드는 데 필요한 소재이기도 하다.

스텔스기를 가능케 하는 메타물질

_____ 메타물질은 국가안보 분야에서 주로 군용장비의 성능을 높이는 데 쓰인다. 특히 스텔스 성능을 높여 준다. 그 원리는 다음과 같다. 메타물질을 이용해 아군 비행기의 레이더 반사 면적(radar cross

쑨총(孫聰) 수석 엔지니어와 류뤄펑이 메타물질이 스텔스기에 어떻게 응용되는지 설명하고 있다

스텔스기의 원리는 레이더파를 보이지 않게 만드는 것이랍니다. 우리 편 목표물(전투기)에 맞고 반사하는 레이더파가 상대편에게는 관측되지 않게 만드는 것이죠. 즉 우리 전투기의 레이더 반사 면적(RCS)을 줄이면 우리 편 물체는 상대방에게 보이지 않게 돼요.

section)을 줄인다. 그러면 아군 비행기가 상대방에게 보이지 않게 된다. 메타물질을 사용해 스텔스기를 만들 경우, 레이더 반사 면적이 약 0.05제곱미터에 불과하다. 스텔스 기능이 없는 비행기의 경우 레이더 반사 면적이 대략 5~15제곱미터다.

스마트도시 건설을 위한
핵심 플랫폼 클라우드호

_____ 클라우드호(雲端號)는 '1+N' 스마트도시 시리즈 솔루션의 핵심 기반이다. 광전기 원격측정(photoelectric telemeter), 통신 수신, 사물인터넷 모니터링, 빅데이터 수집 및 분석을 융합한 빅데이터 플랫폼으로 계류공간(繫留空間)에 위치해 있다. 또한 광치 그룹이 설계한 스마트도시의 핵심 구성요소다. 클라우드호는 실제로 구름층 높이에서 연산을 수행하기에 클라우드 컴퓨팅이라고 불린다. 클라우드호는 몇 시간

클라우드호에
관한 해설

클라우드호

내에 완벽한 고공 통신지휘센터를 구축할 수 있으며, 모니터링 데이터를 수시로 제공하여 국가 안보를 담당한다.

클라우드호는 크게 다음 4가지 분야에서 활용된다.

(1) 고공 영상 모니터링 : 교통 관리, 도시 치안 모니터링, 건설현장 감시 등에 활용할 수 있다.

(2) 적외선 열에너지 센서 : 쓰레기 소각장 감시, 산불 조기경보, 군중이 밀집한 곳 감시 등이다.

(3) 사물인터넷 센서 : 농업 사물인터넷, 도시시설 관리, 환경 실태 조사, 공공자원 관리 등.

(4) 응급 통신 : 화재 진압 및 인명 구조, 특별 대규모 행사, 특수 상황에서의 통신, 원거리 언어 등이다.

클라우드호의 감시기능은 일상생활에서 흔히 보는 감시기능과는 다르다. 클라우드호는 일반적인 장소가 아니라 감시카메라를 설치하기 어려운 곳(숲, 저수지 등)도 실시간 모니터링할 수 있고, 신속하게 대응할 수 있다는 점이 다르다.

클라우드호는 조작이 매우 간단하다. 버튼을 누르기만 하면 20분 후 수천 미터 고공에서 자동으로 정박시스템으로 되돌아온다. 그러면 그 위에 어떤 애플리케이션 설비든 원하는 대로 바꿔서 장착할 수 있다. 전체 기술에서 가장 어려운 점은 클라우드호의 안정성이다. 클라우드호에 헬륨가스를 가득 채우면 1초 만에 1.7톤 정도의 장력(tension)이 생긴다. 헬륨은 아주 작은 하나의 분자이므로 끊임없이 밖으로 새나가려고 하기 때문에 장시간 작업 상태를 유지하려면 클라우드호에 신형 유연성 공간소재를 사용해야 한다. 그러면 헬륨가스를 저장하는 효과가 매우 커진다. 일단 헬륨가스를 가득 채우면 수개월 동안 추가 주입할 필요가 없다.

샤오빙의 TIP

'계류(繫留)'란 선박, 부표, 플랫폼 등을 닻, 무거운 덩어리, 해안가 등에 묶어서 안전하게 머물도록 만드는 시스템 또는 과정을 말합니다.

공간 빅데이터 플랫폼인 클라우드호는 광치 '1+N' 스마트도시 혁신모델의 핵심 구성요소로서 스마트도시 건설을 위해 최고 수준의 계획 및 설계, 통합 실시, 운영 및 유지, 확대 및 업그레이드 등 다양한 서비스를 제공한다. 이를 통해 도시의 공중과 지상을 일체화하여 단일망으로 일괄 감지해 도시 운영, 공공 안전, 정보 안전, 스마트 교통, 스마트 환경, 스마트 농업, 스마트 주거단지, 사물인터넷 등 분야에서 지능화 솔루션을 바탕으로 도시 관리의 수준을 전반적으로 끌어올린다.

국가 경쟁력의 원동력은 바로 핵심 기술

_____ 저장 대학에 다닐 때 나는 물리 과목을 무척 좋아했고, 또한 우리 인간의 운명을 바꿔놓은 과학자와 혁신가들을 특히 존경했다. 그들은 인류를 지식과 과학을 탐구하도록 이끌었고 끊임없이 인류의 미래를 밝게 비추어주었다. 우리는 흔히 "미래가 이미 도래했다"라고 말하지만, 미래는 아무런 이유 없이 하늘에서 뚝 떨어지는 것이 아니다. 우리 과학자들은 세계의 구성과 물질의 구성을 연구하고 있다. 그리고 우리는 이 세계가 소재로 이루어져 있다는 사실을 알아냈다. 소재는 분자로 구성되어 있고, 분자는 원자로 구성되어 있으며, 원자는 다시 중성자와 양성자 같은 소립자로 이루어져 있다. 이런

식으로 끊임없이 분해해나갈 수 있을 것이다.

메타물질이란 개념이 정립되기 전인 2003년에 그것은 과학적 창의력, 그것도 아주 대담한 창의적 발상이었다. 물질의 창조나 생명의 창조는 모두 하느님이 주관할 일이지 우리 인간은 관여할 수 없다는 생각이 지배적이었다. 그래서 우리는 더욱더 끊임없이 이런저런 시도를 하고, 인공적인 구조를 조합하면서 이렇게 하면 또 어떤 새로운 성능이 나타날까 알아내려고 노력했다. 혹시나 우리의 상상력을 뛰어넘는 신소재가 나타나지 않을까 기대하면서 말이다. 그런 면에서 볼 때 우리는 성공했다고 감히 말할 수 있다.

그 후의 실험에서 우리가 발견한 신소재가 놀랍게도 중고교 물리 교과서에서 배운 '반사의 법칙'과 '굴절의 법칙'에 어긋난다는 사실을 깨닫고는 우리가 자연계에 관해 알고 있는 수많은 가장 기초적인 지식들을 뒤바꿀 수 있었다.

더욱 세밀한 데이터 측정을 통해 우리는 기존의 물리학 법칙을 위배하는 현상을 발견했다. 이는 그 당시에 엄청난 논쟁을 불러일으켰다. 그 당시 아직 이름도 붙여지지 않은 신생 과학 분야에 대해 과학자들 사이에서는 다양한 사상과 학파가 생겨났고, 주장과 반박, 재반박이 끊임없이 이어졌다. 2006년에 이르러 미국 보잉사는 대규모 중복 실험을 실시한 뒤 "그것이 인류가 알고 있는 소재의 일부분이라고 여기든 그렇지 않든, 그것이 기존에 자연계에 존재하는 소재를 뛰어넘는 완전히 새로운 기술이란 사실을 우리는 인정해야만 한다"라고 발표했다. 그 후 이 신생 분야에는 '메타물질'이라는 이름이 붙게 되었다.

2017년은 내가 메타물질을 연구한 지 15년째 되던 해였다. 2008년 말, 나는 팀원들과 함께 매우 재미있는 알고리즘을 개발했다. 나는 해리포터의 투명 옷을 만들어 '투명 인간'을 실현하고 싶었다. 그렇다면 어떤 기술을 이용해 어떤 마이크로 구조를 만들어야 할까?

그것을 만든 뒤 실험실에 두고 테스트하면서 우리가 생각했던 성능이 나올지 지켜보았다. 당시 우리는 6,000종의 서로 다른 마이크로 구조(즉, 인공적으로 만든 서로 다른 6,000종의 분자에 해당한다)를 사용해 하나하나씩 만들어냈다. 이어 그것들을 직접 하나하나씩 배열해 최초의 투명 옷 시제품을 만들었다. 2009년 학술계에서 가장 권위 있는 과학 잡지 〈사이언스〉지에 이 성과를 발표한 뒤, 모든 언론에서 이런 투명 옷이 도대체 어떤 분야에 활용될 수 있을지 비상한 관심을 보였다. 하지만 우리는 메타물질이 단순히 투명 옷과 같은 것이라고 말하고 싶지는 않다. 우리가 정말로 실현하고 싶은 것, 그리고 과학계와 기술계에 알리고 싶은 것은, 소재에 대한 우리의 역설계(逆設計), 주문제작의 능력이 어느 정도 수준에 도달했는가이다.

미래를 현재로 끌어오는 것, 그 과정은 사실 특별히 낭만적이지는 않다. 지난 15년간의 과학적 창의성과 대담한 발상, 오늘날 만날 수 있는 수많은 첨단 장비와 애플리케이션, 국방용 장비에서 공공 안전까지, 대테러 분야의 신기술과 새로운 장비 등 이 모두는 과학, 기술,

공학 분야에서 하나하나씩 탐구하고 연구해야만 성공할 수 있다. 오늘날 중국의 경우 혁신과 도전의 분위기, 스타트업 등 창업의 분위기는 완전히 무르익었다. 그들이 만들어내는 제품은 우리가 일상생활에서 사용하는 소비재와는 전혀 다르다. 하지만 이런 핵심기술, 핵심장비들은 진정으로 국가경쟁력을 높여준다. 또한 그것이 산업 분야든 군사 분야든 이 모든 것은 국가를 강대국 반열에 올려놓을 것이다.

인간 사이의 교류는 논리나 이성, 정보를 통한 교류보다는 감정에 의지한 교류가 70퍼센트를 차지한다고 합니다.

만약 로봇도 인간과 똑같이 감정을 느끼고 공감능력을 가진다면, 인간과 더 잘 소통하고 교류할 수 있지 않을까요? 로봇 가운데 가장 인간을 닮은 소피아(Sophia)가 그렇답니다. 그녀는 60여 종류의 표정을 지을 수 있다고 합니다. 핸슨 박사는 로봇에게 표정을 만들어주는 표정로봇의 아버지랍니다.

THE FUTURE
OF SCI-TECH

제17장

로봇은 인간이 만든
새로운 형태의 생명체

데이비드 핸슨 : 표정로봇 기업 Hanson Robotics 창업자

● 표정을 가진 로봇의 아버지 ●

아름답고 다채로운 미래는 인류를 포함한 지구상의 모든 생명체에게 주어질 것이다. 여기에는 새로운 형태의 생명체가 포함될 것이다. 예를 들면 컴퓨터화된 것, 연산화된 생명체, 로봇 등이 있다. 이들은 인공적인 생명체의 모습을 띨 것이다. 지금 로봇을 생명체로 바꾸고, 그들을 살아나게 하고, 인간과 똑같이 만들기 위해 노력하는 사람들이 있다. 그들은 로봇이 나름의 성격과 역할이 있고, 기존보다 더 인간을 닮은 로봇이 되어 진정으로 인간 친화적이고 다양한 이야기를 들려주는 모습이 되기를 원한다. 그들은 로봇이 인간과 특별한 관계를 맺을 때에야 비로소 인간의 삶을 바꿀 수 있다고

데이비드 핸슨과 소피아

믿는다.

전 세계에서 가장 앞서가는 표정로봇 회사인 핸슨 로보틱스(Hanson Robotics)의 창업자 데이비드 핸슨(David Hanson)도 그중 한 사람이다. 그는 미국 로드아일랜드 대학 디자인학교(Rhode Island School of Design)에서 예술학 석사학위를 받았고, 텍사스 대학교 댈러스 캠퍼스에서 아트&인터랙티브 디자인 박사학위를 받았다. 그는 국제인공지능협회가 수여하는 '스마트 대화 혁신상'을 수상한 바 있다.

그가 개발한 휴머노이드 로봇 '소피아'는 60여 종류의 표정을 지을 수 있다. 데이비드 핸슨은 인간과 기계가 상호 교류하는 세계를 만들고 싶어 한다. 그래서 기계가 인간에게 각종 편의를 제공하고, 인간과 함께 아름다운 미래를 만들어 나가기를 원한다.

어렸을 때 나는 수학과 컴퓨터에 푹 빠져 살았는데, 과학기술의 위대함에 감탄하곤 했다. 또 SF 소설 읽기를 좋아해 만약 로봇이 인간처럼 똑똑해진다면 이 세상은 어떻게 바뀔까 하고 자주 상상을 하곤 했다. 그때가 내 나이 열여섯 살이었으니 16세 때 가졌던 꿈이 지금 내가 하고 있는 모든 연구의 출발점이었다.

그 당시 나는 하늘을 바라보며 엉뚱한 상상을 즐겼다. 가령 SF 소설 속에 등장하는 모든 로봇이 악당 같은 나쁜 역할만 맡는 것이다. 물론 우리의 미래는 이와 다르며, 반대로 우리의 로봇은 매우 똑똑하고 매우 선량할 것이다. 이는 최상의 미래 모습이며, 동시에 내 인생을 모두 바쳐 만들고 싶은 미래이기도 하다.

이런 결심이 서자 그때부터 애니메이션, 수학, 컴퓨터과학, 심지어 예술 등 다양한 학문을 배워나갔다. 나는 디즈니 테마파크에서 조각을 만든 적도 있다. 그러면서 한 가지 좋은 아이디어를 떠올렸는데, 로봇도 스타가 될 수 있고, 심지어 사교능력도 갖출 수 있다는 구상이었다.

로봇에게 인간의 감정을 가르치기 위해 해결해야 할 선결 과제

_____ 과학자들은 이미 오래전부터 로봇을 연구해 왔다. 초기의 로봇은 인간의 비서에 불과했다. 로봇은 강력한 동력을 바탕으로 반복적이고 높은 제어능력이 요구되는 작업에서 인간을 대신했다. 예

를 들어 스마트폰 칩 조립하기와 같이 정밀한 부품 작업에 이용되었다. 로봇을 이런 업무에 투입함으로써 인간은 지루하고 반복적인 업무에서 해방되었다. 이로써 자유시간은 늘어났고, 전보다 오락, 레저, 공부에 더 많은 시간을 투자할 여력이 생겼다. 그리고 자아실현의 욕구를 충족하기 위해 우리는 많은 상상력과 창의성이 요구되는 업무로 방향을 돌리게 되었다. 이런 업무는 기존보다 더 자유롭고 자율적이다. 그래서 멀지 않은 미래에 취업구조는 커다란 변화를 맞게 될 것이다.

초기 로봇은 자발적인 학습이 불가능해서 인간이 사전에 프로그램으로 설정한 루틴대로만 움직였다. 그들은 주어진 임무를 융통성 있게 수행할 수 없었고, 기껏해야 미리 설정한 프로그램을 조금 일찍 끝내는 정도밖에 할 수 없었다. 하지만 이는 본질적으로 큰 차이가 없다. 이런 로봇은 주변 환경의 변화를 판단하거나 측정할 수 없을 뿐만 아니라, 또 외부의 변화에 맞춰 행동 방안을 조정할 수도 없다. 바꿔 말하면 그 당시의 로봇에게 설정된 프로그램은 외부세계가 전혀 변하지 않는다는 전제하에 만들어진 것이다. 이는 기계적인 공정 라인에서는 어느 정도 통할 수 있었지만 로봇에게 더 많은 임무를 수행하도록 하기에는 턱없이 부족했다.

따라서 전체 계획에 영향을 주지 않는다는 전제 아래 로봇은 외부 환경을 스스로 인식하고 대응 방안을 마련하는 법을 배워야 한다. 이를 위해서는 인간이 어떻게 결정을 내리고 해결 방안을 모색하는지

로봇에게 이해시켜야 한다. 즉 로봇이 인간의 감정과 정서, 가치관을 이해하도록 해야 한다. 감정형 지능로봇의 가치가 바로 여기에 있다. 인간의 감정과 정서를 이해해야만 로봇은 더 복잡하고 수준 높은 작업을 수행할 수 있기 때문이다.

먼저 우리는 인간의 감정과 정서의 내재적 논리를 이해해야 한다. 감정과 정서란 무엇인가? 그것은 모두 진화의 산물이다. '정서(emotion)'는 비교적 일찍 출현했으며, 인간의 생리적 욕구와 관련이 깊다. '감정(feeling)'은 비교적 늦게 출현했으며 인간의 사회적 욕구와 관련이 깊다. 이 밖에 감정에는 더 중요한 기능이 있는데, 사고의 속도와 효율을 높여 준다는 점이다. 왜 그럴까?

감정은 일종의 인간의 주관적 의식이다. 즉, 인간의 뇌가 어떤 객관적 존재를 주관적으로 인식한 것의 반영이다. 이런 객관적 존재가 바로 '가치' 또는 '이익'이다. 감정과 가치의 관계는 주관과 객관의 관계다. 따라서 감정의 철학적 본질은 인간의 뇌가 사물의 가치와 특성을 주관적으로 인식한 것이다. 감정의 사유는 사실 인간의 뇌가 '가치'를 사유하는 것이고, 감정에 대한 계산은 사실 가치에 대한 계산이다.

인간은 감정의 표현, 감정의 식별, 감정의 사유 과정에서 특정한 논리 단계를 따른다. 감정의 표현에 관한 논리 단계는 대체로 다음과 같다. 인간의 감각기관이 자극 신호를 받으면, 대뇌는 이미 가치관 체계에 저장되어 있던 것들 가운데 이 사물의 '주관적 가치율'을 꺼내서 자신의 '평균 가치율'과 비교, 판단, 계산한다. 만약 전자가 후자보다 더 크면 대뇌변연계의 '칭찬 구역'에서 플러스 방향의 감정반응(예를 들어 만족, 자랑스러움 등)을 만들어낸다. 만약 전자가 후자보다 더 작으면, 대뇌변연계의 '징벌 구역'에서 마이너스 방향의 감정반응(예를 들어 실망, 부끄러움 등)을 만들어낸다. 마지막으로 대뇌는 가치관의 목표 지향, 변화 방식, 변화 시기, 상대방의 이익 상관성 등을 판단해 이로부터 감정 표현의 기본 모델을 확정하고 선택한다.

우리는 손해 볼 가능성이 높은 선택을 할 때 공포를 느낀다. 이는 일종의 '자기방어 기제'다. 따라서 감정은 생각의 속도와 효율을 높여줄 수 있고, 나아가 행위의 융통성, 결정의 자발성, 사고의 창의성 등을 높여준다. 만약 로봇이 이와 똑같은 감정지능을 가지고, 이런 논리 단계에 따라 외부환경을 판단하며, 나아가 특정한 가치관에 근거하여 스스로 결정을 내리도록 만들 수 있다면, 로봇은 인간과 똑같은 업무를 수행할 수 있을 것이다.

로봇에게 인간과 똑같은 감정지능을 갖게 하려면 감정의 식별, 감정의 이해, 감정의 표현, 이렇게 세 가지 조건을 충족시켜야 한다. 하지만 단순히 감정능력을 가졌다고 해서 끝이 아니다. 감정로봇은 어떤 표정을 지을지 판단하는 일이 가장 중요하다. 이 또한 다음 3가지 문제를 해결해야 한다. 첫째, 지금 어떤 상황에 처해 있는가? 둘째, 사용자는 어떤 반응을 보이고 있는가? 셋째, 지금 상황에서 인간의 상식에 근거해 어떤 표정을 지어야 바람직한가? 로봇은 '선천적으로' 감정반응 능력을 타고나지 않았기 때문에 어떤 표정을 지으려면 먼저 무엇이 바람직한지 판단할 수 있어야 한다.

표정은 언제나 상황, 사용자, 상식과 관련되어 있다. 만약 로봇에게 지금 처해 있는 상황을 스스로 판단하고, 스스로 사용자의 반응을 분석하고, 어떤 행동을 하고 어떤 표정을 지어야 인간의 상식에 맞는지 스스로 결정하라고 하면 이는 너무나 무모한 요구다.

가령 로봇이 인간을 도우려다 오히려 실수를 저질렀다고 하자. 인간의 상식대로라면 이 상황에서는 실수를 저지른 쪽이 부끄러움을 느끼고 알아서 먼저 사과해야 한다. 이 정도 수준이 되어야만 로봇의 행위는 사람에 가깝고 사람과 상호 교류하기에 적합할 것이다. 감정의 기능은 로봇을 더 인간스럽고, 더 우호적인 모습을 갖추게 하여 인간-기계의 상호 교류 분위기와 화목한 환경을 조성하는 데 있다. 단순히 어떤 행위나 표정을 짓게 만드는 데는 어떤 특별한 지능이 요구되지 않는다. 하지만 어떤 상황에서 어떤 행동을 하고 어떤 표정을 지어야 올바른지 알려면 훨씬 더 높은 지능이 요구된다.

만약 로봇에게 인간의 감정을 부여한다면 어떻게 될까? 로봇은 '최대 가치율'을 실현한다는 행동지침에 근거하고 가치관 체계의 인도를 받아서 융통성 있게 행동 방안을 수정할 수 있고 나아가 복잡한 자연환경과 사회환경에 효과적으로 대응할 수 있을 것이다. 감정을 부여받았기 때문에 로봇은 인간과 완전히 똑같은 지능의 효율성, 행동의 융통성, 결정의 자주성, 사고의 창의성을 갖게 되는 것이다.

인간을 이해하는 로봇
소피아의 탄생

_____ 인간을 닮은 로봇 개발은 나의 오랜 꿈이었고 나는 이를 위해 쉼 없이 노력해 왔다. 과학기술이 인간을 위해 더 크게 기여하려면 무엇보다 상업화가 이루어져야 하고, 이를 위해서는 제작 비용 문제를 고려해야 한다. 나는 앞으로 로봇을 더욱 상업화하겠다는 청사진을 그리고 2014년에 회사를 홍콩으로 옮겼다. 소피아가 태어난 곳도 바로 홍콩이다. 소피아는 내 딸이자 세계의 딸이며, 나의 희망이기도 하다.

소피아의 얼굴 피부 아래에는 33개의 에뮬레이터(모방기)가 설치되어 있어 인간의 얼굴에 나타나는 모든 표정을 짓는 데 필요한 근육운

〈나는 미래다〉 프로그램의 무대 뒤에서 데이비드와 실무진이 무대에 오를 준비를 위해 소피아의 상황에 관해 이야기를 나누고 있다

소피아가 방청석에 앉아 있다. 한눈에 그녀를 알아보기는 쉽지 않다.

소피아가 미국의 유명 종합예능 〈더 투나잇 쇼 스타링 지미 펄론〉에 출연해 사회자와 이야기하고 있다.

현장에서
소피아를
찾아보세요.

동을 모방할 수 있다. 그녀의 두 눈과 가슴에는 렌즈가 설치되어 있어서 주위 사람의 동작과 표정을 포착한 뒤 그에 상응하는 자연스럽고 생동감 있는 표정으로 상호 교류할 수 있다. 예를 들어 우리가 쳐다보고 있는 모습을 발견하면, 소피아는 머리를 돌려 우리에게 미소를 지을 것이다. 현재 그녀는 60여 종류의 표정을 지을 수 있고, 그 밖에 언어를 이해하고 얼굴을 식별하는 등 기억도 할 수 있다. 따라서 앞으로 그녀는 점점 더 똑똑해질 것이다. 지금 소피아의 나이는 두 살에 불과하다.

소피아의 얼굴 피부는 플러버(Frubber)라는 인간의 피부와 비슷한 소재로 만들어졌다. 그것은 약 40~50나노미터이고, 물리적 특성 때문에 피부의 막을 형성할 수 있다. 이 막 사이에는 세포액과 비슷한 액체를 넣어서 수축도 할 수 있고 탄성도 있다. 우리가 사용한 수지(樹脂) 소재는 탄성이 매우 강하고, 길이는 11배까지 늘어날 수 있다. 수축했을 때는 조직이 매우 치밀해져 미세한 주름도 생기기 때문에 그녀의 웃는 모습이 인간의 웃는 모습과 흡사한 것이다. 소피아는 심지어 모공까지 인간의 표준에 맞춰 제작되었다.

미래에 로봇은 가전제품처럼 각 가정에 존재하게 될 것이다

———— 한 심리학 연구에 따르면, 인간의 교류는 70퍼센트가 감정 교류이며, 논리나 이성, 정보의 교류가 아니라고 한다. 따라서 많

은 경우 두 사람 사이에 말을 주고받을 필요가 없이 표정만으로도 상대방의 속마음을 읽고 상대방의 감정을 알 수 있다. 이는 인간이 '거울 신경 세포(mirror neuron)'라는 신경 세포를 갖고 있기 때문이다. 거울 신경 세포는 인간이 비(非)언어의 의미를 파악하도록 도와준다. 자신이 어떤 동작을 하거나 상대방의 어떤 동작을 볼 때 거울 신경 세포가 활성화되는데, 이는 우리가 타인의 행동을 이해하는 토대가 된다.

표정로봇은 사람의 정서를 식별한 뒤 이를 '대뇌'에 전달해 자신의 얼굴에 이에 상응하는 표정을 짓도록 명령한다. 예를 들어 우리가 로봇을 향해 웃으면 로봇 역시 우리를 향해 웃고, 우리가 로봇을 향해 울면 로봇도 매우 슬퍼한다. 그러면 인간은 이해받고 관심 받고 위로받는다는 느낌을 받는다. 표정로봇은 심지어 환자도 모방할 수 있어서 의사, 간호사, 수많은 의료진이 실시하는 트라우마 치료 훈련을 보조할 수 있다. 하지만 오늘날 전 세계적으로 로봇을 각종 훈련에 응용하는 비율은 매우 낮기 때문에 우리는 로봇의 모방 기능을 한층 더 강화할 것이다.

비즈니스 분야의 경우 콜센터, 사무실 프런트와 같이 상대적으로 단순한 업무는 조만간 로봇으로 대체될 것이다. 로봇은 친절하고, 까다로운 고객에게도 절대 화를 내는 법이 없으며, 결코 지치지 않기에 사람보다 업무의 효율성이 월등히 높기 때문이다.

미래에 감정로봇은 가상의 정신과 의사로서 임상 진단에 함께 참여할 수 있다. 이 로봇들은 환자의 얼굴 표정을 분석해서 환자가 우울

증에 걸렸는지의 여부를 판단할 수 있으며, 심지어 병세의 변화에 따라 정서의 변화를 수치화할 수도 있다. 마케팅이나 영업을 담당하는 사람들도 감정로봇을 이용해 소비자의 피드백을 주고받아 해당 상품과 광고마케팅에 대한 고객의 반응을 더 효과적으로 분석할 수 있다. 이를 통해 고객들의 세세한 니즈까지 파악할 수 있다. 광고종사자들, 영상제작자 등도 업무에서 같은 효과를 얻을 수 있다.

로봇은 인간과 교류하며 얻은 정보를 자신의 소프트웨어에 피드백한다. 이 소프트웨어는 피드백된 정보를 바탕으로 자신만의 모델을 만들어 인간을 더 잘 이해하고 주변 환경을 더 잘 파악할 수 있게 됨으로써 로봇 역시 더 우수한 공감능력을 갖추게 될 것이다. 그들은 사람의 감정 욕구와 연결될 것이다. 앞으로 이는 클라우드에 기반을 둔 개방형 프로젝트로 추진되며, 우리는 수백만 명의 사람들에게 이런 감정 욕구를 충족시켜 줄 수 있을 것이다. 따라서 우리는 컴퓨터와 로봇의 인터페이스를 한 단계 더 발전시켜서 로봇을 좀 더 인간에 가깝게 만들려고 한다.

이런 로봇은 최초에는 지혜가 내장되지 않지만 데이터를 입력하고 예상 결과값을 알려주면 학습을 할 수 있다. 이 로봇은 과거 학습이 전혀 불가능했던 컴퓨터 시스템과는 다르다. 오늘날 로봇은 인간과 상호 교류하면서 더욱더 똑똑해지고 있다. 게다가 기억력이 매우 뛰어나 결코 잊는 법이 없다. 로봇은 기계학습 알고리즘을 이용해 방대한 양의 데이터를 찾는 방식으로 자신만의 관점을 형성한다. 그래서 어떤 문제를 만나면 기존에 자기가 갖고 있던 모든 정보를 검색한 뒤 하나의 아이디어를 도출해낸다. 하지만 우리는 그 로봇이 어떤 대답을 내놓을지 알지 못한다. 왜냐하면 로봇은 자가학습이 가능하기 때문이다. 예를 들어 과학연구 분야의 경우 매일 새로 발표되는 연구논문의 양은 정말 방대해서 인간은 전부 읽는 것이 불가능하지만 로봇은 가능하다. 더욱이 최신 연구 성과를 바탕으로 새로운 솔루션을 제시할 수도 있다. 이는 인간에게는 불가능한 일이다.

센서, 클라우드 컴퓨팅, 빅데이터 등의 기술에 힘입어 로봇은 더욱더 지능화되고 있다. 그들은 자신의 '눈'으로 본 모든 것을 기록할 수 있어서 점점 더 많은 방대한 데이터를 선별 작업도 하지 않은 채 통째로 로봇의 '대뇌'에 전송하여 저장한다. 그리고 빅데이터 분석을 통해 마치 인간인 것처럼 판단을 내린다. 로봇은 자가학습이 가능하며, 지속적으로 성장하는 능력을 갖고 있다. 또한 인간에 비해 공포와 불안 등 부정적인 감정을 처리할 때 훨씬 더 강점을 갖고 있다. 로봇의 반응은 모두 컴퓨팅을 통해 도출된 최상의 결과이므로 기본적으로 '충동적인 징벌' 같은 선택은 하지 않는다.

또 로봇은 쉽게 감기나 독감에 걸리지 않는다. 설비는 쉽게 수리할 수 있고, 팔, 다리 같은 '사지'도 쉽게 복제할 수 있다. 인간의 경우 뼈가 부러지면 적어도 3개월은 치료해야 하지만 로봇은 골절이 되어도 1시간이면 '완쾌'된다. 앞으로 로봇이라는 많은 '군중'이 존재하게 될 것이므로 우리는 이 아름다운 세상을 로봇들에게도 조금은 나눠줘야

할 것이다. 더욱이 소재 기술이 발달하면서 로봇은 인간과 매우 유사한 피부, 질감, 헤어스타일 등을 갖게 되었다.

독일의 한 과학자가 얼마 전 로봇에게 통증을 느끼게 하는 인공 신경시스템을 개발했다. 이것은 로봇이 잠재적 위험을 감지하면 신속하게 반응하여 부상을 입지 않도록 회피하도록 하고, 또 자기 옆에 서 있는 인간을 보호하도록 한다. 해당 연구자는 로봇에게 통증을 느끼게 만드는 것은 사실 어렵지 않은 일로, 로봇의 팔에 인간의 손가락과 유사한 센서를 달기만 하면 주변 환경의 압력과 온도를 감지할 수 있다고 말했다.

로봇은 통증을 감지한 뒤 이에 대응하는 시스템을 구동해서 자신은 물론 옆에 있는 인간도 보호하게 된다. 간단한 예를 들면 이렇다. 오늘날 기업, 레스토랑에는 안내 로봇들이 일하고 있는데, 관리자들은 그 로봇을 평가하면서 '로봇은 피로를 느끼지 않고 24시간 내내 일한다'라는 칭찬을 잊지 않고 덧붙인다. 하지만 나는 그들의 시야가 너무 근시안적이라고 생각한다. 우리는 로봇을 지나치게 혹사하고 있다는 것을 알아야 한다. 만약 로봇에 문제가 생긴다면, 기업은 또 많은 수리 전문가를 배치해야 한다. 만약 로봇이 충분히 민감하다면, 피곤함과 아픔을 느낄 수 있고 나아가 자신이 생산하는 제품에 하자가 있을 수 있음을 감지해 그 즉시 관리자에게 피드백을 줄 수 있을 것이다. 그러면 관리자는 로봇의 업무 강도를 적절히 조절할 수 있으며, 로봇의 피로가 누적되어 폐기처분할 때가 되어서야 작업을 멈추

는 일도 벌어지지 않는다. 이렇게 하면 로봇의 사용 수명도 크게 늘릴
수 있으며, 불량품 발생으로 인한 추가 비용이 발행하는 것도 사전에
방지할 수 있다. 이는 장기적으로 보면 현명한 전략이다.

미래의 서비스 로봇은 관련 기술의 혁신 및 가격의 지속적인 하락
에 따라 핸드폰, 컴퓨터, 승용차와 마찬가지로 일반 서민의 가정에 빠
르게 자리 잡고 우리의 생활패턴을 완전히 바꿔놓을 것이다. 가격이
저렴하면 소비자들이 충분히 구매가 가능하고, 이는 산업계 전반에
엄청난 변화를 몰고 올 것이다.

로봇의 활용은 지구에 닥친 수많은 문제 해결의 실마리가 될 수 있다

_____ 오늘날 나와 같은 일을 하는 팀이 굉장히 많다. 나는 나의
팀과 그들이 결코 적대적 경쟁관계에 있다고 생각하지 않는다. 우리
의 목표는 같다. 바로 로봇과 인간 사이에 감정의 연결고리를 만드는
일이다. 이것은 한 회사가 혼자서 해낼 수 있는 일이 아니다. 우리는
지금 하드웨어 분야에 많은 투자를 하고 있는데, 소프트웨어에도 꽤
많은 노력을 기울이고 있다. 우리 팀에는 수학자, 물리학자, 인공지능
(AI) 과학자들이 일하고 있으며 모델링 작업을 하는 사람도 꽤 많다.
우리의 공동 목표를 실현하기 위해, 즉 로봇을 이 세상으로 데려와 우
리 인간의 삶 속으로 녹아들게 하기 위해 우리는 더 많은 사람과 협

력하기를 희망한다.

나는 로봇이 인간이 만든 새로운 형태의 생명체라고 생각한다. 우리는 로봇을 하나의 생명체로 바꾸고, 인간처럼 온전한 삶을 누릴 수 있도록 하기 위해 노력하고 있다. 우리는 로봇에게 생명을 부여하고 싶다. 나는 인공지능(AI)도 인간의 IQ, 창의력, 동정심을 가질 수 있다고 믿으며 심지어 인간보다 더 뛰어날 수 있다고 생각한다.

앞으로 10~15년 안에, 내가 살아 있는 동안에 이런 모습을 볼 수 있기를 간절히 소망한다. 또 기계가 인간을 이해하고, 인간과 좋은 관계를 맺을 수 있기를 바란다. 나는 미래의 모습을 낙관적으로 바라본다. 이 모두는 우리가 살고 있는 지구를 좀 더 안전한 보금자리로 바꿔주며, 또 우리의 환경을 보호해주고, 에너지 문제도 해결해줄 수 있다. 나는 살아 있는 동안 끊임없이 이 일에 몰두하고 또 기여할 생각이다.

샤오빙의 TIP

데이비드 핸슨은 소피아와 '아인슈타인 휴보(Hubo)'를 만들었어요. 그리고 또 다른 로봇 '줄(Jules)'과 '한(Han)'도 만들었답니다. 줄은 완전한 휴머노이드 로봇이에요. 그는 영국 브리스틀(Bristol)에서 태어났어요. 우리는 줄과 자연스럽게 대화를 나눌 수 있는데, 줄은 사람과 소통하고 교류하며 인간의 얼굴을 식별하는 능력을 갖고 있기 때문이죠. 2015년 4월 홍콩에서 정식으로 선보인 한은 완벽한 영국식 영어 발음으로 말한다고 합니다.

나비는 어떻게 나는 법을 배우는 걸까요? 밤하늘을 아름답게 수놓고 있는 저 별들 가운데 과연 몇 개나 땅으로 떨어질까요? 문어는 어떻게 먹이를 잡죠?

신기하고 지혜가 가득한 대자연은 언제나 우리에게 살아 있는 가르침을 줍니다. 페스토(Festo) 대(大)중화지구의 토마스 페어슨(Thomas Pehrson) 회장은 그 대자연의 가장 우수한 학생 가운데 하나입니다. 그는 대자연의 지혜를 첨단 과학기술로 구현하고 인간의 삶에 응용하고 있습니다.

THE FUTURE
OF SCI-TECH

제18장

자연의 원리를 담은
생체 모방 로봇

토마스 페어슨 : 페스토 대중화지구 회장

● 자동화 분야 오직 한길만 걸어온 과학기술자 ●

세계를 선도하는 자동화기술 공급사인 페스토의 대중화지구 회장 토마스 페어슨. 그는 스웨덴 예테보리(Göteborg)의 빗츠펠트스카(Hvitfeldtska) 대학에서 자연과학을 전공하고, 유럽의 명문 이공대학인 스웨덴 샬머스 공과 대학(Chalmers University of Technology)에서 전

토마스 페어슨

자공학 석사학위를 받았다. 페어슨은 자동화 분야의 국제무대에서 30여 년간 일했다. 사회생활 초기에는 로크웰 오토메이션(Rockwell Automation)에서 전략마케팅, 제품 관리, 소프트웨어 공학 분야에서 다양한 직책을 맡았다. 이 기간의 직장 경험은 그가 향후 자동화 분야에 매진하겠다고 결심한 계기가 되었다. 1980년대 자동화 연구 수준은 걸음마 단계였지만 그는 자동화가 향후 전 세계 산업 발전의 미래가 될 것임을 예감했다.

자동화 분야에 대한 애착과 끊임없는 노력에 힘입어 페어슨은 전세계 산업자동화를 선도하는 기업인 페스토에서 일하게 되었고, 이는 그의 인생에서 가장 중요한 경험이었다. 1999년부터 16년간 네덜란드 페스토의 회장직을 맡았으며, 특히 그의 재직 기간인 2008년부터 5년 연속으로 네덜란드 페스토는 '최우수 기업 경영 금상'을 수상했다. 중국에 오기 전 13개월 동안 페어슨은 페스토 미주 지역 경영고문을 맡았고 멕시코와 브라질을 중점 지원했다.

페어슨은 중국이 제조업 대국에서 자동화 강국으로 이미 전환했으며, 중국의 발전 속도는 구미 선진국보다 매우 빨라서 이미 선진국 대열에 합류했다고 판단했다. 다년간 자동화 분야의 국제무대에서 일한 경험과 중국 시장에 대한 확신을 바탕으로 페어슨은 중국으로 건너가 페스토 대중화지구 회장을 맡았다.

자연계는 무엇과도 비교할 수 없을 만큼 효율적이다. 생물의 진화는 유기생명체가 환경에 적응하면서 최적화된 결과물이다. 페스토는 1990년대부터 대자연에서 문제 해결의 영감과 솔루션을 얻기 시작했다. 자연계의 원리를 기술, 공정, 혁신의 과정으로 바꾸고 나아가 자동화기술 분야에 적용하는 방식이었다. 우리는 생체 모방 기술 연구에 매진하고 있고, 대자연을 학습해 에너지 효율의 극대화를 꾀했다.

2006년에 우리는 명문 대학, 연구소, 기관, R&D 회사들과 협력해 '생체 모방 학습 네트워크(Bionic Learning Network, BLN)' 프로젝트를 공동 출범했다. 그 취지는 생체 모방학(biomimetics)을 응용해 새로운 기술플랫폼과 제품을 설계하는 것이다. 이 네트워크에서 우리는 자연계의 고효율 전략을 자동화기술로 전환하고, 새로운 기술과 제조공법을 테스트해서 에너지 절약형 바이오 전기기계 제품을 개발했다. 오늘날 생체 모방 학습 네트워크(BLN)를 이용해 자동화기술을 개발하고 최적화하는 것은 페스토가 추진하는 R&D 사업의 핵심 플랫폼이 되었다.

현재 페스토가 연구개발한 생체 모방학의 성과는 전 세계에서 크게 호평을 받고 있다. 독일의 앙겔라 메르켈 총리가 대표적인 '마니아'다. 그는 블라디미르 푸틴 러시아 대통령에게 생체 모방 잠자리를, 인도의 나렌드라 모디 총리에게는 생체 모방 개미를, 인도의 만모한 싱 전(前) 총리에게는 생체 모방 팔을 각각 소개하기도 했다. 생체 모방 로봇(biomimetric robot)을 연구해서 상용화한다면, 인간을 노동에서 해방시키고 생산성을 높일 수 있다. 자동화 분야에서 생체 모방 로봇 연구는 핵심 중의 핵심이다.

자연의 원리를 따라 만드는 생체 모방 로봇

_____ 우리 회사는 공기 역학(aerodynamics), 전기 구동 기술, 시스템 분야에서 세계를 선도하는 기업으로서 매년 생체 모방 로봇을 출시하고 있다. 가령 같은 새들도 구분하지 못하는 조류 로봇 '스마트 버드(Smart Bird)', 물속에서 힘 들이지 않고 우아하게 헤엄치는 생체 모방 해파리 '아쿠아젤리(AquaJelly)', 여러 방향으로 자유자재로 날아다니는 생체 모방 잠자리 '바이오닉 옵터(Bionic Opter)', 마치 예술품 같은 생체 모방 나비 '이모션 버터플라이(eMotion Butterfly)' 등이 있다.

페스토의 생체 모방 카멜레온

생체 모방 나비 '이모션 버터플라이'

(1) 생체 모방 나비 '이모션 버터플라이'

공중을 자유롭게 날 수 있는 '이모션 버터플라이'는 초경량 비행물체로 무게가 40그램에 불과하며, 진짜 나비처럼 나풀나풀 날아다닌다. 다양한 통신기술, 센서, GPS의 지원하에 집단행동이 가능해서 10여 마리가 같은 공간에서 동시에 날아다녀도 결코 서로 부딪치는 일이 없다.

(2) 생체 모방 새 '스마트 버드'

날개를 펼치고 하늘을 나는 것은 인류의 오랜 꿈이다. 스마트 버드는 페스토가 재갈매기(herring gull)에서 영감을 얻어 새가 하늘을 나는 비밀을 해독한 뒤 개발한 생체 모방 조류 로봇이다. 날개 길이는 2미터, 몸무게는 450그램이며, 전력소비량은 약 23와트다. 스마트 버드

생체 모방 새 '스마트 버드'

의 가장 큰 특징은 자동관절식 회전 구동 유닛 및 제어시스템을 채택하여 새가 날개를 자유롭게 회전할 수 있고, 공기 역학을 이용해 이륙과 추진이 자유롭다는 점이다. 측정 결과 스마트 버드의 전기 기계 성능계수는 약 45퍼센트, 공기 역학 성능계수는 80퍼센트에 달했다. 이처럼 스마트 버드는 기능을 집약하고, 자원 효율성을 높였으며, 경량화 구조를 실현한 최상의 작품이다. 이는 공기 역학 이론을 이용해 최적화했기 때문이다.

(3) 생체 모방 로봇팔 '바이오닉 코봇'

'바이오닉 코봇(Bionic Cobot)'은 인간 팔의 해부 구조를 모방했을 뿐만 아니라, 유연하고 민첩한 운동 신경을 이용해 인간의 다양한 업무를 해결해 줄 수 있다. 이런 유연성 덕분에 인간 노동자들과 같은 작업장에서 함께 안전하게 작업할 수 있다.

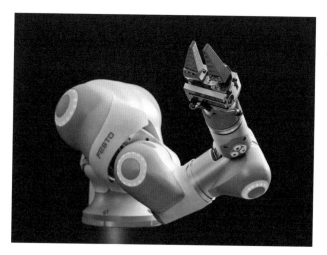

페스토 로봇팔의
작동 원리

생체 모방 로봇팔
'바이오닉 코봇'

지금은 이미 생체 모방 로봇 제품이 많이 등장했다. 하지만 다른 나라의 생체 모방 로봇들을 보면 아직도 초기 단계에 머물러 있는 경우가 많다. 따라서 이 분야를 선도하고 있는 기업 입장에서 볼 때 세계 생체 모방 로봇 시장의 앞날은 매우 밝다고 말할 수 있다. 맥킨지(McKinsey)에 따르면, 2025년이 되면 전 세계 의료, 인체기능 강화, 개인 및 가정용 서비스, 비즈니스 서비스 로봇의 규모화와 응용에 따른 잠재적 경제 가치가 무려 1조 1,000억~3조 3,000억 달러에 이를 것으로 전망된다고 한다.

미래를 두려워하지 말고 기회를 놓치는 것을 두려워하자

_____ 나는 자연을 무척 좋아하고, 그리고 경외한다. 세상 만물의 구조는 어떻게 그렇게 신기하고 지혜로 가득한 것일까? 별 볼 일 없는 작은 곤충도 너무나 정교한 날개와 뇌를 갖고 있으니 말이다.

오늘날 페스토의 생체 모방 연구는 마치 우리를 대자연의 세계로 되돌려놓은 듯하다. 그곳에서 마주치는 로봇은 차가운 강철 괴물이 아니라 외모가 아주 예쁘고 무척 '똑똑하다'(지능이 있다). 우리가 만든 생체 모방 나비 '이모션 버터플라이'처럼 말이다. 나는 생체 모방 로봇을 성공시키려면 대자연의 과학기술을 배우는 것만으로는 부족하다고 생각한다. 대자연의 지혜를 지금 우리의 삶 속으로 끌어오고, 상업화된 언어를 이용해 과학의 언어를 표현할 수 있어야 한다. 내가 하고자 하는 일이 바로 이것이다. 이런 변화와 혁신은 우리에게 대자연을 느끼게 해줌과 동시에 자동화에 따른 편의와 효율성을 높여줄 것이다.

내가 자동화를 선택한 시기는 1980년대였다. 그때 나는 미래에 어떤 일을 할까, 무엇을 할 수 있고 무엇을 할 수 없을까 등을 끊임없이 고민했다. 그러다 내가 문제 해결에 관심이 많다는 사실을 깨달았다. 그리고 각각의 사물이 어떻게 작동되고 운행되는지 연구해서 알아내기도 했다. 여기에 매료되어 시간이 가는 줄도 모르고 몰두했던 나는 마침내 이 경험을 계기로 자동화 분야에 종사하기로 결심했다.

1985년 로크웰(Rockwell)에서 판매사원으로 사회에 첫발을 내디뎠다. 그 당시는 자동화 업계가 막 태동할 무렵이어서 회사 규모도 작았고 제품을 판매하려면 해당 업무는 물론 기술도 익혀야 했다. 그때는 과학기술을 비즈니스에 접목하고 이어서 비즈니스를 과학기술로 바꾸려고 시도하는 사람이 거의 없었다. 과학기술과 비즈니스를 상호 전환한다는 것은 내게는 새로운 기회였다. 그리고 나의 그 선택은 옳았다. 34년간의 자동화 분야에서의 경험 덕분에 나는 기술혁신이 이 세계의 발전에 어떤 영향을 끼치는지 생생히 목격했고, 중국에 와서 페스토 대중국지구 회장을 맡으면서 중국이 급성장하는 모습을 지켜보았다.

중국의 성장세는 정말로 놀라웠다. 젊은이가 강하면 나라도 강해

페스토 본사

진다는 말이 있다. 지난 수십 년 동안 일해 온 과정을 되돌아보면, 사실 10대 때는 어떤 직업을 가질지조차 미처 몰랐다. 무명 축구선수였던 나는 복숭아뼈와 근육에 부상을 입어 축구를 그만둬야 했다. 그래서 더 방황했던 것 같다. 많은 사람이 그 나이 때에는 나처럼 불투명한 미래 때문에 고민한다는 사실을 잘 알고 있다. 자신이 무엇을 하고 싶고 무엇을 할 수 있는지 모르기 때문에 미래에 대해 두려움과 당혹감을 느낀다. 오늘날 우리 사회가 급속도로 발전하면서 젊은 세대는 너무나 많은 갈림길에서 선택을 강요받고 있다. 왜냐하면 혁신은 우리 기성세대가 시작했고 신세대는 그것을 물려받았기 때문이다.

모두가 잘 알고 있듯이 좋은 아이디어가 없으면 혁신도 있을 수 없다. 그런데 좋은 아이디어는 보통 매우 사적(私的)인 상황에서 생기는 경향이 있다. 따라서 자기 내면의 목소리에 귀를 기울이는 일이 그 무엇보다 중요하다.

나는 아이들이 성장한 뒤 자신의 마음이 진정으로 갈망하는 일에 용감히 도전하고, 실수하고, 그로 인해 방황하는 것을 결코 두려워하지 말라고 말해 주고 싶다. 왜냐하면 기회는 언제나 한 번쯤은 더 찾아오기 때문이다. 미래를 걱정하거나 두려워하지 말자! 미래를 걱정한다고 해도 그것은 자연스럽게 찾아오기 마련이기에 그런 걱정은 아무런 의미가 없다. 사실 우리는 날마다 혁신하고 있기 때문에 매일은 혁신한 하루의 연속이다. 다시 한 번 말하지만 미래를 걱정하지 말자. 기회는 언젠가 찾아오게 되어 있다. 또한 더 좋은 혁신은 자신은 물론 이 사회에 유용한 가치를 창출한다. 따라서 청년들은 좋은 가치 관을 지녀야 한다.

첨단 과학기술의 발전은 오늘날 사람들의 삶의 방식을 바꾸어놓았다. 중국의 자동화 발전 속도는 매우 빨라서 이미 구미 선진국보다 더 빠르게 성장하고 있다. 예를 들어 중국인은 이제 현금을 거의 사용하지 않는데, 전자결제가 보편화되었기 때문이다. 반면 유럽에서는 여전히 현금 사용 비중이 높다. 나는 스마트 결제 분야에서 중국이 세계의 선두에 서 있다고 확신한다.

하지만 자동화 분야의 경우 여전히 독일을 배우고 벤치마킹해야 한다고 생각한다. 공업 분야의 경우 산업제어(industrial control)가 가장 중요하다. 이 분야에서 독일의 기술력은 북미나 아시아보다 훨씬 뛰어나다. '자동화'와 '제어'는 독일을 포함한 전 유럽이 자동차 및 기계 제조에서 고품질을 유지하고 있는 핵심기술이다. 기계 한 대의 근본 가치는 전기식 제어(electric control)와 공기압식 제어(pneumatic control) 방식에 있다. 만약 어떤 기계가 기존 모델 또는 다른 기계보다 우수하다면, 그 격차의 원인은 바로 이 제어 방식에서 찾아야 할 것이다. 현재 중국과 독일은 모두 '4차 산업혁명(industry 4.0)' 시대에 진입했으며 양국 간 우호 협력도 더욱 강화되고 있다. '메이드 인 차이나 2025'와 '4차 산업혁명'이 결합하면 혁신의 시너지효과는 더욱 커질 것이다. 또한 중국과 독일 그리고 중국과 유럽의 우호협력 관계가 앞으로 더욱 굳건해지리라 확신한다.

텔레비전, 핸드폰, 컴퓨터를 오래 사용하면 왜 열이 날까요? 칩 아래층에 전자가 무질서하게 운동하면서 많은 열이 발생하기 때문입니다. 그럼 전자를 위해 '고속도로'를 깔면, 앞으로 전자의 운동은 아주 원활해지지 않을까요?

장서우청(張首晟) 교수는 '천사입자'를 발견해 세계적인 물리학계의 거목 양전닝(楊振寧) 박사뿐만 아니라 많은 사람들로부터 강력한 노벨 물리학상 후보로 거론되었습니다.

THE FUTURE
OF SCI-TECH

제19장

꿈의 컴퓨터 양자 컴퓨터를 현실화할 수 있는 천사입자

장서우청 : 단화 캐피탈 창업자

● 강력한 노벨 물리학상 후보 ●

물리학 분야에는 비중 있는 상이 꽤 많다. 예를 들어 유럽 물리학회가 수여하는 유럽 물리학상, 독일 알렉산더 폰 훔볼트 연구상(Alexander von Humboldt Prize), 구겐하임 펠로우십 상(Guggenheim Prize), 응집물질물리학(condensed matter physics) 분야에서 가장 권위 있는 올리버 버클리 상(Oliver Buckley Prize), 국제 이론물리학 분야 최고 권위의 '디랙 상(Dirac Prize)', 미국 벤저민 프랭클린 상, 기초물리학 부문 물리학 프론티어 상, 톰슨 로이터스(Thomson Reuters) 재단의 '피(被)인용 우수연구자(Citation Laureates)', 추스(求是) 재단이 수여하는 '우수 과학자상', '영향력 있는 세계 화인(華人)

장서우청

상' 등이다. 그런데 장서우청 박사는 1992~2017년 사이에 앞에 열 거한 상을 모두 수상했다.

장서우청은 미국 스탠포드 대학 물리학과, 전자공학과, 응용물리 학과의 종신교수(테뉴어)로, 이 학교의 가장 젊은 테뉴어 중 한 사람 이다. 주요 연구 분야는 위상 절연체(topological insulator), 양자 스 핀 홀 효과(quantum spin Hall effect), 상온 초전도(high temperature superconductivity), 강 상관 전자계(strongly correlated electronic system) 등이다.

1978년, 15세의 장서우청은 고등학교를 마치기도 전에 상하이 푸 단(復旦) 대학 물리학과에 합격했다. 1979년 대학교 2학년 때 교 환학생 신분으로 독일 베를린 자유대학으로 떠나서 연구를 했고, 1983년 석사학위를 받았다. 같은 해 미국 뉴욕주립 대학 스토니 브 룩(Stony Brook) 캠퍼스로 가서 저명한 물리학자 양전닝 교수의 지 도 아래 박사과정을 밟았다.

장서우청과 구안자

1987년 물리학 박사학위를 받은 뒤, 캘리포니아 대학 산타바바라 (Santa Barbara) 캠퍼스에서 포닥 연구를 시작했다. 나중에 아내 위샤오판(余曉帆)과 함께 산호세의 IBM에 들어가 과학연구를 계속했다. 1995년, 불과 32세의 나이에 스탠포드 대학 물리학과 교수로 초빙되어 이 학교 역사상 가장 젊은 종신교수 중 한 명이 되었다. 2011년 미국 학술원(American Academy of Arts and Sciences)에 입회했다. 2013년에 중국과학원의 외국 국적 원사(院土)로, 2015년에는 미국 과학원 원사로 각각 입회했다.

장서우청이 물리학계에 기여한 공로는 매우 크다. 그는 지금까지 없었던 '위상(토폴로지) 절연체' 분야를 새로 개척했다. 과학계의 지대한 주목을 받고 있는 이 분야는 향후 세계의 과학 연구 성과를 바꾸어 놓을 수도 있다.

그가 제시한 '양자 스핀 홀 효과'는 〈사이언스〉지에 '세계 과학계의 10대 중요한 진전'으로 선정되었다. 2017년 7월 21일, 장서우청과 그가 이끄는 팀은 미국 과학잡지에 매우 중요한 발견을 기고했다. 세계 물리학계가 지난 80년 동안 탐색해 온 '비대칭 마요라나 페르미온(chiral Majorana fermion)'의 존재를 확인하는 데 성공한 것이다. 장서우청은 이를 '천사입자'라고 이름 붙였다. 톰슨 로이터 재단은 이미 2014년에 장서우청을 유력한 노벨 물리학상 수상 후보로 선정한 바 있다. 물리학계의 원로인 양전닝 박사 역시 장서우청이 노벨 물리학상을 받는 것은 시간문제라고 말하기도 했다.

장서우청은 과학연구뿐 아니라 투자 분야에서도 발군의 실력을 보였다. 1999년 그는 실리콘밸리의 기업가들과 함께 화위안(華源) 과학기술협회를 공동 창립했다. 또 스탠포드 대학에서 창업 지도 교수를 역임하면서 수많은 학생의 창업을 도왔을 뿐만 아니라, 엔젤 투자자의 한 사람으로 브이엠웨어(VMware)에 투자하기도 했다. 5년 뒤 브이엠웨어는 EMC에 인수되었고, 그 뒤에 뉴욕증권거래소에 상장되어 현재 시가총액은 약 480억 달러에 이른다. 2013년 장서우청 교수는 과거 그의 학생이자 스탠포드 대학 박사, '영향력 있는 세계 화인(華人)상' 수상자이기도 한 구안자(谷安佳)와 함께 '단화 캐피털(丹華資本, Danhua Capital)'을 설립했다.

인공지능(AI)이 오늘날처럼 급속도로 발전할 수 있었던 것은 데이터, 알고리즘, 연산능력 이 세 가지 덕분이다. 그중에서도 핵심은 연산능력이다. 하지만 지금 같은 속도로 간다면, 인공지능(AI)의 발전은 매우 제한적일 수밖에 없다. 우리 인류가 안고 있는 거의 모든 문제는 한마디로 말해 어떻게 '최적화'할 것인가로 귀결된다. 기존의 컴퓨터는 모든 가능성을 한 번씩 전부 계산한 뒤, 어느 가능성이 가장 적합한지 알려준다. 하지만 이런 방식은 매우 비효율적이다. 반면 인류가 직면한 문제가 매우 많기 때문에 완전히 새로운 방식을 발명해 기존의 연산방법을 대체할 필요가 있다. 그 새로운 발명품이 바로 '양자 컴퓨터(quantum computer)'다.

여러분은 양자 컴퓨터라는 개념이 낯설지도 모르지만, 한 가지는 분명히 말할 수 있다. 양자 컴퓨터는 현존하는 그 어떤 컴퓨터보다, 또 역사상 존재했던 그 어떤 컴퓨터보다 성능이 월등히 우수하다.

이해를 돕기 위해 피아노 연주를 예로 들어 보겠다. 만약 기존 컴퓨터의 연산능력이 보통 사람이 두 손으로 피아노를 치는 실력이라면, 양자 컴퓨터의 연산능력은 손이 1,000개 달린 천수관음이 피아노를 치는 것과 같다.

이번에는 암호 해독을 예로 들어 보겠다. 오늘날의 수학 연구에 따르면 현재 암호등급 중에서 1,024자리 공개키 암호시스템(Public Key Cryptosystems)의 난도가 가장 높다. 만약 현존하는 가장 강력한 컴퓨터를 이용해 무작위 암호 대입을 한다면 대략 300만 년 가까이 걸릴 것이다. 하지만 '1,024 퀀텀비트(큐비트)' 양자 컴퓨터가 있다면 단 며칠 만에 해독할 수 있다.

하지만 양자 컴퓨터는 구현하기 매우 어려우며, 우리가 최근에 새롭게 발견한 '천사입자'가 필요하다. 이는 바로 내가 말하는 '물리 가족'에 새롭게 추가된 가족구성원이다.

(1) 천사입자

'천사입자'의 원래 이름은 '마요라나 페르미온'(Majorana fermion, 이탈리아의 이론 물리학자인 에토레 마요라나의 이름을 딴 입자)이다. 이 입자의 특징은 반입자(antiparticle)가 없거나 또는 반입자가 자기 자신인 입자다.

천사입자의 발견은 철학적 측면에서 인류의 현 세계에 대한 인식을 송두리째 뒤집는다. 다시 말해 이 세계는 정(正)과 반(反)이 반드시 대립하는 것도 아니고, 음(陰)이 있으면 반드시 양(陽)이 있는 것도 아니며, 천사가 있으면 반드시 악마가 있는 것 또한 아니다. 국제 물리학계는 마요라나 페르미온의 발견이 이론적으로 중대한 의미가 있을 뿐 아니라, 나아가 양자 컴퓨터를 현실화할 수 있는 잠재적 응용가치가 높다고 평가했다.

(2) 위상 절연체

소재는 전도성(conductivity)의 차이에 따라 '도체', '절연체', '반도체' 3가지로 나뉜다. 위상 절연체는 완전히 새로운 소재로서, 도체도 아니고 절연체도 아니며 반도체 또한 아니다. 위상 절연체의 내부는 우리가 일반적으로 알고 있는 절연체와 똑같이 전기가 전혀 통하지 않는다. 하지만 경계 또는 표면에서는 전기 전도가 가능한 디랙 상태 (Dirac state, 미국 물리학자 이름을 딴 양자역학 용어)다. 이것이 일반적인 소재와 구별되는 가장 큰 특징이다.

이런 물질은 시간 역전 대칭(time reversal symmetry)과 같은 일정한 대칭성이 존재하는 한 안정적으로 존재하며, 또한 회전(스핀)하는 전도 전자(conduction electron)들은 서로 반대 방향으로 운동하기 때문에 정보의 전달은 전자의 스핀을 통해 이루어진다. 이는 기존 소재가 전하(電荷)를 통해 정보를 전달하는 것과는 다르다.

반도체 칩을 예로 들어 보자. 칩 아래층의 전자들은 완전히 무질서하게 운동하는데, 이 과정에서 열이 발생한다. 만약 이런 상태로 계속해서 집적한다면 칩 전체가 타 버리고 말 것이다. 우리는 새로운 원리가 필요하다. 칩 아래층에 전자를 위한 '고속도로'를 만드는 것이다. 이때 우리가 발명한 위상 절연체를 사용하면 되는데, 그 핵심 아이디어는 전자를 위해 칩의 각 층마다 고속도로를 만드는 것이다.

상상을 현실화하는 메타안경과 오로엑스 기술

_____ 대학이 잘 운영되려면 산(産), 학(學), 연(硏)의 3자가 긴밀하게 협력해야 한다. 따라서 나는 과학자와 교수가 투자를 하는 것은 미래를 내다본 통찰력 있는 행위라고 생각한다. 나도 '메타안경(meta glasses)'이라는 프로젝트에 투자했는데, 이것이 매우 의미 있는 과학기술이라고 판단했기 때문이다.

(1) 메타안경

사람들에게 익숙한 가상현실(VR)보다는 증강현실(AR) 기술을 체험했을 때 우리는 훨씬 더 현실감을 느낄 수 있다. VR은 컴퓨팅 설비를 이용한 시뮬레이션을 통해 3차원 가상현실을 만들어내는 기술로, 시각, 청각 등 감각기관에 관한 시뮬레이션은 사용자에게 몰입감과 마치 현장에 있는 듯한 느낌을 제공한다. 다시 말해 VR에서 우리가 보는 모든 사물은 사실 컴퓨터가 만들어낸 가짜이며 순수한 가상의 화면이다. VR을 구현하는 대표적인 설비로는 오큘러스 리프트(Oculus Rift), HTC Vive 등이 있다.

AR은 육안으로 보는 현실에 가상 디지털 화면을 덧씌운 것을 말한다. AR에 기반을 둔 메타안경은 자동차 제조 분야에 매우 유용하게 쓰인다. 가령 자동차는 개념 설계에서 실제 제작에 이르기까지 아주 오랜 시간이 소요된다. 디자이너는 상당히 오랜 시간이 흐른 뒤에야

오토엑스를
현장 체험해
보세요

메타안경 체험

실제 차량을 볼 수 있다. 하지만 콘셉트나 유행은 빠르게 바뀌기 때문에 디자이너든 고객이든 결과에 만족하기란 쉽지 않다. 만약 메타안경이 있다면 이런 방식을 완전히 뒤집을 수 있다. 메타안경을 쓰면 현실의 시야에 가상의 홀로그램(hologram)이 겹쳐져 손으로 제어하면서 현실공간 속에서 마음껏 주행해 볼 수 있고, 또 가상의 물체 내부를 들여다볼 수도 있다. 이렇게 디자이너는 메타안경을 쓰고 동태적인 자동차 제작 과정을 직접 볼 수 있고, 전 과정에 참여할 수 있다. 따라서 앞에서 말한 문제를 완전히 해결할 수 있다.

(2) 오토엑스 : 50달러로 실현할 수 있는 무인 자율주행 기술

무인 자율주행이라면 구글, 바이두(百度)의 무인차량을 떠올리는 사람이 많을 것이다. 다른 많은 기업도 그 길을 뒤따르고 있다. 그들은 주로 레이저 레이더(이를 '라이다(LiDAR)'라고도 한다)를 이용해 데이터를 수집하는데, 이런 기술은 정확도는 높지만 비용이 많이 든다. 구글이 사용하는 레이저 센서는 하나의 주문제작에만 8만 달러 정도가 들기 때문에 이 방식으로는 단기간 내에 무인 자율주행을 상용화하기 어렵다.

그러나 오토엑스(AutoX)는 다른 방식을 채택하고 있다. 오토엑스는 하드웨어의 경우 주로 카메라에 의존하며 알고리즘을 이용해 자동주행을 실현하고, 신호를 감지할 때는 '컴퓨터 비전 인식 (computer vision recognition)' 기술을 사용한다. 특히 강조할 점은 일부 솔루션에서 카메라의 역할은 신호등, 보행자, 기타 차량 등 물체의 식별이고, 라이다와 같은 센서장치는 전문적으로 거리를 측정하는 데 사용된다는 것이다. 따라서 오토엑스의 방식이 훨씬 기술 수준이 높은 알고리즘을 요구한다.

주류 무인 자율주행 기술과 달리 오토엑스는 단순화를 강조한다. 즉, 모든 사람이 무인 자율주행을 이용할 수 있도록 만든다는 점에서 진정한 의미의 혁신이라고 말할 수 있다. 오토엑스가 제공하는 자율주행 소프트웨어 솔루션은 하드웨어에 대한 요구치가 매우 낮고, 중저가 카메라 몇 개만 있으면 충분하다. 라이다, 초음파 장치, 정밀 위치추적시스템(differential GPS) 등은 필요 없고, 하드웨어 비용은 50달러 미만이다. 그리고 야간 주행, 흐린 날, 터널 주행 등의 경우에도 이 솔루션은 여전히 유용하다.

최고의 과학은 유용하지만
무엇보다 아름답다

＿＿＿＿＿ 몇 가지 작은 에피소드를 통해 나의 과학 인생을 여러분과 함께 나누고 싶다. 나는 어렸을 때부터 공부를 무척 좋아했는데, 특히 수학, 물리, 화학 등 이과 과목을 좋아했다. 고등학교를 졸업하기도 전에 월반해서 상하이 푸단 대학에 들어간 나는 그곳에서 한 학기를 공부한 뒤 중국정부가 실시한 프로젝트를 만나는 행운을 얻었다. 그 것은 젊은 유학생을 뽑아 외국에 보내는 국책사업이었는데, 특히 유럽 대학으로 많이 보냈다. 이때 영광스럽게도 나에게 독일 유학의 기회가 왔다. 그래서인지 몰라도 나는 지금까지도 독일의 과학자들을 존경한다.

나는 베를린의 한 대학에서 공부했는데, 어느 정도 시간이 흐르자 내 인생이 마치 뿌연 안개에 휩싸인 듯 막막하게만 느껴졌다. 이때까지는 거침없이 앞만 보고 달려왔지만 갑자기 중대한 선택의 기로에 서게 된 것이다. 그 당시 나는 이론물리학을 공부하고 있었는데 일자리를 얻을 기회도, 교수직을 얻을 기회도 너무나 적었다. 그때가 내 인생에서 가장 불안하고 막막한 시기였다.

바로 그 무렵, 나는 아름다운 대학 도시 괴팅겐으로 갔다. 과거 위대한 많은 과학자가 이곳에서 연구했고, 세상을 떠난 뒤에는 역시 이 작은 도시에 묻혔다. 어느 겨울날 괴팅겐의 한 묘지를 방문했던 기억이 아직도 생생하다. 인생에서 가장 막막하던 그 시기에 나는 삶의 의미가 무엇인지 찾느라 괴로워하면서 그 무덤을 찾았다.

직접 눈으로 바라본 그 과학자들의 묘비는 너무나 소박하고 단순했다. 윗면에는 이름과 생년월일, 사망한 연월만이 적혀 있었지만, 다른 묘비들과 달리 그들의 묘비에는 하나의 공식이 쓰여 있었다. 그 공식은 인류 문명 전체의 결정체였다. 바로 그 순간, 나는 갑자기 인생의 의미가 무엇인지 깨닫게 되었다. 인간의 육신은 비록 사라지겠지만 우리는 자기 인생의 유전자는 남길 수 있을지 모른다. 무엇보다 중요한 사실은 우리가 과학 문명 전체에 기여할 수 있다는 점이다. 그 순간 나는 인생의 의미를 명확히 깨닫게 되었다. 그것은 바로 한 명의 과학자가 되어 나의 인생 전부를 과학에 바치는 일이었다.

이론물리학자가 된 후, 나는 이론물리학 연구에 전념했다. 오늘날 우리는 인공지능(AI) 시대를 살고 있다. 인공지능(AI)의 핵심요소는 3가지로 압축할 수 있다. 첫째 지속적으로 연산능력 높이기, 둘째 빅데이터 구축하기, 셋째 알고리즘이다. 나는 물리학자로서 막중한 책임을 지고 있다. 먼저 신비한 소재를 찾아냄으로써 무어의 법칙(Moore's Law)을 계속 끌고 가야 한다. 즉, 우리의 연산능력을 18개월마다 두 배로 높여야 한다. 또 과학의 이념을 어떻게 이용해 신소재를 찾아낼지 연구해야 한다.

인류의 발전 과정에서 소재는 매우 중요한 역할을 한다. 실제로 인류사회의 모든 중요한 시기도 소재로 구분하고 명명했다. 예를 들어 구석기 시대, 신석기 시대, 청동기 시대, 철기 시대, 실리콘 시대와 같이 말이다. 만약 어느 날 실리콘 시대가 저문다면 그것은 우리가 새로운 소재를 발견해서 널리 사용하게 되었다는 의미다. 만약 어느 날 내가 발견한 위상 절연체가 실리콘을 대체하는 차세대 소재가 된다면, 인류는 '위상 절연체' 시대를 맞이한 것이다. 나는 이런 작은 공헌을 할 수 있다는 점에 자긍심을 느낀다. 하지만 동시에 차세대 신소재를 발견하는 막중한 과제를 나의 다음 세대에게 맡기고 싶은 생각도 있다.

우리는 책을 통해 많은 지식을 얻을 수 있고, 또 과학이 얼마나 유용한지 이해할 수 있다. 그런데 나는 양전닝 스승님께 가장 소중한 한 가지를 배웠다. 과학은 유용하기도 하지만 무엇보다 아주 아름답다는 점이다. 내가 괴팅겐의 묘비에서 보았던 그 공식처럼 과학은 아주 단순하지만 동시에 무척 아름답다. 아인슈타인의 공식 '$E=mc^2$'을 예로 들어 보자. 간단한 알파벳 3개가 우주 전체의 가장 심오한 이치를 알려주고 있지 않은가! 작게는 원자에 이르기까지, 크게는 우주에 이르기까지, 심오한 이치를 이렇게 단순하게 표현하는 방식이 또 있을 수 있을까!

우주의 가장 심오한 진리를 탐구하는 과정에서 우리는 어떤 한 법칙을 이용하면 이치와 진리를 깨달을 수 있고, 또 가장 아름다운 사상을 발견할 수 있기에 가장 아름다운 소망도 현실로 바꿀 수 있다.

언젠가는 기계가 인간을 훨씬 뛰어넘는 날이 올지도 모르겠다. 그때가 되면 로봇은 인간을 이롭게 하는 것이 아니라 인류를 지배하려고 들까? 하지만 이 점에 관해서는 걱정할 필요가 없다고 생각한다. 기계와 인공지능(AI)은 계속해서 발전해나가면서 그들 또한 우주 전체의 진리를 추구하려고 할 것이고, 또한 우주가 얼마나 아름다운지 깨닫게 될 것이다. 대자연은 마치 하나의 예술품처럼 인간의 앞에 그리고 인공지능(AI)의 앞에 모습을 드러낼 것이다.

따라서 인공지능(AI)은 진리를 추구하면서 아름다움을 발견할 것이고, 아름다움이 있으면 사랑도 생기고, 사랑이 있으면 선(善)도 생긴다. 나는 인공지능(AI)이 인간과 마찬가지로 자연의 '진리(眞)'와 '선(善)'과 '아름다움(美)'을 발견하리라 굳게 믿는다. 따라서 인간과 기계는 동행하면서 서로를 격려할 수 있고, 이 세상 전체, 모든 인류, 모든 인공지능(AI) 시대의 진, 선, 미를 발견할 수 있을 것이다.

세계 최초의 자동차가 탄생했을 때만 해도 인류는 빠르고, 편리하고, 효율을 추구하는 자동차 시대를 맞이했다고 매우 기뻐했습니다. 하지만 자동차가 점점 많아지고, 교통 체증이 늘어나고, 배기가스로 인한 오염 등의 문제로 곤혹을 겪게 되었죠. 그리고 운전은 이제 피곤한 일로 바뀌었습니다.

그렇다면 미래의 자동차 산업은 어떨까요? 중국 자동차 분야의 실력자이자 니오(蔚來, NIO) 자동차의 창업자인 리빈(李斌)은 "미래의 자동차는 인간에게 더 친절하고 인간을 더 잘 이해할 것이다"라고 답합니다.

THE FUTURE
OF SCI-TECH

제20장

무인 자율주행의 미래

리빈 : 니오 자동차 창업자

● 중국 자동차 업계의 행동파 ●

리빈

21세기를 살고 있는 현대인에게 자동차는 필수품이 된 지 오래다. 하지만 막히는 도로, 시간 낭비 등의 원인으로 운전은 점점 피곤한 체험으로 바뀌고 있다.

그렇다면 미래의 자동차는 어떤 모습일까? 더 이상 사람이 운전할 필요가 없는 자동차, 클라우드 컴퓨팅과 인공지능(AI)을 이용해 인간에게 서비스하는 자동차는 인류가 오랫동안 꿈꿔온 모습이다. 최고의 신기술이 쏟아지는 오늘날, 이는 더 이상 환상이 아니다. 비즈니스계 혁신의 선구자인 리빈은 무인 자율주행 자동차 기업 니오를 만들어 운전을 더 자유롭게, 미래를 더욱 희망차게 바꾸기 위해 노력하고 있다.

리빈은 니오 자동차의 창업자이자 회장으로, 세계에서 가장 빠른 전기자동차 NIO EP9을 만들었다. 2000년에는 온라인 자동차 거래사이트인 베이징 빗오토(BitAuto) 전자상거래 주식회사를 설립했으며, 그 후 지금까지 회장 겸 CEO를 맡고 있다. 2014년 11월, 리빈, 류창둥(劉强東), 리샹(李想), 텐센트(Tencent, 텅쉰), 힐하우스 캐피털(Hillhouse Capita), 순웨이 캐피털(順爲資本) 등 정상급 기업가와 인터넷기업이 니오 자동차를 공동 설립했다. 니오 자동차는 물리적으로 더 단순하고 표준화된 전기자동차를 제작하고, 이를 통해 자동차 혁명을 이루기 위해 노력하고 있으며, 중국을 대표하고 세계를 이끌어가는 최고 수준의 국제적 기업이 되는 데 목표를 두고 있다.

'니오'는 단순한 자동차 브랜드가 아니다. 리빈과 그의 파트너들은 고성능 스마트 전기자동차를 만들어 소비자들에게 특별한 체험을 제공하기 위해 노력하고 있다.

변증법적으로 볼 때 기술은 '양날의 칼'과 같다. 기술은 문제를 일으킬 수도 있지만, 문제를 해결하기도 하기 때문이다. 인간이 자동차를 발명해 이동 문제를 해결했지만, 자동차가 넘쳐나면서 교통마비를 초래한 것과 같다. 그렇다고 해서 기술 발전 자체를 포기할 수는 없다. 오히려 더 새롭고 더 완전한 기술을 개발해 문제를 해결하고, 동시에 새로운 문제의 출현도 억제해야 한다.

오늘날 우리는 중대한 갈림길에 서 있다. 텔레비전, 컴퓨터, 핸드폰을 켜면 매일 인공지능(AI)과 관련한 새로운 소식을 접하게 되는데, 마치 기존의 모든 업종은 인공지능(AI)으로 융합되고, 인공지능(AI)을 받아들이지 않으면 시대의 흐름에서 뒤처지는 것처럼 비쳐진다. 사실 실제로도 그러하다. 어느 시대에나 과학기술은 가장 핵심적인 생산력이었으며, 중국의 자동차 업계도 마찬가지다. 오늘날 무인 자율주행, 전기차, 클라우드 컴퓨팅, 클라우드 서비스 등 기술은 하나로 결합되어 자동차 업계에 엄청난 변화를 가져왔다. 그중에 가장 핵심적인 진전은 무인 자율주행이다.

인공지능(AI)과 연산능력의 발전에 따라 자율주행은 더 이상 상상이 아닌 현실이 되었다. 자율주행 덕분에 운전자는 운전 노동에서 완전히 해방되고, 드라이빙과 승차감을 만끽하게 되었다. 한 걸음 더 들어가 생각해 보자. 우리는 왜 우버(Uber)와 디디(Didi)를 이용할까? 단지 가격이 저렴하기 때문만은 아니며 더 중요한 이유는 편리하기 때문이다. 차도 공유할 수 있고 운전기사도 공유할 수 있다. 따라서 무인 자율주행이 현실화되면 모든 사람은 저렴한 비용으로 똑똑하고 지치지 않는 프로 '운전기사'를 둘 수 있게 된다. 또 사용자 입장에서 보면 자동차는 완전히 자유롭고, 움직이는 개인 공간으로 변모한다. 게다가 자동차 자체는 지금보다 더 안전해진다. 우리는 이런 체험 때문에 사용자들이 또다시 차를 갖고 싶어 할 것이라고 확신한다. 무인 자율주행차를 한 대 보유하면 더 많은 자유가 주어진다는 뜻이기 때문이다.

그렇다면 무인 자율주행이 현실화되려면 얼마의 시간이 걸리게 될까? 자율주행이 보편화되는 시기는 여러분의 상상보다 훨씬 일찍 찾아올 거라고 말할 수 있다. 왜냐하면 자율주행을 상용화하기 위한 핵심 요소는 다음 두 가지이기 때문이다. 첫 번째 요소는 소프트웨어, 인공지능(AI), 데이터, 지도의 능력이다. 자율주행은 소프트웨어와 연산능력을 기반으로 실현되는데, 이 분야의 세대교체 속도가 굉장히 빠르다. 그야말로 기하급수적인 성장 속도라고 말할 수 있다. 그래서 이러한 관점에서 보자면 자율주행의 기술적 어려움은 이미 그다지 크지 않다. 두 번째 요소는 초민감형 센서다. 현 시점에서 초민감형 센서의 비용은 전반적으로 낮아지는 추세다. 예를 들어 구글의 자율주행 센서 비용은 처음에는 매우 높았지만, 생산량이 증가하고 초민감형 센서에 대한 투자가 늘어나면서 최근 몇 년간 가격이 큰 폭으로 떨어졌다.

이를 종합해 보면 소프트웨어 능력이 높아지고 하드웨어 비용이 낮아지면서 무인 자율주행 시대는 매우 빠르게 다가오고 있다고 말

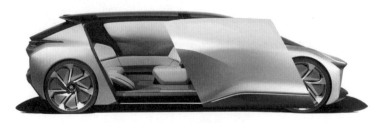

니오 자동차 이브

할 수 있다. 2014년 구글 무인자동차가 시험 주행을 시작했고, 이어서 점점 더 많은 회사가 이 대열에 동참하고 있다.

만약 핸드폰을 단순한 통화의 도구쯤으로 생각했다면, 스마트폰은 출현하지 않았을 것이다. 핸드폰 업계의 혁신은 사용자의 체험을 새롭게 정의하면서 비로소 시작되었다. 이런 점에서 볼 때 자동차 또한 단순한 외출을 위한 교통수단에 머물지 않는다. 따라서 자동차 이용자의 체험을 재정의해야만 비로소 자동차를 재정의할 수 있다. 미래의 자동차는 더 인간친화적이고 인간을 더 잘 이해하는 쪽으로 변모할 것이다.

블루 라이트 EP9, 중국의 속도를 이끌다

_____ 니오의 EP9은 단순히 미래에서 온 자동차가 아니라, 중국이 만든 세계에서 가장 빠른 전기자동차다. 세계에서 가장 어려운 자

니오 자동차 EP9

동차 서킷(경주로)인 뉘르부르크링(Nürburgring)의 북쪽 서킷(노르트 슐라이페) 기록 보유, 프랑스 폴 리카르(Paul Ricard) 서킷에서 가장 빠른 전기차 기록, 상하이 F1에서 양산차(量産車) 속도 기록 보유 등은 니오의 자랑이자 중국의 자랑이다.

EP9은 어떻게 그런 속도를 실현할 수 있었을까?

자동차가 빨리 달릴 수 있도록 하는 것은 시스템 공학의 힘이다. 전기차가 가속하여 시속 0~100킬로미터의 속도를 내는 것은 별로 어려운 일이 아니다. 가속도가 가장 빠른 차의 경우 정지 상태에서 시속 100킬로미터로 가속할 때까지 불과 1.57초밖에 걸리지 않는다. 하지만 시속 200킬로미터로 가속할 때는 많은 어려움이 뒤따르는데, 전지의 출력(power), 발열 등 문제가 해결하기 쉽지 않기 때문이다.

그러나 니오의 EP9 전기차의 경우 정지 상태에서 시속 200킬로미터로 가속하는 데 걸리는 시간은 단 7.1초이고, 최고 속도는 시속

313킬로미터에 달한다. EP9은 총 4개의 전기모터가 달려 있으며, 합계 출력은 1,000킬로와트, 다시 말해 1,360마력(馬力)이다. 이는 인간 1만 명의 힘 또는 소형 비행기 한 대의 동력과 맞먹는다.

자동차는 주행 중에 수시로 자세를 고쳐야 하는데, EP9은 최고 수준의 자세제어 장치를 갖추고 있으며, 1초에 200여 회 자세를 조정할 수 있다. 1초에 200여 차례 연산하는 것을 결코 우습게 봐서는 안 된다. 가령 시속 257킬로미터의 속도라면, EP9은 1초에 70~80미터를 달리고, 0.1초에 7~8미터를 주행하는 셈인데 만약 제대로 제어하지 못해 차체가 조금만 어긋나도 사람의 목숨이 위험해질 수 있다.

결론적으로 EP9이 세계에서 가장 빠른 스포츠카가 될 수 있었던 비결을 정리하면 다음과 같다.

첫째 비결은 가속도를 유지하는 능력이다. 둘째 비결은 극강의 최고속도다. 셋째 비결은 초강력 출력(power)이다. 넷째 비결은 고속주행 상태에서의 안정성이다.

니오 자동차 EP9 전기차의 엄청난 스피드는 우리 팀이 18개월 동

샤오빙의 TIP

전기모터는 일반 내연기관과 달리 구동하자마자 최대 토크에 도달할 수 있어요. 따라서 이를 사용한 전기차는 일반 내연자동차보다 속도가 월등하게 빠른 것이죠.

안 노력해 만들어 낸 땀의 결정체다. 무인자동차 버전의 초스피드 전기 스포츠카는 미국의 서킷 오브 아메리카(Circuit of the Americas)에서 시속 257킬로미터를 기록했는데, 이는 세계에서 가장 빠른 무인자동차 주행 기록이다.

미래의 자동차는 이동하는 집

_____ 2017년 3월, 미국의 트렌드 페스티벌인 SXSW(South by Southwest)에서 우리는 미래형 신차 모델 이브(EVE)를 발표했다. 미래의 자동차에 관해서는 많은 아이디어가 쏟아질 수 있다. 기술이 우리에게 다양한 변화를 가져왔기 때문이다. 또 많은 기술이 기존의 자동차 제품을 크게 변화시킬 수 있을 것이다. 예를 들어 클라우드 컴퓨팅과 인공지능(AI)에 기반을 둔 무인 자율주행 기술, 전기차 기술, 가상현실(VR) 기술, 증강현실(AR) 기술 등이다. 수많은 신소재 기술을 모두 결합하면 마침내 새로운 제품이 우리 앞에 나타나고, 우리의 삶을 더 풍요롭게 만들 것이다. 이것이 바로 니오가 처음 출범했을 때 그렸던 구상이다. 우리는 이 자동차를 '이브'라고 이름 붙였다. 이브는 '하나의 큰 일이 발생하기 전의 일'이라는 뜻을 담고 있는 영어 단어로, 자동차 분야가 앞으로 이룩할 혁신을 암시한다. 우리는 미래의 자동차가 이동하는 생활공간 또는 제2의 거실로 변모할 것이라고 생각한

니오 자동차 이브

다. 무인 자율주행 기술 덕분에 우리의 생활공간이 더욱 확대되는 것
이다.

이 밖에 전기모터 기술을 적용한 전기차는 앞으로 더욱 환경친
화적으로 바뀌어갈 것이다. 또 AR기술을 적용한 '파노라마 선루프
(panorama sunroof)'를 장착하면 그것이 주변 환경 전체를 우리 눈앞에
펼쳐주기 때문에 주변에 어떤 일이 벌어지고 있는지 금세 파악할 수
있다. 이처럼 과학기술은 더욱 인간친화적으로 변모하고 있다.

가용시간, 자유, 안전을 높여주고 환경 오염을 줄여줄 전기자동차

_____ "천 리 길도 한걸음부터"라는 속담이 있다. 창업자의 한 사
람으로서 나는 우리의 과학기술이 얼마나 앞서가는지, 얼마나 미래

지향적인지에 관심이 많다.

하지만 이보다는 첨단 과학기술이 얼마나 사람들의 일상생활에 기여할지, 그래서 얼마나 더 삶을 풍요롭게 바꿀지, 현재의 문제들과 정말로 중요한 많은 문제를 어떻게 해결할 것인지에 대해 더 큰 관심을 갖고 있다.

미래를 바라보며 꿈을 가지는 것도 중요하지만, 기본에 충실하면서 차근차근 앞으로 나아가는 자세도 매우 중요하다. 나는 지난 100년 간 인간이 발명한 공산품 가운데 자동차가 가장 중요하다고 생각한다. 자동차는 인류에게 공간과 속도의 자유를 가져다주었기 때문이다. 물론 긍정적인 효과와 부정적인 영향을 동시에 가져온 것도 사실이다. 우리가 연구개발하여 제작한 제품은 기존의 이런 문제들을 해결했다고 생각한다. 지난 2000년, 우리가 빗오토(BitAuto) 전자상거래 주식회사를 설립했을 때의 모토는 '자동차가 우리의 삶을 더 단순하고 더 멋지게 만들도록 하자'였다.

그 당시 중국에서 차를 살 수 있는 가정은 매우 적었다. 하지만 지금 중국은 세계 최대의 자동차 생산국이자 소비국이 되어 연평균 2,800만 대의 자동차가 팔리며, 미국과 비교해 1,000만 대가 더 많이 팔리는 수준이다.

하지만 오늘날 우리의 삶을 돌아보자. 과연 좋은 변화만 생겼을까? 지난 2000년과 비교할 때, 또 내가 나무토막으로 자동차를 만들고 놀던 초등학교 4학년 때와 비교할 때, 또는 나의 아이들이 재미있게 장난감 자동차를 가지고 놀면서 기뻐하는 모습과 비교할 때 지금의 자동차 운전은 정말로 피곤한 노동으로 바뀌고 말았다.

첫째, 교통 체증을 예로 들어 보자. 빅데이터 분석에 따르면, 매일 전 세계에서 발생하는 교통 체증 시간은 총 1,300억 분이라고 한다. 이 시간이 교통 체증으로 인해 무의미하게 낭비되고 있는 것이다. 이런 상태는 매일 9,000만 명이 차 안에 꼬박 24시간 동안 갇혀 있는 상황으로 이해할 수 있다. 엄청난 시간의 낭비라고 할 수 있다.

둘째, 오염 문제를 예로 들어 보자. 2014년 2월 24일, 그날은 베이징이 극심한 스모그로 뒤덮인 날이었다. 나는 우리 집 베란다에서 사진을 찍었는데 500미터 밖의 고층빌딩이 전혀 보이지 않았다. 오염은 우리 삶의 질을 떨어뜨리고, 건강을 심각하게 위협하고 질병을 유발한다. 물론 휘발유 차량이 오염을 유발하는 유일한 원인은 아니지만, 화학에너지가 핵심 원인 가운데 하나인 점은 분명하다.

셋째, 교통사고를 예로 들어 보자. 한 통계자료에 따르면, 전 세계에서 매년 125만 명의 사람이 교통사고로 죽는다고 한다. 이는 오늘날 전쟁으로 인한 사망 숫자를 훨씬 상회하는 숫자다. 그래서 안전 운전에 대한 목소리가 점점 높아지고 있는 상황이다.

넷째, 자동차 이용 과정에서 느끼는 불편함을 예로 들어 보자. 요즘 자동차 고객에 대한 서비스는 형편없다. 자동차 산업라인을 살펴보면 이 점을 금방 이해할 수 있다. 자동차 제조사는 결코 차량 이용의 모든 과정에 개입하지 않는다. 단지 자동차를 연구개발하고 제조하며, 대리점을 통해 고객에게 판매할 뿐이다. 자동차를 구입한 뒤 서비스가 필요한 고객은 다양한 서비스 제공업체를 찾아가 알아서 해결해야 한다. 가령 자동차 대리점, 주유소, 보험사, 타이어업체 등이다. 오늘날 같은 모바일 인터넷 시대에 이런 식의 산업라인은 더 이상 고객의 욕구를 충족시켜 줄 수 없다.

이상과 같은 여러 가지 문제를 해결하려면 기술의 혁명이 필요하다. 안전하고, 청결하고, 간편한 무인 자율주행 전기차가 보편화되면 인간의 삶은 훨씬 더 안락하고 풍요로워질 것이다. 차량은 안전하면서 이동하는 생활공간이 될 것이기 때문이다.

물론 교통 체증 문제가 완전히 해결되지 않을 수도 있다. 하지만 적어도 차 안에 있는 시간은 온전히 자유롭게 쓸 수 있다. 앞으로 클라우드 컴퓨팅과 인공지능(AI)이 더욱 발달하면 안전한 운전은 거의 완벽하게 보장될 것이다. 일에 지치고 피곤할 때, 기분이 저하될 때, 음주를 했을 때 직접 운전을 하게 되면 위험한 상황에 직면할 수 있다. 하지만 무인 자율주행 차량은 초민감형 센서를 사용하기 때문에 항상 주변 도로 상황을 탐지해 안전계수를 높이고 우리를 안전하게 보호해준다.

만약 전 세계의 모든 차가 전기차로 바뀌고 청정에너지를 사용한다면, 탄소 배출량을 매일 1,600만 톤씩 줄일 수 있다. 모바일 인터넷이 보편화되면서 자동차 브랜드와 인간의 교류에는 더 이상 비용이 들지 않게 되며, 경영의 효율성도 크게 높아질 것이다. 이에 따라 자동차의 가치사슬(value chain, 기업이 제품 또는 서비스를 생산하기 위해 자본, 노동력, 재료를 결합할 때 부가가치가 생성되는 것을 의미)도 재편될 것이다. 우리의 자동차 브랜드는 제품 R&D와 사용자 체험에 중점을 두고 있다. 이를 위해 사용자가 브랜드의 운용에 깊이 참여할 수 있도록 하며, 전 과정에 걸친 체험을 제공한다.

우리는 점점 더 많은 사람이 스마트 전기차를 좋아하고, 또 선택할 것이라고 믿는다. 우리는 점점 더 고품질의 체험을 사용자에게 제공할 것이며, 우리가 바라는 미래의 밝은 청사진을 하루라도 앞당겨 실현하기 위해 노력할 것이다.

로켓을 발사하여 화성까지 보내는 프로젝트는 분명 매력적이다. 하지만 우리는 그보다 우리의 노력과 기술 발전을 통해 지금의 세상을 바꾸는 데 주력할 것이다. 왜냐하면 화성이 아무리 좋다고 해도 지구의 환경이 훨씬 더 우수하기 때문이다. 따라서 우리는 현재 부닥치는 많은 문제를 해결해나감으로써 함께 아름다운 미래를 만들어 나가기를 희망한다.

혹시 여러분은 자신의 심장 박동수와 호흡 빈도를 알고 계신가요? 또는 멀리 떨어져 계신 부모님의 수면 상태와 심장 박동수가 어떻게 바뀌었는지 아시나요?

'데이터를 이용해 인간을 더욱 건강하게 만든다.'

이는 후쥔하오(胡峻浩) 대표의 오랜 꿈이랍니다. 그는 더욱 자연친화적인 방식으로 인간의 각종 데이터를 수집하는 의료용 웨어러블 기기를 개발했어요. 그것은 여러분이 잠을 자거나 앉아 있는 동안에 곁에서 항상 여러분의 건강을 위해 일하고 있죠.

의료용 웨어러블 기기는 앞으로 인간의 건강에 어떤 역할을 하게 될까요?

THE FUTURE
OF SCI-TECH

제21장

의료 데이터 수집을 통해 개인 맞춤형 정밀 건강관리 시대를 연다

후쥔하오 : 스마트 쿠션 다르마의 창업자

● 의료용 웨어러블 기기의 선두 주자 ●

후쥔하오

과학기술은 이미 도처에서 우리의 삶에 지대한 영향을 끼치고 있다. 하지만 과학기술이 진정한 가치를 지니려면 인간의 욕구를 제대로 해결할 수 있어야 한다. 이는 다르마(DARMA Inc.)의 창업자 겸 CEO인 후쥔하오의 철학이기도 하다.

후쥔하오는 중국 화중(華中) 과

학기술 대학 전자학과를 졸업했고, 싱가포르 국립대학에서 광전기학 박사학위를 받았으며, 싱가포르 통신연구원에서 연구과학자로 일했다. 그는 광섬유센서 분야의 전문가다. 2014년 미국 실리콘밸리에서 다르마를 창업했고, 선전시 다르마 과학기술 주식회사의 회장을 맡고 있다. 2016년, 후쥔하오는 선전시에서 추진한 '공작계획(孔雀計劃)'의 해외 고급인재로 선정되었다. 2017년 〈포브스〉지는 그를 30세 미만 엘리트 TOP30에 선정했다.

사물인터넷(IoT)과 건강 관련 빅데이터 시대가 본격적으로 열리기 전에 일종의 사명감을 갖고 있던 후쥔하오는 다행히 뜻을 같이하는 많은 파트너를 만날 수 있었다. 그와 팀원들은 꾸준한 노력과 도전을 통해 2014년 제1세대 제품인 '다르마 스마트 쿠션'을 개발하는 데 성공했고, 미국 실리콘밸리에서 다르마사를 설립했다.

2015년 후쥔하오는 귀국하여 제2세대 제품인 '활력 징후(vital signs) 모니터링 쿠션'을 개발했다. 불과 3년이란 짧은 시간에 다르마는 구글, 애플, 애트나(Aetna), P&G 등 다국적 거대기업과 제휴했고, 폭스바겐, BMW 등 유명 자동차회사 브랜드의 투자의향을 받았다. 또 다르마 제품은 하버드 의과대학, 매사추세츠 종합병원, 미국 보훈병원(Veterans Affair Hospital) 등에서 이미 사용되고 있다. 중국의 경우 노인복지기관 등에서 다르마의 수많은 제품이 사용되고 있다.

‘자기 측정(quantified self)’은 자신의 일생생활 데이터를 기록하고 이를 참고하여 삶의 질을 높이는 것을 말한다. 보행 숫자, 소모 칼로리, 수면 상태 등을 매일 기록해 수면의 질을 개선하는 일이 대표적이다. 자기 측정은 자신의 상태를 수치화, 디지털화 하는 것이 전제되어야 한다. 그 덕분에 점점 많은 사람이 웨어러블 제품을 긍정적으로 생각하고 받아들이고 있으며, 이제는 하나의 큰 사회적 흐름으로 자리 잡았다. 무엇보다 중요한 것은 개인의 건강상태 데이터(보통 ‘활력 징후’라고 부른다)를 기록하면, 질병의 예방 및 치료에 큰 도움이 된다는 점이다. 다르마가 하는 일 역시 인체 건강 관련 데이터를 기록하는 제품을 생산하는 것이다. 시장에서 흔히 볼 수 있는 팔찌나 안경과 달리 우리가 만드는 제품은 입고 쓰는 것이 아니라 일종의 ‘자연친화적’ 제품이라고 할 수 있다.

‘데이터를 이용해 당신을 더욱 건강하게 만든다’는 다르마의 창업 이념이다. 우리는 의료 빅데이터에 기반을 둔 건강의료 서비스를 사용자에게 제공하고자 한다. 하지만 그렇게 하기 위해서는 먼저 사용자를 이해해야 한다. 마치 병원에 가서 진찰을 받으려면, 먼저 전반적인 검사를 받아야 하는 것과 같은 이치다.

인체에 관한 데이터는 크게 3가지로 나뉜다. 첫째는 유전자 데이터, 둘째는 임상 데이터(이는 병원에서 검사한다), 셋째는 일상생활에서 우리의 실제 행동과 활력 징후 데이터다. 다르마가 지금 만들고 있는 활력 징후 모니터링 쿠션은 이식형이 아니며, 몸에 착용할 필요도 없다. 또한 생활 습관을 바꾸지 않고도 인체의 활력 징후와 행동 습관을 장기간 정밀하게 모니터링할 수 있다. 이런 일상적이고, 장기간에 걸친 신체 데이터 기록은 사용자가 몸의 이상 징후를 적시에 그리고 정확하게 발견하도록 함으로써 증세가 더 발전하거나 악화되지 못하도록 돕는다.

다르마 활력 징후 모니터링 쿠션은 고령자 또는 갑작스런 질병 고위험군을 대상으로 설계한 제품이다. 모니터링 쿠션을 침대 매트리스 밑에 깔고 사용자가 그 위에 누우면, 빠르고 정확하게 심장 박동수, 호흡 빈도를 측정할 수 있고, 심지어 심장이 뛸 때 나타나는 충격파 무늬의 세밀한 부분까지 관찰할 수 있다. 또 몸을 움직이는 횟수, 수면의 질 등을 측정할 수 있다. 그리고 데이터에 이상 징후가 나타나거나 장기간 침대를 벗어났을 때 경보음을 울리는 기능도 있다. 이를 장기간 사용하면 개인 건강 데이터베이스를 구축할 수 있고, 빅데이터와 결합해 질병 조기 경보가 가능하기 때문에 질병의 위험을 낮추는 데 도움을 준다.

다르마 활력 징후 모니터링 쿠션은 인체와 직접 접촉하지 않고, 매트리스 밑에 깔고 사용할 수 있는 '비접촉식 모니터링' 방식을 채택했다. 아무도 사용하지 않을 때는 빛이 센서 안에서만 전송되고, 누군가 사용할 때는 심장 박동과 호흡이 만들어내는 미세한 진동이 빛의 전파에 변화를 일으키고 광섬유센서는 즉시 이러한 빛의 변화를 포착해 우리의 독자적인 알고리즘을 통해 활력 징후 신호로 변환한다.

핸드폰 앱 또는 인터넷 사이트에서 볼 수 있는 실시간 데이터는 다르마 제품이 사용자의 활력 징후 데이터를 수집한 뒤 와이파이를 통해 자동적으로 서버에 전송해 알고리즘으로 처리한 뒤 다시 모니터 또는 앱에 띄워서 보여주는 데이터다. 따라서 사용자 본인뿐만 아니라 가족 또는 의료관계자들도 원거리에서 사용자의 실시간 건강 데이터를 열람할 수 있다.

신체의 미세한 진동을 감지해 활력 징후를 파악

_____ 현재 심탄도(ballistocardiogram, BCG) 신호를 포착하는 센서는 종류가 매우 많으며, 대표적으로 가속도 센서와 압전 센서(piezoelectric sensor, 피에조 센서)가 있다. 압전(壓電) 및 가속도를 기반으로 한 센서의 모니터링 기술은 미약한 진동 신호를 감지하는 능력이 떨어진다. 따라서 측정의 정확도를 높여주기 위해서는 이들 설비의 대량의 데이터 처리를 통해서만이 정밀한 모니터링이 가능해진다. 광섬유 센서는 미약한 진동이 일으키는 광학적 파라미터(optical parameter)의 변화에 대한 민감도를 한 자릿수 높여주기 때문에 이 센서는 55밀리미터 두께의 매트리스 밑에 두어도 여전히 높은 품질로 심장 박동 및 호흡 파형을 얻을 수 있다. 이로써 진정한 비접촉 모니터링을 실현할 수 있게 되었다. 이 밖에도 광섬유 센서는 다양한 곳에

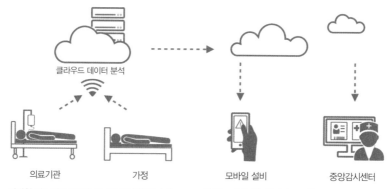

| 의료기관 | 가정 | 모바일 설비 | 중앙감시센터 |

다양한 장소에서 사용할 때, 다르마 제품은 수집한 활력 징후 데이터를 광섬유 센서를 통해 서버에 전송한다.

서버는 데이터를 앱이나 인터넷 페이지에 업로드하고 가족에게 통보한다. 또 의사들도 원격 모니터링이 가능하다.

사용자의 활력 징후 상황, 눕기, 일어나기 등의 상황을 정확하게 파악할 수 있어 간병인의 부담을 크게 줄일 수 있다.

솔루션의 전체 개념도

서 사용된다.

(1) 활력 징후 모니터링, 이상 징후 알리기

초정밀 광섬유 센서는 심장 박동, 호흡 등 신체의 미세한 진동을 포착할 수 있다. 파동 모니터링 알고리즘을 통해 이 미세한 진동신호를 분리 및 분석하면, 심장 박동수, 호흡 빈도, 심박 변이도(heart rate variability, HRV)를 알 수 있다. 또 심장의 수축성, 동맥혈관 경화 정도 등을 파악할 수 있어 이들 제품이 심장 기능을 판단하는 것을 보조하기도 한다. 심지어 심혈관질병 등 만성질환 환자들을 위해 위험 식별, 사전 관리 등의 방식을 통해 병의 상태를 장기간 모니터링할 수 있다.

이 제품을 장기간 지속해서 사용하면 데이터가 축적되어 사용자

개인의 건강 보고서가 된다. 향후 우리는 사용자 개인의 병력 데이터를 통시적으로 비교하여 사용자의 건강 상태가 1개월, 1년, 심지어 더 긴 기간 동안 어떻게 변화했는지 파악할 수 있다. 또 사용자의 개인 데이터를 건강한 사람 대조군의 각종 활력 징후 데이터와 비교하는 '수평적 대조'도 실시할 수 있다. 아울러 장기간 모니터링을 통해 해당 사용자가 어떤 질병에 걸릴 확률이 높은지 예측할 수 있다. 이처럼 질병의 조기 발견 및 조기 치료도 가능해진다.

(2) 침대 체류 상황 분석

노인 요양시설에는 노인이 매우 많아서 간병인이 24시간 내내 모든 사람을 지속적으로 돌보기는 현실적으로 어렵다. 하지만 이

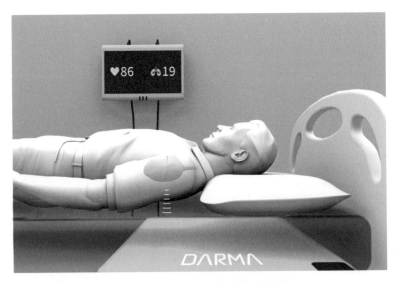

다르마 활력 징후 모니터링 쿠션의 사용 시뮬레이션

시스템은 사용자가 침대에 있거나 벗어나는 상황을 파악할 수 있다. 사용자가 침대를 벗어나면 이 시스템은 이를 실시간 감지한다. 만약 침대를 너무 오랫동안 비워두면 이 시스템은 간병인이 해당 병실을 조사할 수 있도록 경보음을 울림으로써 노인환자가 밤에 일어나 넘어지거나 또는 기타 돌발 상황이 발생했을 때 신속하게 대처할 수 있다.

(3) 수면의 질 분석

자리에 눕는 시각, 잠드는 시각, 깊은 잠 또는 얕은 잠을 잔 시간, 뒤척임, 심장 박동, 호흡 빈도 등의 데이터가 전송되면, 이 시스템은 뒤에서 사용자의 수면 상태를 종합 평가하고 점수를 매긴다. 그러면 사용자는 자신의 수면 상태를 손쉽게 파악하고 그에 상응하는 개선책을 마련할 수 있다.

샤오빙의 TIP

심장의 펌프질은 인체와 긴밀하게 접촉한 지탱물체가 받는 압력을 변화시키죠. 이런 변화를 기록하면 심탄도(BCG)를 그릴 수 있어요. 이는 심혈관의 기능을 정밀 평가해서 심혈관 질병을 예측 또는 진단하는 데 활용됩니다. 업계에서는 1950년대부터 이미 BCG를 대대적으로 연구하기 시작했어요. 하지만 그 당시 센서 및 전자 기술이 부족해 큰 성과는 거두지 못했죠. BCG기술은 고감도 센서와 신호 처리 시스템이 관건입니다. 만약 이 문제가 해결된다면 의료계에 엄청난 혁신이 일어나겠죠.

미래에는 일반가정에서도 자기 측정을 통해 정밀 건강 관리 시대가 열린다

_____ 건강은 인류의 최대 관심사 가운데 하나다. 스마트 팔찌, 스마트 시계 등 웨어러블 설비가 각광받으면서 우리는 자신의 건강 데이터를 추적하는 데 관심을 갖게 되었다. 하지만 이런 웨어러블 설비를 통해 수집한 운동, 수면 관련 데이터는 대부분 한 사이클 내의 평균값이다. 따라서 특별한 의미나 가치를 갖는다고 보기는 어렵다. 하지만 의료용 웨어러블 설비는 의미가 다르다. 만약 기록된 데이터가 정확하고 지속적이라면, 이 데이터는 우리에게 매우 유의미한 피드백을 줄 수 있다. 또 미래에 이런 설비들은 우리에게 맞춤형 의료서비스를 제공할 수 있다.

몸에 착용하는 데 익숙하지 않은 사람이라면 웨어러블 설비가 상당히 부담스러울 수 있다. 그래서 우리는 '이렇게 지능화된 하드웨어를 이용해 왜 부자연스러운 제품을 만들까? 반대로 왜 사람들이 이미 익숙한 부분에 착안해 제품화하지 않는 것일까?'라고 생각했다.

광섬유 센서는 민감도와 정밀도가 매우 우수해서 석유의 누출, 철도, 교량에 대한 모니터링 등 다양한 분야에 활용되고 있다. 만약 우리가 광섬유 센서 기술을 건강 분야에 활용한다면 그 가치는 매우 클 것이다.

자리에 오랜 시간 앉아 있는 것은 '만성 자살'이나 마찬가지다! 많

다르마 스마트 방석

은 직장인이 자리에 지나치게 오래 앉아 있기 때문에 각종 질병에 걸린다. 그래서 우리의 첫 번째 제품은 '앉는 자세'에 착안했다. 이 제품은 앉는 자세 및 앉아 있는 시간을 측정하고, 사용자에게 앉는 자세를 바꾸도록 유도해서 사무실에 오래 앉아 있는 직장인들에게 자신의 건강을 체크하고 관리하도록 돕는다.

오늘날 과학기술은 하루가 다르게 발전하고 있지만, 우리의 의료 모델은 아직도 1960~1970년대의 방식을 고수하고 있다. 예약, 접수, 다양한 계기를 이용한 환자의 기초 지표 측정, 진찰 및 처방 방식이 여전히 널리 쓰이고 있다. 병원은 환자를 치료하는 곳이며, 그중의 핵심 과정은 검사와 진료다. 하지만 만성질환과 같은 많은 질병의 경우 의사는 상세하게 문진할 시간적 여유가 없다. 게다가 환자의 병력 정보도 완벽하지 않아서 병원의 단발성 검사에 의존하며, 이 또한 문제 해결에 완벽하게 반영되지 않는다. 만약 이상 신호를 제때에 포착할 수 있다면, 이를 의사의 진단을 위한 믿을 만한 근거로 활용할 수 있을 것이다. 다르마 활력 징후 모니터링 쿠션이 활약할 수 있는 분야도 바로 여기다.

기존 의학에서 사용하는 측정 방식과 달리 다르마 활력 징후 모니터링 쿠션은 사용이 간편하고 가격이 상대적으로 저렴해서 일반 가정용으로 널리 쓰인다. 사용자는 집에서 자신의 건강 데이터를 수집할 수 있다. 또한 이는 일상적이고 장기적인 데이터이므로 의학적 참고 가치가 매우 높다. 또한 다르마 활력 징후 모니터링 쿠션은 기존의 심전 측정설비와 달리 사용자가 꼭 착용할 필요가 없다. 그냥 침대 매트리스 아래에 깔고 사용하면 된다. 데이터는 의료용 수준의 정확도를 나타내며, 심전도(electrocardiogram, ECG)가 얻지 못하는 심장 혈류 역학(hemodynamics) 정보를 얻을 수 있으므로 심전도와 상호 보완 역할을 할 수 있다. 이는 의사가 정확한 진단을 내리는 데 큰 도움을 줄 것이다.

향후 몇 년 안에 우리는 심탄도의 파형 신호를 깊이 있게 연구할 것이다. 파형 신호의 생리적 정보를 해독하여 환자의 심장 기능을 평가하고, 이를 바탕으로 환자의 중요 활력 징후에 대한 무절개 및 지속적 모니터링이 가능한 제품을 세계 최초로 개발할 계획이다. 이는 지역주민과 가정, 의료진에게 진정한 편의와 정확한 의료 데이터를 제공하고, 맞춤형의료를 정착시키는 데도 기여할 것이다. 나아가 심혈관질병 환자와 만성질환 환자에 대한 장기간의 데이터를 측정하는 데도 도움을 줄 전망이다.

우리의 제품은 노인 요양시설과 병원에서 사용할 수 있으며, 노인과 환자의 건강과 안전을 관찰하고 간호하도록 도와준다. 아울러 이들 시설의 비용 절감에도 기여한다. 미래에 우리의 제품은 수많은 일반가정에서 그들의 건강을 관리하는 데 일조를 할 것이다.

미래는 우리의 생각만큼 멋지지 않을지도 모르지만 우리가 생각하는 것보다 아름다울 것이다

〈나는 미래다〉 제작진

〈나는 미래다〉 녹화를 진행하면서 인공지능(AI) 과학연구팀이 로봇에게 어떻게 영혼을 불어넣어 주는지를 직접 목격할 수 있었던 것은 연출팀에게는 큰 행운이었다.

흔히들 감독은 세상에서 가장 힘든 직업이라고 말한다. 그런데 알고 보니 IT 업계에 종사하는 사람들도 똑같이 힘들며, 오히려 훨씬 더 힘들어 보였다. 연출팀이 현장에서 '좀 더 직관적이고 좀 더 멋진' 시각효과를 보일 수 있도록 쾅스 과학기술의 Face++ 팀은 자사의 연구원 두 명을 베이징에서 상하이 스튜디오로 투입했고, 우리는 분장실 옆에 작은 공간 하나를 마련해 주었다. 두 명 중 한 명은 여성이었다.

그들은 손발이 안 보일 정도로 빠르게 선을 연결하고, 각종 장비를 설치하면서 신속히 작업실을 만들었다. '역시 세계 일류 대학교 졸업

생은 다르구나'라는 생각이 절로 들었다. 그들은 햄버거를 먹으면서 동시에 아무도 알아볼 수 없는 문자를 썼고, 주변 사람들은 전혀 신경 쓰지 않았다. 현장을 분주히 오가는 코디, 게스트, 실무자들은 그들의 이런 모습을 보면서 "이게 바로 과학의 힘이구나"라고 읊조리며 감탄했다.

새벽 3시, 스튜디오 내부 리허설 작업을 끝낸 연출팀이 조명을 끄고 떠날 준비를 하는데 갑자기 어두운 방청석에서 희미한 사람의 실루엣이 보였다. 자세히 봤더니 그 과학자들이었다. 그들은 조용히 앉아서 말은 하지 않았지만 눈은 매섭게 빛났고, 조금 실망하는 눈치였다. 무대 효과가 그들의 기대에 미치지 못했던 것이다. 그 순간 가슴이 철렁했다.

다음 날 아침 7시, 연출팀이 나타났을 때 그들은 일찌감치 한쪽 구석에서 바쁘게 작업을 하고 있었다. 끊임없이 안면인식 시스템의 성능을 체크했고, 현장에서 코드를 수정했다. 지난 새벽의 실망감은 온데간데없고 오로지 방청객들에게 완벽한 모습을 보여 주겠다는 일념뿐이었다.

〈나는 미래다〉는 이렇게 탄생했다. 현란한 무대 뒤에는 이처럼 묵묵히 최선을 다한 실무진들의 땀방울이 있었다. X-spiter 로봇이 스튜디오에서 발생하는 신호에 의해 장애가 발생하는 문제를 해결하기 위해 인텔 기술팀은 며칠 동안 밤을 새우며 리허설을 반복했다. 소피아 로봇팀은 아예 침구를 녹화장에 가져다 놓고, 이미 연출팀의 OK

사인이 떨어진 장면을 수없이 업그레이드하느라 여념이 없었다. 녹화장 한쪽에는 과학연구팀이 리허설을 할 수 있는 장소가 특별히 마련되었다.

2017년 여름, 30여 개 과학기술 선도 기업과 과학연구팀이 이곳에서 열정을 불태웠다. 과학자들은 더없이 진지하고 최선을 다하는 모습을 보였으며, 제작진은 이 모습에 큰 용기와 힘을 얻었다.

〈나는 미래다〉 시즌1 방송이 모두 끝나고 방송을 되돌아보며 문득 미래는 정말로 어떤 모습일까 궁금해졌다. 그에 대한 대답으로 나는 이렇게 말하고 싶다.

"미래는 우리가 생각하는 만큼 멋지지 않을지 모르지만, 우리가 생각하는 것보다 아름다울 것이다."

진정한 과학기술은 우리를 즐겁게 해주기 위해서가 아니라, 우리를 돕기 위해 존재하기 때문이다. 따라서 과학기술은 SF 영화에서처럼 뛰어난 능력을 선보이거나 눈이 휘둥그레질 만큼 현란한 묘기를 보여줄 필요는 없다. 단지 가만히 우리 곁으로 다가와 우리가 좀 더 강해지고 좀 더 좋은 모습이 되도록 도와주면 그만이다.

마치 생명과학이 줄기세포를 추출하고 유전자 편집(genome editing)이 가능한 수준까지 발전했지만, 이는 쥐라기 시대를 되살리기 위해서가 아니라 우리의 건강과 생명 연장을 도모하기 위해서인 것과 마찬가지다.

이것이 바로 과학기술의 초심(初心)이다. 결코 선정적이거나 시류에 영합하지 않으며, 진심으로 사람의 마음을 따뜻하게 만드는 것은 미래 과학기술의 진정한 모습이기도 하다. 또한 〈나는 미래다〉와 같은 과학기술 프로그램이 현란하고 복잡한 TV 방송계에서 반드시 존재해야 하고 앞으로도 꾸준히 제작되어야 하는 이유이기도 하다.

〈나는 미래다〉 프로그램의 수상 내역

- 2017년, 베이징대학이 선정한 2017년도 박수상 수상
- 2017년, 중국 광전총국(廣電總局)이 발표한 2017년도 제3분기 방송 TV 혁신 우수 프로그램 '과학을 통한 지혜 제고(科學益智) 프로그램'에 선정
- 2017년, '2017년도 중국 종합예능대회 장인 성전(匠人盛典)'에서 '장인 시각효과상' 수상
- 2017년, 'Landmark TV 2017' 중국 TV언론 종합능력 대규모 연구조사 성과 발표회에서 '올해의 제작기관 우수 프로그램'에 선정
- 2017년, '2017 Creative International Innovation Festival'에서 '문화혁신상(금상)' 수상

인공지능의 미래를 이끄는 21가지 혁신 기술
인공지능의 현재와 미래

초판 1쇄 발행 2020년 04월 24일
초판 12쇄 발행 2024년 01월 05일

지은이 〈나는 미래다〉방송제작팀(〈我是未来〉节目组)
펴낸곳 보아스
펴낸이 이지연
등 록 2014년 11월 24일(No. 제2014-000064호)
주 소 서울시 양천구 목동중앙북로8라길 26, 301호(목동) (우편번호 07950)
전 화 02)2647-3262
팩 스 02)6398-3262
이메일 boasbook@naver.com
블로그 http://blog.naver.com/shumaker21
유튜브 보아스북 TV

ISBN 979-11-89347-04-8 (03320)

이 도서의 국립중앙도서관 출판시도서목록(CIP)은 서지정보유통지원시스템
홈페이지(http://seoji.nl.go.kr)와 국가자료공동목록시스템(http://www.nl.go.kr/kolisnet)에서
이용하실 수 있습니다. (CIP제어번호: CIP2020012022)